福州大学哲学社会科学文库
福州大学哲学社会科学学术著作出版资助计划项目
国家社科基金项目“全球价值链下我国专业化农业区域的集群机制与政策研究”(12CJL063)成果

全球价值链下我国专业化农业区域的集群机制与政策研究

税　伟　王武林　吴聘奇　范水生　著

科学出版社
北　京

内容简介

本书融合产业集群与全球价值链理论研究我国专业化农业区域的集群机制及政策，主要内容包括：中国农业地区专业化时空格局演化；地方商业环境下专业化农区产业集群的本地推力机制；全球价值链下专业化农区产业集群的外在拉力机制；全球价值链下专业化农区产业集群的空间聚散机制；专业化农区的生态效应；政策启示与建议。本书可以帮助转变我国农业发展的组织方式与思维模式，推进我国农业区域的集群化和外向化发展，赋予农企、中间商、政府和其他组织在发展外向型农业专业化中的新角色、新职能和新视角，也可为我国农业国际竞争力提升、现代农业规划布局、乡村振兴战略实施提供科学依据。

本书可供政府管理人员、新型农业经营主体以及地理科学、人文地理学、农村区域发展、国土空间规划等相关学科的科研、教学与管理人员参考。

图书在版编目(CIP)数据

全球价值链下我国专业化农业区域的集群机制与政策研究/税伟等著.—北京：科学出版社，2019.11

ISBN 978-7-03-063253-1

Ⅰ.①全… Ⅱ.①税… Ⅲ.①农业区-产业集群-产业发展-研究-中国
Ⅳ.①F323

中国版本图书馆 CIP 数据核字（2019）第 249428 号

责任编辑：李小锐 / 责任校对：彭 映
责任印制：罗 科 / 封面设计：墨创文化

科学出版社出版

北京东黄城根北街16号
邮政编码：100717
http://www.sciencep.com

成都锦瑞印刷有限责任公司印刷

科学出版社发行 各地新华书店经销

*

2019年11月第 一 版 开本：B5（720×1000）
2019年11月第一次印刷 印张：13 3/4
字数：300 000

定价：118.00 元

（如有印装质量问题，我社负责调换）

序

1985年美国哈佛大学教授迈克尔•波特在其出版的《竞争优势》一书中提出“价值链”的概念与理论，认为企业竞争优势来源于企业在设计、生产、营销、交货以及对产品起辅助作用的许多相互分离的价值链活动。此后越来越多的学者将价值链纳入企业和产业竞争优势的研究中，并基于全球价值链理论在制造业领域进行了大量实证分析，其理论与方法也被“三产融合”的现代农业研究领域所借鉴、运用与发展。在当今日益激烈的国际竞争中，“小而散”的传统农业生产模式已不能适应经济社会发展的需要，农业生产的专业化、集群化和规模化是全球农业发展的必然趋势。西方发达国家的农业区域专业化生产经历了约一百年的不断发展，已拥有较为成熟的农业专业化生产模式和农业产业集群，如美国加州的葡萄酒产业集群、荷兰的花卉产业集群、丹麦的养猪产业集群、智利的苹果产业集群等。我国是农业大国，农业区域专业化始于20世纪80年代初，经过三十多年的努力，逐步形成了一批经济效益较高、规模不断扩大的专业化农业区域或农业产业集群，如华北平原的粮食产业集群、东部沿海的蔬菜水果生产出口基地、山东寿光蔬菜产业集群、内蒙古奶业集群、四川安岳柠檬产业集群、福建安溪茶叶产业集群、云南普洱茶生产基地等。但是与西方发达国家相比，我国现代农业技术水平、专业化水平和机械化程度都较低，农业产业集群主要通过节约成本获得竞争优势，在全球农业价值链分工体系中处于低端，价值链体系仍很脆弱。

农业是活化、繁荣乡村的源泉，如何破解我国大量低端专业化农业集群客观存在的发展难题？如何促进我国农业产业集群的转型与升级？这些议题不仅是在理论上和实践上的研究与探索，而且是乡村振兴的关键，这恰是该书富有的重要意义和价值。

全球价值链理论为农业现代化、专业化、集群化研究提供了新的视角，著者创新性地运用全球价值链理论与产业集群理论，提出了符合我国实际的系列研究假设，采用多元化综合实证的研究手段，在全球-地方张力下透视了我国专业化农区成长的独特规律与机制，形成了全球价值链下我国农业区域专业化发展的新认识。

该书的出版不仅开拓了农业区域专业化空间机制的理论研究，也将促进专业化农区产业集群的深入研究，并为农业区域专业化的空间布局优化和规划建设、特色农产品区域布局规划、农业园区规划等提供了指导依据，也为我国农业发展与转型升级提供科学借鉴与参考。

国际欧亚科学院院士
中国科学院成都山地灾害与环境研究所研究员
中国科学院大学特聘教授

2019 年 11 月

前　言

在经济全球化背景下，优势农业的国际分工已从产业间深入到产业内、产品内的全球价值链分工，并将部分地方农业产业集群嵌入到全球价值链，成为世界经济的一部分。特别是近十年，专业化农区的产业集群现象逐步成为西方发达国家学者、政府与国际组织研究的热点，一些学者结合全球价值链与专业化农区集群升级进行了积极探讨和实证。在中央和地方多次颁布实施的优势与特色农产品区域布局规划下，我国优势特色农产品区域化与专业化的生产格局已初步形成，国内学者多从农业产业集聚、集群角度研究农业区域专业化现象，也有少量研究探讨了全球价值链中的农业企业升级问题。比较而言，国外学者侧重研究发达国家专业化农区产业集群的成功案例，强调全球价值链对欠发达国家农业企业的拉动；国内学者相关研究起步相对较晚，在将产业集群与全球价值链理论整合并系统地研究专业化农区方面有所欠缺。

对国内外专业化农区的集群现象的关注源于我在四川农业大学农学院的教学研究和一线实践中的“好奇”和“迷思”，而对这一独特理论视角与方法的学习探索则直接源自我在中山大学国家重点学科——人文地理学攻读博士学位期间。在导师陈烈先生、刘复友教授等的悉心指导下，我于 2006 年 6 月完成博士学位论文《区域竞争力的宏、微观理论与实证研究：以安徽省为例》，论文中的微观部分正是基于美国哈佛大学迈克尔•波特教授的钻石模型微观经济理论，提出了以钻石系统假设模型为出发点和归宿点的地方产业集群竞争力的微观分析框架，选择了嵌入全球价值链的安徽省和广东省的 4 个地方制造业集群进行实证检验和对比研究，尝试性地建构了我国工业化初、中期背景下地方制造业集群的一般“粮仓模型”。需要特别指出的是，除了典型的制造业集群外，迈克尔•波特笔下的钻石模型的经典案例模式还包括专业化农区集群——美国加州的葡萄酒业集群，当时我因研究经费和时间限制非常遗憾未能在博士学位论文中纳入专业化农区集群案例研究。这篇博士论文经修改后公开出版，得到了国际知名的农业经济地理学者、美国西密歇根大学地理系 Gregory Veeck 教授的倾力推荐，认为该著作将宏观、中观和微观多个尺度的经济分析联系在一起，是一项令人印象深刻的稀有成果(This is a most impressive achievement，admittedly rare…)，开辟了新天地(He really breaks new ground!)。2009.9～2010.10，我以美国西密歇根大学访问教授身份访问了美国西密歇根大学和密歇根州立大学的地理研究机构，期间得到了 Gregory Veeck 教授的悉心指导，他鼓励我沿着博士论文的宏观、微观方向深入到农业经济地理学研究领域，在经济全球化视野下研究农业集群，并向我推荐了许多国外农业经济地理学文献，亲自带领我从课堂、学术研讨会到实地考察与体验密歇根州及周边的现代农牧业、花卉产业集群、蓝莓产业集群、葡萄酒业集群和农业旅游集群等，加之我利用工作假期考察了美国 30 多个州，自感"收获满满"，更坚定了 Gregory Veeck 教授指引的方向。

弹指一挥间，自博士毕业后，又承蒙导师陈烈先生、刘复友教授、Gregory Veeck 教授等继续指导与支持，我循着这一方向，在国家社科基金项目"乌江流域民族地区农村消费市场开发与对策研究"（09XJY030）、四川省教育厅青年项目"农村区域新生长空间：农业产业集群理论与案例研究"（2007B065）、四川省科技支撑计划项目课题"现代烟草农业生产组织模式的研究与示范"（2011NZ0001）、美国国家地理科研基金"An Ecological Economic Multi-Scale Study of China's Grassland Resources"（9336-13）等项目资助下开展了相关研究，以此为基础于 2012 年申请获得了国家社科基金经济地理学研究项目"全球价值链下我国专业化农业区域的集群机制与政策研究"（12CJL063）的资助，带领课题组成员系统地开展了此项研究工作。本书主要内容正是国家社科基金项目（12CJL063）相关研究成果的总结，也算是我的博士学位论文研究的进一步延伸。

本书以全球价值链下我国专业化农业区域的集群机制与政策研究为目标，基于专业化农区集群与全球价值链融合的视角，做出符合我国实际的系列研究假设，采用综合实证研究手段，透视全球价值链下我国专业化农区成长的独特规律与机制，这有利于促进我国农业发展的组织方式与思维模式的转变，推进我国农业区域的集群化和外向化发展，将比较优势与竞争优势相结合，赋予农企、中间商、政府和其他组织在发展外向型农业专业化中的新角色、新职能和新视角，也可为我国农业国际竞争力提升、现代农业规划布局、国土空间规划、乡村振兴战略实施提供科学依据。

全书研究结合面上考察和典型调查，设计了 7 种调查问卷，回收了包括 182 份龙头骨干企业问卷、213 份批发商问卷、99 份专家问卷以及 94 份海外消费者问卷在内的 588 份有效问卷；使用了大量的官方统计年鉴资料；运用遥感和地理信息技术挖掘土地利用/土地覆被变化、高程、坡度以及道路等多源空间数据；采用相关分析、方差分析、主成分分析、层次分析、空间自相关分析、核密度估计、面板数据模型、结构方程模型、Logistic 回归模型、地理加权回归模型、能值理论分析方法、生态系统服务价值评估等研究方法，在揭示我国农业发展的专业化水平、时空演化特征和影响机制的基础上，通过一系列典型案例，将产业集群与全球价值链理论整合起来研究专业化农区集群的推拉机制、空间聚散机制和生态环境效应。

全书分为 10 章。第 1 章为引言，介绍本书的研究背景、相关概念、文献综述以及研究设计。第 2 章为中国农业地区专业化时空格局演化，在理论分析基础上研究了中国农业专业化演化过程与格局，并基于省级面板数据探究中国农业地区专业化的演化机制。第 3、4 章为地方商业环境下专业化农区产业集群的本地推力机制研究，通过将地方商业环境的要素假设模型在台湾、福建和山东 3 个专业化农区集群进行规范实证检验，建构专业化农区集群的商业环境“粮仓模型”，并识别出对农企加入全球价值链具有正向显著影响的主要地方商业环境因素。第 5～7 章为全球价值链下专业化农区产业集群的外在拉力机制研究，基于集体效率、创新能力和价值链上购买者等多元视角，以 5 种问卷调查的典型案例数据为基础，通过系列假设实证检验得出全球价值链下专业化农区产业集群的外在拉力机制。第 8 章为全球价值链下专业化农区产业集群的空间聚散机制研究，利用统计模型揭示专业化农区产业集群的价值链片段空间分布规律以及种植专业化空间格局的影响因素。第 9 章为专业化农区的生态效应研究，基于能值理论方法和专业化茶区案例，对专业化种植的农业生态系统进行分析，重点评价与比较受专业化种植程度影响的农业生态系统服务功能及价值。第 10 章为政策启示与建议，从营造地方商业环境、加强政企联动、加强创新驱动等方面提出帮助专业化农区、农企更好地嵌入全球价值链的政策启示和建议。

感谢国际欧亚科学院院士、国家 973 项目首席科学家、中国科学院《国情与发展》战略研究组副组长、中国地理学会山地分会会长邓伟研究员百忙之中为本书作序！感谢魏雅丽、郭仕利、杜勇、陈毅萍、范冰雄、邓捷铭、彭曦、张依依、王少谷、许彬坤、杨海峰、赵波、王山河、简小枚、王亚楠、付银、余翠婵、林咏园、张永永、孙晓瑞、董敏、吴可欣、孙祥、吴朝玮等诸多学者、专家、研究生和本科生的支持与帮助！本书参考与引用了相关学者的成果，特致以真诚的敬意和谢意！

遗憾吾恩师陈烈先生于戊戌年驾鹤西游，没能见证他指导的这份成果出版，但恩师陈先生曾经开拓的农业区划、乡村地理、县域规划、区域可持续发展等研究领域由我们后学之辈努力传承、践行与发展，学生我笃信先生之道是沧桑！

税　伟

2019 年 11 月于福州大学嘉锡楼 202 室

目　录

第1章 引　言

1.1 研究背景

1. 全球价值链下的国外农业区域专业化成为热点

国外发达国家农业区域专业化经历了约一百年的不断发展和兴盛历程，国外学者从土壤适宜性与自然地理环境到农业区位、农户行为、市场、交通费用、劳力成本、比较优势、技术进步、竞争优势等经济社会文化方面的研究，对不同时期的农业区域专业化做出了合理解释与政策贡献。Krugman、Porter 等国际著名经济学者一致认为，发展包括农业的专业化产业区是提高区域竞争力和应对全球化挑战的关键(税伟，2011)。20 世纪末以来，Porter 多次将其提出的产业集群钻石模型应用于专业化农区的研究，著名的经典案例有专业化农区的加州葡萄酒业集群。近年来，发达国家的学者、政府与国际组织纷纷将专业化农区的集群现象作为研究热点、政策与行动议程，甚至连世界上许多中小型国家，例如韩国、尼加拉瓜和印度尼西亚等，也纷纷勾勒出专业化农区的集群图谱，并制订相应的行动计划。同时，由 Gereffi、Humphrey 和 Sturgeon 发展的全球价值链理论也逐渐成为西方学者研究欠发达国家产业升级的重要工具(Gereffi et al.，2005)，而 Humphrey 和 Memedovie(2006)、Giuliani 等(2005)近年专门研究了农产品价值链，并在全球价值链与农业企业集群升级的结合上做了积极探讨和实证。近年来，联合国多次主办全球农业产业论坛，还专门设置了农业企业集群竞争力和农业全球价值链等圆桌会议。

2. 欧美发达国家和地区专业化农业生产相对成熟

随着经济全球化的快速发展以及全球经济联系的日趋紧密，农业生产产业化、专业化、集中化和全球化的趋势越来越明显，各国农业种植、农产品加工以及相互贸易不断深化，不同程度地表现出农业产业链和区域分工合作的特性，任何国家或地区都已不能完全依靠自给自足的农业生产及其配套来满足自身的所有需求。因此，农业区域专业化的不断升级必然要求在全球价值链中捕捉、创造、保持、提升价值。然而，在全球价值链下的农业专业化生产及贸易并非均匀分布，农业生产具有明显的区域差异。从全球范围来看，一些发展中国家在农业专业化生产的资源禀赋、劳动力和自然环境条件上具有比较优势并嵌入了全球价值链，但欧美发达国家一直重视农业现代化，其在全球的农产品贸易上超过了发展中国家，欧美工业发达国家和地区的农业基础地位并未被削弱，这些国家和地区正引领着全球的农业专业化、集群化、生态化和可持续发展潮流。

欧美发达国家和地区的专业化农业生产相对成熟，在政策以及资金、技术等各种因素的作用下，其农业区域的专业化和集群发展是市场竞争的产物和结果。从农业生产的专业化程度来看，专业化生产既是美国、日本等发达国家的农业获得成功的重要原因，也是英国、法国、德国、荷兰等欧洲发达国家农业高水平发展的重要推动力(姚寿福，2004)。美国的农业生产一直处于领先位置，很大程度上取决于其农业生产的专业化(安德烈耶娃，1979)。荷兰通过推进农业产业集群和专业化发展，使其农业出口率、土地生产率、设施农业水平等均位列世界第一。例如，荷兰对花卉实行集群生产与管理，将繁育选种、栽培用土、温室设备、市场营销、物流配送等大量与花卉相关的企业、产品和服务嵌入到国内外竞合系统和全球价值链体系，使专业化的花卉生产形成分工明细、配套完善、共生互补的“花卉群落”，生产规模和生产效率达到最大化，个性品种和核心技术得到不断发展，其花卉销售量占世界销量的比重高达70%(高升和洪艳，2010)。相对而言，尽管近年来亚非拉地区广大发展中国家的农业产量和农业技术有所提高，但仍普遍存在机械化程度低、生产分散、技术落后、专业化程度低、传统农业占主导地位、农业现代化和专业化的进程缓慢等缺陷，被动从事农业生产全球价值链的低端环节工作，获得的农业附加值较低。

3. 我国优势特色农产品区域化生产格局逐渐形成

中华人民共和国成立后，我国一直比较重视农业区域专业化发展，前期的研究多集中在论证专业化的重要性、适度专业化讨论和农业区划的实践上，后来的研究则集中在农业结构调整与布局、农业产业化、比较优势、农产品标准化、专合组织、供应链、市场和农业竞争力等方面。近十余年来，农业区域专业化也得到了中央一号文件的肯定与推动，中央及省级政府多次颁布实施了优势与特色农产品区域布局规划。2000 年以来，我国先后颁布实施《全国优势农产品区域布局规划(2003—2007 年)》《特色农产品区域布局规划(2006—2015年)》《全国优势农产品区域布局规划(2008—2015 年)》《特色农产品区域布局规划(2013—2020 年)》以及茶叶、蔬菜等关于农业区域化发展的专项布局规划。在这些规划的指引下，我国农产品区域化生产格局逐渐形成分工合理、特色各异、协调发展的优势，特色农产品生产的区域化、专业化和规模化水平不断得到提升，各区域农业主体功能不断得到强化。一批特色农业产业带在部分省(自治区、直辖市)得到重点培育，一些特色农业产业的集群现象不断涌现，典型的农业产业集群包括山东寿光蔬菜产业集群、云南昆明花卉产业集群、福建安溪茶叶产业集群、四川安岳柠檬产业集群、江苏丰县果蔬产业集群、广西贵县糖业产业集群、甘肃定西马铃薯产业集群等。以茶叶生产为例，目前全国有 20 个省(自治区、直辖市)生产茶叶，涉茶人员约 8000 万人，茶树种植面积约占世界茶园面积的 50%，居世界第一，其生产区域集中于福建、浙江、江苏、安徽、江西、河南、湖北、湖南、广东、广西、重庆、四川、云南、陕西等地(表 1-1)。我国部分地区依托区位和气候优势，逐步引导蔬菜生产向优势区域集中，建立起沿路、沿海、沿边的蔬菜生产基地，形成了华南、长江上中游冬春蔬菜基地，黄土高原、云贵高原夏秋蔬菜基地，黄淮海与环渤海设施蔬菜基地，东南沿海出口蔬菜基地，西北内陆出口蔬菜基地和东北沿边出口蔬菜基地等蔬菜生产的专业化区域，山东、河南、河北、广东、四川、江苏、湖南、广西、湖北、安徽等省(自治区、直辖市)的蔬菜种植面积均在 1000 万亩(1 亩≈666.7 平方米)以上。

表 1-1　全国茶叶重点区域发展规划

区域	省(自治区、直辖市)	县(市、区)
长江中下游名优绿茶重点区域(48)	浙江	开化、余杭、安吉、西湖、淳安、临安、桐庐、新昌、诸暨、嵊州、武义、绍兴、宁海、松阳、遂昌、泰顺、永嘉
	福建	福安、福鼎、寿宁、霞浦、蕉城、周宁
	江苏	宜兴、溧阳、金坛、句容、吴中
	安徽	歙县、休宁、石台、祁门、黄山、东至、宁国、金寨、霍山、岳西
	江西	婺源、浮梁、遂川、庐山
	湖北	英山
	河南	浉河、罗山、光山、商城、新县
东南沿海优质乌龙茶重点区域(14)	福建	安溪、永春、华安、平和、诏安、南靖、大田、武夷山、建瓯、建阳
	广东	潮安、饶平、大埔、揭西
长江上中游特色和出口绿茶重点区域(38)	四川	峨眉山、名山、洪雅、蒲江、雨城、夹江、高县、屏山、北川、青川、万源
	贵州	湄潭、都匀、凤冈、西秀
	重庆	南川、永川、荣昌
	陕西	紫阳、平利、西乡
	湖北	鹤峰、五峰、恩施、宣恩、宜都、夷陵、竹溪、竹山、保康、谷城
	湖南	长沙、临湘、湘阴、平江、石门、桃源、安化
西南红茶和特种茶重点区域(18)	云南	凤庆、云县、永德、耿马、昌宁、腾冲、潞西、南涧、澜沧、翠云、江城、勐海、景洪
	广西	百色、昭平、三江、灵山、崇左

4. 我国农业生产整体的专业化水平有待提高

随着我国社会主义市场经济体制的确立和逐步完善，农业区域专业化得到一定程度的发展，尤其是加入 WTO 以来，国家提出进一步加快农产品生产向优势地区集中的农业发展思路，从中央到地方都积极推动农业的地区专业化，并取得了良好的成效，我国逐渐成为世界上农产品市场最开放的国家之一，涌现出一大批嵌入到全球农业产业价值链体系并具有较强竞争力的农业企业和优势特色农业产业。然而，在农产品产量以及农业总产值不断增加的同时，也出现了农业增产不增收、农产品成本增加、农产品质量下降、国际市场竞争力弱化等问题(李永实，2007)。可见，我国农业生产地区整体专业化水平有待进一步提升，具体表现在：①产业化水平低，多数特色农产品的生产经营尚处于粗放和分散的初级阶段，产品的质量不稳定，部分名特优产品品种混杂、品质退化、质量下降；②农产品科技创新和技术储备的不足难以支撑特色农产品发展，缺少完善的良种工程及技术推广体系，产品科技含量低且应用落后；③市场发育滞后，农产品生产销售的国内外市场信息不畅、交通不便、生产资料供应不稳定、优良品种繁育落后等因素严重制约着我国边远山区的特色农产品资源的生产和销售；④农业发展资金缺乏，政策性金融支持力度不足，特色农产品的资金投入偏少，尚未形成政府引导、农民主体、多方参与的特色农产品专业化生产的长效机制；⑤部分特色农产品过度发展，部分农产品价格持续上涨引发地方生产积极性高涨，但缺少对国内外消费市场的理性分析，导致部分产业开发过度。

1.2 相关概念

1.2.1 专业化农区集群的相关概念

1. 农业区域专业化和专业化农业区域

农业区域专业化是指在农业地域内传统农业基础上，通过自然生态、技术、社会经济条件的综合作用，使农业生产项目由多到少、由分散到集中的区域分工过程，一般包含地域性劳动分工和非地域性劳动分工两个方面的含义，国外农业区域专业化发展过程经历了地区专业化、生产单位专业化和农业生产过程专业化三种表现形式(农业区域专业化研究课题组，2003)。农业地区专业化即农业生产区域化，它是在因地制宜原则和地域分异规律的基础上建立起来的地区之间的生产分工，一般指一个地区以某一种或少数几种农产品占优势的专门化生产区，其产品全部或大部分都来自商品性生产(农业区域专业化研究课题组，

2003）。

容易与“农业区域专业化”相互混淆的概念是“专业化农业区域”。“农业区域专业化”强调的是农业区域专业化发展的过程；而“专业化农业区域”则强调的是农业区域专业化水平较高的发展状态，具体指拥有较高农业专业化水平的地区。本书的“专业化农业区域”是指已经较好地完成了专业化发展过程、专业化水平较高、特色明显的专门的农业生产区域。

2. 农业产业集群

哈佛大学商学院的迈克尔·波特将产业集群定义为在特定领域内，一群在地理上临近、相互关联的企业和相关法人机构，并以彼此的共同性和互补性相连接(迈克尔·波特，2002)。农业产业集群是指在农业生产基地周围，一组在地理上相互临近的以生产和加工农产品为对象的企业和互补机构，由于共性或互补性联系在一起形成的有机整体(徐本华，2012)。

很多学者对农业产业集群的定义进行了探讨，他们基于产业优势、相关与支持产业、农业产业化、产业链、专业化、比较优势、柔性生产网络、区域创新网络、系统学和集群成因等多元化视角进行了广泛讨论(表 1-2)。但目前仍没有得到普遍认可的统一定义，同时农业产业集群与农业产业化、农村产业集群和农业产业园等概念也具有一定的相似性，但可以明确的是，农业产业集群是以农业或农业关联企业为基本单位，以网络的方式结合的有机整体，且具有农业产业集群的空间和地域集聚的特性(吴娜琳，2014)。

表 1-2　农业产业集群概念界定

文献	概念界定	备注
陈卫平，2004	一定区域范围内若干产业相对聚集，并以其中一两个主打产品为龙头，使某一产业在该区域经济总量占较大比重的农业经济形态	从产业优势的视角解释
向会娟等，2005	由于共性和互补性而在农村社区范围内柔性集聚，为共同推动农村经济发展而形成的密集合作网络，以农业经济活动为中心，并具有大量专业化的企业及相关支撑机构	基于集群成因和专业化解释
王龙锋等，2005	在特色农业领域中，众多与特色农业联系密切的生产者、企业以及相关支撑机构在空间上的集聚	界定为特色农业的聚集现象
宋玉兰和陈彤，2005	在农产品生产基地的一定区域内，某一特定农业产业领域的大量企业和关联支撑机构，由于具有共性或互补性而与农产品生产基地相对集中在一起，从而形成的一个有机群体	从相关与支持产业视角解释
尹成杰，2006	相互独立又相互联系的农户、农业流通企业、农业加工企业等龙头企业，按照区域化布局、产业化经营、专业化生产的要求，发挥农业生产比较优势，在地域和空间上形成高度集聚的集合	基于农业产业化和比较优势视角
任青丝，2007	在接近农产品生产基地的一定范围内，与之相关的大量企业和关联支持机构在空间和区域上的柔性集聚，这种网络集合体以专业化和规模	强调专业化作用

续表

文献	概念界定	备注
	化取得独特的竞争优势	
黎荆，2010	以传统农业为中心，以大量专业化相关企业及中介机构为支撑，在空间上集聚形成密集柔性合作的网络群体，包含农户、企业、机构及市场等	基于柔性生产网络视角解释
王严克，2010	具有旺盛的自我生长能力，企业潜在共存于集群内各个子系统，通过相互间的竞争和协作，能自发出现时间、空间和结构上有序的开放大系统	从系统学的角度解释
滕祖华和王慧，2012	以农业生产为中心，以大量涉农经营的相关企业为基础，在空间地域范围内集聚形成的包含农户、企业、中介机构及市场等内在要素柔性合作的有机整体	基于内在要素组成视角解释
梅宝亮，2013	以传统农业活动为基础，以农业合作社和现代农业企业为主导，以高校、银行等服务机构为辅助，以市场为导向，以集群内部的分工与合作为媒介而形成的囊括了农业产前、产中、产后全部环节在内的系统，在特定地域空间上集聚的现象	基于产业链的视角解释
姚云浩，2014	依赖并服务于某一农产品市场，由农户(生产基地)、农业加工企业及相关产业企业和支撑服务机构间通过分工合作，于某一区域结网形成的学习创新性组织	从区域创新网络视角解释

3. 专业化农区集群

专业化农区集群是代表农业产业集群的一种高级发展阶段与形态，具有农业区域专业化与产业集群的特征。本书认为：专业化农区集群是指某个农业区域的专业化发展已经达到了较高水平，并与该农产品生产相关的企业、关联支撑机构在一定范围的地理空间上聚集，在功能上互补，形成优势特色明显的专门化农业产业群体。

1.2.2　地方商业环境

商业环境涵盖影响商业运行的过程和结果的一切因素，包括市场供求状态、商业制度、社会文化和市场秩序等常规因素(林健和李焕荣，2002)。迈克尔·波特(2002)认为，微观经济的商业环境质量决定区域竞争力，其示意图如图 1-1 所示。而商业环境的质量可以由钻石模型来表达。因而本书所涉及的地方商业环境主要包括迈克尔·波特的钻石模型中的生产要素、相关和支持性产业、市场需求、企业战略以及结构和同业竞争 4 个直接要素，以及政府和机会 2 个间接要素。税伟(2006)对迈克尔·波特的地方商业环境钻石模型在中国进行了检验，新增了区域文化和外来投资要素，重新假设了“地方政府”“地方文化”和“外来投资”等要素的角色、地位和作用，并通过我国安徽和广东的 4 个制造业产业集群的对比研究与一致性检验，重构了由生产要素、市场需求、相关和支持性产业、企业战略结构与竞争、地方政府 5 个直接要素和机会、地方文化、外来投资 3 个间接要素组成的我国地方商业环境的“粮仓模型”。

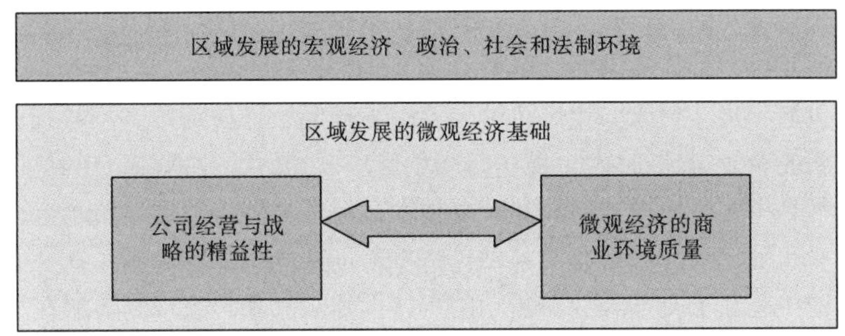

图 1-1　迈克尔·波特的区域竞争力决定因素(迈克尔·波特，2002)

1.2.3　产业集群集体效率

产业集群对提高区域竞争能力、促进企业创新发展具有极为重要的意义，世界各国均以发展产业集群作为推动产业创新与区域经济发展的重要手段。由于产业集中而产生劳动力与专业技能的集聚、专业化的供应商以及技术知识溢出等外部经济，产业集群得以不断成长与壮大，竞争力不断提升(龙开元，2010)。但对发达国家和发展中国家集群的长期研究表明，外部经济尚不能全面地说明集群的发展，集群内还存在着一种有意识的联合行动，即集体效率(张宏伟，2004)。

由当地企业专业分工、企业联合行动和知识技术外溢引发外部经济所衍生的竞争优势，通过群内供应商、生产制造商、经销商以及购买者之间的垂直联合行动，以及多个生产商之间的水平联合行动即形成集体效率(曲红贤和郑瑾，2004；刘蓓蕾和钱黎春，2010)。大量事实和研究证明，企业之间有意识的合作以及参与集体活动极大地促进了产业集群的增长与竞争力的形成，这些活动既包括参加行业协会、共用生产设备等竞争企业间的横向合作，也包括价值链上下游企业的联盟等纵向合作(Schmitz，1999)。

由于产业集中而产生产业集群的集体效率包括外部经济与联合行动两大方面，把源于外部经济性的竞争优势称为被动性的集体效率，把源于联作行动的竞争优势称为主动性的集体效率，前者是无意识的结果，而后者是指生产者们有意识的联合行动(Schmitz，1995，1999；Giuliani et al.，2005；贾良定等，2006)。本书采用此概念和分析框架。

1.2.4 产业集群创新能力

产业集群创新能力内涵的阐述一般借鉴集群能力、创新能力等概念，大部分学者认为产业集群创新能力需具备整合能力和综合能力(李娅，2013)。

创新包括引用新技术或生产方法、引进新产品、开辟新市场、控制新供应来源和实现新的企业组织等内容(梅丽霞和柏遵华，2005)。Asheim(1996)认为，集群创新能力是指实施激进式创新和改变技术路径以突破路径依赖的能力。

周泯非和魏江(2009)借鉴国外理论将集群创新能力界定为蕴含在产业集群整体组织结构中有利于交互式创新活动的程序性知识总和，表现为集群在搜索与获取外部知识、共享与交流内部知识、协同与整合互补性知识单元，以及在此基础上创造和积累新知识等方面的总体能力，集群企业间、企业与各类机构间以及企业与集群外主体间的一套相对稳定的网络化关联机制是这种能力的主要载体。黄速建(2010)认为，产业集群创新能力是指集群作为一个整体，通过协调活动利用、组织和更新集群内的资源，从而不断适应市场和技术环境变化的能力。孟芳(2011)认为，产业集群创新能力是在一个产业集群范围内，通过专业化分工协作，发挥产业集群创新主体的积极性，高效配置产业集群创新资源，将创新构想转化为新产品、新工艺、新服务的综合能力，本书采用此概念和分析框架。

1.2.5 全球价值链

20 世纪 80 年代国际商业研究者提出和发展了价值链理论，全球价值链理论即根源于此。其中，1985 年迈克尔·波特提出的价值链理论最为流行、影响最为深远。他认为，价值链是原材料转换成最终产品并实现价值增值的过程，是一系列的活动(迈克尔·波特，2002)。Kogut(1985)研究认为，价值链条的各个环节在不同国家和地区之间的空间配置取决于其比较优势，为确保其竞争优势，企业在价值链条的哪个细分环节和技术层面上倾其所有取决于该企业的竞争能力；价值链是融合原料、劳动和技术而形成各种投入环节的过程，并将这些环节结合起来形成最终商品，最后借助于市场交易和消费等方式完成最终的价值循环过程。相较于波特，Kogut 的观点更偏重于反映价值链垂直分离与全球空间再配置的关系，从企业层面到区域和国家层面拓展了价值链的概念，对全球价值链理论的形成起到了关键的作用(王义高，2006)。

Krugman(1995)探讨了企业内部各个价值环节在不同地理空间进行配置的能力问题，此后，价值链的治理模式与产业空间转移的关系成为全球价值链理论中最重要的研究领域之一。Gereffi 等(2005)基于价值链提出了全球商品链的概念，通过对关联价值链与全球化组织的对比研究了生产者驱动和购买者驱动的商品链。

为强调企业在价值链上创造和获取相对价值的重要性，多学科共同努力，在结合全球商品链和价值链理论等基础上形成了更为成熟的全球价值链理论。Kawakami 和 Sturgeon (2010) 从组织规模、地理分布和生产性主体三个维度界定全球价值链，认为全球价值链是某种商品或服务从生产到交货、消费和服务的一系列过程。根据 Sturgeon 的研究，全球价值链在组织规模方面包含了参与某种产品或服务相关活动的全部主题，在地理分布方面必须具有全球性；在参与主体方面包括一体化企业、零售商、领导厂商、供应商等(赵中秋，2014)。联合国工业发展组织指出，全球价值链是指为实现商品或服务价值而连接生产、销售、回收处理等过程的全球性跨企业网络组织，整个过程涉及原料采集和运输、半成品和成品的生产与分销、最终消费和回收处理(Gereffi et al.，2005)。此界定得到学术界和社会的广泛认可与应用。

1.2.6 全球价值链治理

产品与产业的地方价值链逐步走向全球价值链，纵向一体化的产品价值链条也逐步在全球合适区位解体、分解和外包。全球价值链分解与外包的原因主要有专注于核心竞争力、利用外部资源、规模经济与范围经济、风险分担和提高灵活性等(雷昊等，2012)。随之涉及的问题有：是什么因素和力量决定全球价值链中的企业选择价值链片段，是内部完成还是外包出去呢？是谁在主导和安排全球价值链上不同位置的企业的活动、利益分配和关系协调？这就产生了全球价值链的治理。当价值链中的一些企业依据其他企业设立的参数标准进行运营时，治理也就由此而生(Humphrey and Schmitz，2002)。

Kaplinsky 和 Morris (2001) 基于政治学的公民治理视角指出，价值链治理应强调链条中的权力形成及其关系，也应对行使这些权力的机构加以关注。Messner 和 Meyer-stamer (2000) 认为，治理就是利用各种手段，包括市场手段以及非市场手段进行协调的过程，并将价值链治理分为 3 种类型，即市场型、科层型以及介于两者之间的网络型。Humphrey 和 Schmtiz (2000) 认为，全球价值链的治理是指对经济活动的非市场调节，可把价值链治理分为网络式治理、准层级式治理、市场式治理 3 种类型。Humphrey 和 Schmitz (2001) 利用交易成本理论将全球价值链的治理模式细分成四种：市场、网络、准等级制和等级制，这种分类方法显示了全球价值链组织结构的特点。而 Gereffi 等 (2005) 认为，治理是经济活动的协调与功能的整合，根据全球价值链中行为主体之间的协调能力的高低，全球价值链治理模式可分为五种类型：市场型、模块型、关系型、领导型和层级型(表 1-3)，全球价值链治理广泛引用此分析范式。

表 1-3 全球价值链治理的主要影响因素(Gereffi et al., 2005)

治理类型	交易的复杂程度	交易信息的可编码程度	供应方的能力	内部协调和权力不对称的程度
市场型	低	高	高	低
模块型	高	高	高	↓
关系型	高	低	高	↓
领导型	高	高	低	↓
层级型	高	高	低	高

1.3 全球价值链下农业区域专业化与集群研究综述

1.3.1 背景与趋势

国内外关于农业区域专业化生产与集群的文献十分丰富，尤其在迈克尔·波特的钻石模型和企业价值链理论基础上，学者们借鉴制造业产业集群发展的研究范式开展了大量关于农业区域专业化生产和集群发展的探究，并将研究视角集中于影响农业专业化生产和集群的因素与机制(Mueller et al., 2006; Sterns and Spreen, 2007)、空间集聚效应(Gibbs and Bernat, 1997; Kaiser, 2003; Kulshreshtha and Thompson, 2005)、竞争力(Perez-Aleman, 2005)等方面，但这些研究往往容易将农业区域专业化的研究局限于专业化本地分工、相关与支持产业和机构的地方化空间集聚、地方商业环境和本地网络化特征等，而忽视了在全球价值链下农业区域专业化生产和集群发展的过程。尽管迈克尔·波特把企业价值链分析扩展到产业和产业集群，但这一分析工具很难应用到经济全球化下的国际产业分工趋势中去。特别是在以垂直型同一产品价值链中，上下游不同工序和环节的产业内国际分工逐步盛行，逐步代替了产业间与产业内的国际分工格局。全球价值链的形成就是要打破单个企业在一个地方集中包揽产品生产和销售的所有活动，通过单个企业内部的“纵向一体化”的生产销售环节的不断裂解、分工、专业化和外部化，让众多企业在不同的区位选择从事不同的价值链环节，价值链环节就不断“片段化”甚至全球散布，而部分价值链片段集中在全球某一地点形成地方产业集群，形成嵌入全球价值链的“珠子”。尽管既有以生鲜农产品生产和大宗粮食贸易为主的短链农业，也有很多通过多层、复杂加工形成的长链农业，但这些农业均越来越趋向于嵌入农业国际贸易和全球价值链。经济全球化已将农业生产嵌入国际间乃至洲际间的供应链(Fold and Pritchard, 2005)，农产品的生产、加工和流通产业化和全球化的趋势日益明显(Humphrey and Memedovic, 2006)。

1.3.2 国外相关研究

全球价值链理论作为一种分析国际扩张、供应链的地理碎片化、创造并获取价值的方式的独特视角而得以流行(Gereffi and Lee，2009)。国外许多学者基于制造业的全球价值链对全球生产网络及其与经济发展之间的相互关系进行了大量研究(王凯，2015)。推及到农业领域，由于农业产业的一些固有特性，利用全球价值链理论聚焦研究农业区域专业化和集群化的文献并不多见。欧美发达国家农业的蓬勃发展深刻影响到全球农业，在大型农业跨国主导厂商的控制下，农业价值链的大部分环节得到垂直整合，逐渐形成了全球农业生产网络和利益分配的格局(Humphrey and Memedovic，2006；Lowe and Gereffi，2009)。受农业商务巨头、多元化食品生产商、快餐特许经营以及全球零售商等驱动，通过全球价值链和本地价值链的互动形成当前世界各国农产品的全球生产网络，并通过控制发达国家与发展中国家农产品的生产、分配及市场份额垂直整合全球农业价值链，供应商和零售商均能够从全球农业价值链上获利(Jaffee and Masakure，2005)。例如美国加州的葡萄酒产业集群其实就是全球生产网络的一部分(Mueller et al.，2006)。

国际贸易和利益驱动的农业全球价值链治理主体追求占领能创造更多、更好价值的价值链环节，价值链治理主体的生产者、购买者二分法告诉我们高水平和旗舰型的农业主导企业都力求控制高附加值的生产或销售战略环节，这给不断国际化的农业产业提供了一个好的分析视角和框架。但越来越多的学者和证据说明Gereffi的全球价值链治理主体的二分法过于抽象简单，无法解释包括农业领域在内的一些价值链治理现象。如Clancy(1998)认为，旅游国际产业链治理问题就无法用购买者和生产者驱动来解释。针对简单二元分类的不足，Gereffi等(2005)在层级、半层级、网络和市场四种价值链治理类型基础上，提出供应商和主导企业关系的3个决定因素：交易信息知识的复杂性、交易信息的可编码程度和供应商满足交易需求的能力，进一步将全球价值链治理类型两端的市场和科层之间细分为模块型、关系型、领导型3种中间类型。Gereffi等(2005)选择园艺、自行车、服装和电子工业产业为案例，指出交易复杂性、交易能力以及供应基础三个变量对全球价值链管理和变化的影响巨大。Sarker和Jayasinghe(2007)利用1985～2000年欧盟6个主要农产品贸易数据的变化探究了区域贸易协定对欧盟农产品贸易的影响。

即使是发展中国家或欠发达国家，也纷纷将本国区域优势农业产业活动嵌入到全球价值链中，从贸易和市场消费需求(Raynolds，2004；Jales et al.，2006；Lowe and Gereffi，2008，2009；Christian and Gereffi，2010；Imami et al.，2013)、出口

及企业销售(Navas-Alemán，2011；Lewis et al.，2014)、地方品牌(Minten et al.，2013)、价值链治理(Gereffi et al.，2005，2009)、组织方式(Poulton and Macartney，2012)、农产品安全及质量标准(Lee et al., 2012)等方面探讨全球价值链过程中农业区域专业化和集群化的作用。Maertens 和 Swinnen(2009)在全球价值链视角下验证了塞内加尔的鲜蔬和水果生产，研究发现大型跨国公司组织和联系了发展中国家的小农户和食品零售商，使北美和欧洲的零售商全年的鲜蔬和水果得到了供应，当地的农户和出口商则从全球化农业中获取了更大的市场空间。De Silva 和 Bjonda(2013)通过研究全球渔业生产价值链发现，创新与全球价值链具有极大的相关性，开放式的创新途径还能给价值链的研究带来全新的视角。Bailey 和 Wilson(2013)以越南虾为例，将食品安全和鉴定标准作为购买驱动，以生产过程中的垂直一体化体系作为生产者驱动，探究输入供应、生产、加工和输出四个运行环节中的内在治理关系，并且指出当地政府、非政府机构和当地零售商在治理环节中的作用。Kalinda 和 Chisanga(2014)以赞比亚地区制糖业价值链为例进行研究，主要意图是确定赞比亚食糖价值链的主要参与者，并评估其增值机会与各子部门所面临的挑战。

1.3.3　国内相关研究

国内基于全球价值链理论对全球生产网络的研究多集中于加工制造业等方面，仅有少量文献从全球价值链的视角研究专业化农区产业集群，尚缺乏较为系统的研究成果。当前我国专业化农区产业集群多以嵌入采购者驱动型价值链的方式不断提升农业产业竞争力在市场上的商品化表现，品牌应该成为农业产业集群的核心资源，提升品牌竞争力是专业化农区产业集群功能性升级的关键(李东升，2008)。但专业化农区产业集群在嵌入全球价值链时受到品牌效应不足、比较优势缺乏、价值链定位雷同、价值实现空间狭小等不利因素的制约(阎衡和郑鑫，2008)。在农产品贸易流向方面，现有研究聚焦于某种单项农产品在国家或区域贸易格局以及双边贸易格局等方面，对涉及某个较大区域范围内总体贸易格局的研究较少(陈恭军和田维明，2012)。尽管如此，农业领域的竞争与合作还是很大程度上受到了全球价值链的推动，构建起了农产品生产、加工、流通和消费的全球网络。例如，何树全(2006)研究了北美自由贸易区协定下美国与墨西哥的玉米双边贸易关系及其对墨西哥玉米贸易自由化的影响。李婷和李豫新(2011)采用修正的显示性比较优势指数、贸易强度指数和产业内贸易指数等评价方法，对中国与中亚五国之间的农产品贸易流向及互补性进行探讨。研究指出，中国与中亚五国在农产品生产要素和农产品贸易方面具有互补性，且贸易互补性与生产要素互补性相吻合，但中国与中亚五国的贸易规模较小，双方潜在的互补性尚不能充分转化为现实的互利性，说明中国与中亚五国的农产品贸易合作尚需要加强。丁涛(2015)通过分析美国的农业战略，指出其大力推进和建设全球农业自由贸易主义治理体系，逼迫和诱致发展中国家沦为农业全球价值链的低端环节，进而提出中国在全球价值链背景下建设农业现代化的关键在于农业价值链高端环节的培养和保护。

1.3.4　治理主体极化的实践

Gereffi 等(2005)认为，价值链中的权力拥有者组织和协调分散于各地的价值创造活动，这种对价值链治理的定义具有开创性的意义。全球价值链治理由治理主体、治理客体、治理内容和治理机制设计四个要素构成(雷昊等，2012)，其中主导企业是关键的治理主体，是全球价值链的治理者，是被治理者(治理客体)在价值链上的分工、角色、任务、质量标准、交易参数和利益分配等重要安排的决定者和领导者。主导企业作为治理主体主要决定了价值链参与者生产什么、如何生产、生产多少和销售价格等生产和交易参数和指标(Humphrey and Schmitz，2001)，全球价值链上的主导企业是价值链治理的研究中心(雷昊等，2012)。Gereffi 等(1999，2005)将全球价值链治理的重点聚焦在治理主体(主导企业)上，他将价值链的生产者和购买者作为主导企业(价值链治理者)来考察全球价值驱动力，认为计算机和汽车等资本和技术密集型产业是生产者驱动，玩具和服装等劳动密集型产业是购买者驱动。这是两极化和单极化在制造业中的表现，在农业中也同样存在。Gereffi(2009)研究了两大鸡肉跨国巨头企业作为生产者驱动型全球价值链主导企业控制了全球的鸡肉生产、加工产业链的现象，并认为这是农产品生产者作为治理主体的单极化现象。

当今购买者驱动型农业价值链在大型超市得到典型体现，但包括永辉、红旗连锁在内的我国多数大型超市的市场范围都在国内，短链生鲜农产品的市场在地方，只有沃尔玛等国际零售业巨头才会涉足农业全球价值链，是典型的购买者驱动农业全球价值链。此外，以出口中间商和代理商为主要购买者的购买者驱动型农业全球价值链，以及具有部分垄断能力的农产品加工生产企业为价值链治理者的生产者驱动型农业全球价值链，也是我国农业全球价值链治理者单极化的主要表现形式。下面以四川省安岳县的柠檬产业和烟业、山东寿光的蔬菜产业为例来说明农业全球价值链治理的单极化现象。

四川省安岳县是中国柠檬之都，有长达 80 多年的柠檬种植历史，2015 年种植面积 40 多万亩，种植数量 2000 多万株，产量占全国的 82%，80%以上的鲜果产品出口到欧美、日本和新加坡等发达国家和地区。但本书调查发现，受国人鲜柠檬消费习惯的限制(2008 年我国人均消费柠檬量仅为 0.085 千克，不到世界人均消费量的 5.24%)和深加工发展缓慢的影响，安岳柠檬鲜果全球价值链一直被牢牢掌握在具有出口权的出口采购商、代理商和中间商手里，果农被锁定在获利微薄的柠檬种植环节。由于受出口购买商收购定价甚至价格炒作的影响，柠檬鲜果收购价波动较大，入不敷出甚至放弃柠檬种植的果农不在少数，属于典型的购买者驱动农业全球价值链。

享誉全国的山东省寿光市从本地蔬菜专业化种植和运销起始，如今已发展成为名副其实的中国蔬菜之都，汇集了我国天南地北的蔬菜，成为我国蔬菜产业国内、国际贸易的集散地和中转站，部分蔬菜远销俄罗斯、韩国、日本和东南亚等国家和地区。寿光的蔬菜全球价值链也是典型的短链型购买者驱动价值链治理模式，由“全国蔬菜种植+寿光中间商/组货公司+销售”组成价值链条，以寿光蔬菜专业化批发市场和电商蔬菜网为交易平台，以专业化的蔬菜存储、保鲜、质检、包装、物流等完善的供应链服务和O2O交易，实现了大宗蔬菜的全国交易和出口。因不需要复杂加工工艺流程，加之蔬菜安全的溯源体系不完善，蔬菜批发交易价格竞争成为主要竞争形式，蔬菜批发交易这一增值优势环节往往被蔬菜组货公司、中间商和代理商所占据，这些大型购买者最大的优势表现为销售网络、渠道、物流运输和不断完善的供应链。

以我国承担出口任务的四川省专业化烟区为例，本书调查发现，烟草农业种植环节的价值链条短，种植环节依靠资源禀赋和大量劳动力投入，烟农、合作社等初级生产者被锁定在烟草种植和初加工（凉、晒或烘烤）环节，我国烟草专卖制度禁止其攀升到价值增值最高的香烟制造和销售环节，不论国有烟草公司和地方政府如何大力支持其发展烟农合作社、协会、种植公司、农场等多元化烟草生产组织模式（税伟等，2013），烟农及其组织只能在育苗、机耕、植保、烘烤、分级等低价值环节上有限分工与合作，加之烟草种植的生产性服务市场发育困难，导致生产性社会化服务供给不足、成本高（表1-4），结果造成烟农老龄化、烟草种植比较收益连年下降、部分烟农依靠多元化种植实现范围经济以及最好的出口烟区集中分布在贫困山区等现状。国有烟草公司作为价值链主导企业，是完全按计划经济体制建设的垄断性巨型国有企业，承担了烟叶深加工、品牌香烟制造与香烟出口销售等角色，控制了烟叶收购质量分等、定级和定价权等价值链增值最大的环节。因此，我国烟草全球价值链属于生产者（烟草公司）驱动型烟草全球价值链。

表1-4　四川烟区目前提供的与烟农期望的社会化服务（税伟等，2013）（%）

提供的服务	育苗	机耕	技术服务	病虫害防治	烘烤	分级	其他
比例	86.1	14.1	27.2	23.7	25.3	30.7	1.6
期望的服务	育苗	机耕	技术服务	病虫害防治	烘烤	分级	其他
比例	45.0	45.5	69.4	72.6	56.1	32.2	2.4

同时，本书发现，部分依靠自身生产加工优势、拥有知名品牌和自建的销售网络的生产者驱动型农业全球价值链治理者(主导企业)，在不断蔓延和加深的经济全球化商业环境里却选择了绝大部分或者全部收回外包和部分外部采购的方式，正在实现企业内部的纵向一体化，是生产、购买两极合体的特殊“单极化”现象，是通过生产内部一体化实现价值链核心竞争力的保护。将此种现象和行为归为生产者或购买者驱动都不太合适。如福建省安溪县的“铁观音”茶业龙头企业八马茶业、安溪铁观音集团、华祥苑、中闽魏氏、日春、三和茶业等正在走向企业内部的全价值链生产。这些茶业龙头企业通过高标准的订单农业、自建的高标准茶园和茶庄园以及严格的生产加工工艺流程，最终形成自建的终端产品的销售网络，有全价值链纳入茶企内部的一体化趋势。此外，贵州老干妈辣酱制品企业也是一个非常好的例证。因此，生产内部一体化是一个产业集群提升价值链竞争力的重要选择，也是企业防止机会主义行为、便于农产品质量和安全的溯源以及保护隐性知识和知识产权等核心能力的需要。除龙头和部分骨干企业具有这一表现和趋势外，绝大部分中小茶企和茶叶作坊仍然保持以批发商、代理商和中间商作为购买者驱动的主要形式。

尽管 Gereffi 等(2005)将全球价值链治理进一步完善为市场型、模块型、关系型、领导型和科层制等五种治理模式，但这五种治理模式在具体治理中是交错存在的(张辉，2004；曾咏梅，2012)。该种分类法聚焦在纵向全球价值链上各组织间的协调和链接，特别突出全球价值链上的主导企业与供应商的利益联结、风险管控和权力不对称程度，将全球价值链治理的主导企业看成是一维的，是一种基于企业和产业(集群)的微观和中观分析方法，忽视了价值链主导企业的分类以及全球价值链多元治理主体间的横向和纵向的多元化权力关系协调。此外，该分析框架还有一个重大缺陷在于没有考虑全球价值链治理的多元利益主体协调之中政府和公私组织的角色和作用，特别是政府与公私组织和价值链其他治理主体的权力关系的协调。这既忽视了发达国家在扶持弱势农业上的角色和功效，也不符合我国政府扶持现代农业的国情。在寡头和单极化全球价值链治理现象频发的情况下，全球价值链治理的多元利益主体的分权和增权也在茶业、高级食品加工业等工艺复杂、价值链条长的专业化优势农区有所体现。

以福建省安溪县为例，安溪茶产业价值链的主要领导者与制造业或高新科技产业不同，并非只是主导企业作为领导者控制整个价值链，而是由政府、社会团体和企业共同组成的多元化治理主体模式(表 1-5)。安溪农业与茶果局主要控制如何种植茶叶和制订种植加工标准；半官方组织——安溪茶业总公司主要控制生产什么、生产标准和如何生产问题；同业公会主要控制领先生产什么、价格制定和抱团营销；龙头企业主要通过较大规模和较强实力的资本、技术、人才等资源，参与标准和规则的制订，在核心技术、专利产品、品牌推广、管理技能、市场网络、茶文化传承等方面拥有核心竞争优势，对上下游产业链条形成强大的引领和整合能力，从而也掌握了价值链的治理权。各个领导主体之间既有自身特定的参与价值链参数制订的权力，又有交叉，因而相互联系又相互制约，形成了一个多元价值链治理者共生的模式，这更有利于多元信息的获取。治理主体间的相互制衡和监督可以降低价值链各环节利润分配的不公平性，也有利于提高供应商的积极性，从而有利于整个茶产业的健康、持续发展。

表 1-5　安溪县茶区集群的价值链主要治理者

价值链主要治理者	参与参数制订途径	参数制订具体活动	说明	代表企业
农业与茶果局	制订茶叶种植、生产、加工标准	《安溪铁观音生产初制加工技术标准(试行)》(2010年)《安溪乌龙茶标准化生产技术手册》(2007年)	政府部门	—
安溪茶业总公司	安溪铁观音证明商标和地理标志使用授权注册和管理，协调安溪乌龙茶质量检测中心站、安溪县茶叶科学研究所等单位工作，监管茶叶质量安全	制订《地理标志产品安溪铁观音》(GB/ T19598—2006)；《证明商标使用管理规则》《证明商标使用管理细则》	政、企结合体	—
同业公会	密切企业与政府、企业与茶农合作组织的联系，促进安溪茶产业转型升级，强化企业战略联盟，抱团开拓国内外茶叶市场	制订原料和销售价格，提供市场、技术和商品等信息咨询服务，联系和开展同海内外经贸和学术团体的合作，协助有关部门研究行业政策、制订行业规划，指导行业发展	在安溪县委、县政府领导下，由全县铁观音企业组成的社会团体，以茶叶质量安全为基础，以品牌发展为目标	八马茶业、安溪铁观音集团、华祥苑、中闽魏氏、日春、坪山名茶、三和茶业、魏荫茗茶、天福茗茶、冠和茶厂、感德龙馨、琦泰茶业等
龙头企业	通过较大规模和较强实力的资本、技术、人才等资源，在核心技术、专利产品、品牌推广、管理技能、市场网络、茶文化传承等方面拥有核心竞争优势，对上下游产业链条形成强大的引领和整合能力，从而掌握价值链的治理权	通过文化进行茶叶高位定价，例如八马企业和魏荫名茶；通过更高规格、更高标准的加工环境，生产高附加值茶叶；通过更广泛的社会网络关系，专业定制高端茶、接待专用茶	龙头企业除了靠自身影响力对产业发展方向起到引领作用外，也会与政府合作共同推动产业集群发展，参与标准和规则制订，实现价值链升级	八马茶业、安溪铁观音集团、华祥苑、中闽魏氏、日春、三和茶业、天福茗茶、魏荫名茶、感德龙馨等，其中八马茶业、安溪铁观音集团、华祥苑三个企业还是农业产业化国家重点龙头企业

1.3.5 研究不足与展望

在经济全球化和农业现代化的背景下，农业专业化和集群化发展嵌入全球价值链已经成为一种潮流和趋势。我国地域广阔，农业资源丰富，气候类型多样，区域间资源状况、经济社会发展水平存在着很大的不平衡性，导致农业发展的区域特色比较突出，对全球价值链下的我国专业化农区的成长机制进行探索、总结就显得非常必要，国内外相关研究主要存在以下几方面不足：①国外学者研究专业化农区产业集群主要限于发达国家的成功案例，而全球价值链分析工具则过分强调对欠发达国家农业企业的拉动，但缺乏条件实地深入调研，缺少对二者整合的系统研究；②国内学者用产业集群理论研究专业化农区起步较晚，缺乏深入的规范实证研究成果，较少应用全球价值链工具，欠缺将产业集群与全球价值链方法整合并系统研究专业化农区的经验，忽视了农户的参与角色，对中间商、政府和中介组织等多元化价值链治理主体的分权与增权分析不够；③缺乏专业化农区产业集群的空间结构与影响因素研究；④缺乏对专业化农区生态环境效应的研究；⑤相关的定量与实证研究成果较少，基于实证研究结论得出的政策启示与建议还相对缺乏。因而，本书正是基于这样的背景，将我国专业化农业生产和农产品贸易纳入全球生产网络和价值链体系下进行研究，通过研究可以为我国现代农业区域化分工和专业化生产并融入全球价值链提供依据、政策启示和建议。

1.4 研究设计

1.4.1 研究内容

1. 中国农业地区专业化时空格局演化

农业的地区专业化是人类经济社会发展过程中重要的本质特征和巨大的进步力量。通过构建地区的专业化系数、农产品的地方专业化系数等指标来衡量我国农业发展的专业化水平和时空演化特征，并构建以地区的专业化系数为因变量，一般专业化水平、市场“厚度”、市场制度与竞争环境、成本因素、要素禀赋条件为影响因素的面板数据，采用固定效应模型研究我国农业地区专业化发展的影响机制，并对中国农业地区专业化的影响因素进行假设和验证，以揭示中国农业专业化发展的规律。

2. 地方商业环境下专业化农区产业集群的本地推力机制

地方商业环境是决定专业化农区的产业集群竞争力的根本性因素，也是产业加入全球价值链的关键推力。以迈克尔·波特得出的产业区竞争力的钻石商业环境模型为理论基础，提出专业化农区的集群商业环境因素假设模型与指标体系，选择中国大陆和台湾地区相对成功的专业化农区产业集群为实证对象，通过问卷调查的规范实证统计与一致性检验，建构符合我国国情的专业化农区的集群商业环境因素系统模型，并实证定量研究地方商业环境要素推动农业企业嵌入全球价值链的影响机制。

3. 全球价值链下专业化农区产业集群的外在拉力机制

全球价值链治理结构决定了对专业化农区的外在拉力作用与效果。通过分析不同价值链升级方式对专业化农区的产业集群集体效率提升的影响与差异，判断农业企业嵌入全球价值链的外部经济要素和联合行动要素的驱动作用和差异；通过构建专业化农区产业集群的创新能力评价指标体系，评价专业化农区案例的产业集群创新能力，采用 Logistic 回归模型重点分析农业企业嵌入全球价值链的创新驱动因素和机制；采用结构方程模型研究不同类型购买者满意度的影响因素，探索农业全球价值链上国外与国内买家、中间商购买者与终端消费者的拉力作用及差异。

4. 全球价值链下专业化农区产业集群的空间聚散机制

随着我国农业区域化、专业化发展趋势不断加强，明确专业化农业区域产业集群的空间聚散机制对优化农业专业化空间布局尤为重要。采用计算 Hoover 地方化系数、经济重心、空间自相关分析、核密度估计以及 GIS 空间表达等方法对专业化农区案例的产业价值链环节的空间分布特征进行研究，解析形成这种空间格局的因素，为我国其他专业化农区产业集群的价值链空间布局优化和引导提供参考。

5. 全球价值链下专业化农区的农业生态效应

选择嵌入全球价值链的专业化农区的典型案例，通过构建专业化农业种植的农业生态系统能值投入、产出指标体系以及基于能值投入、产出结果进行计算的能值评价指标体系，定量分析专业化农业种植的农业生态系统的结构功能特征和生态经济效益之间的协调性及可持续发展情况，探究不同专业化农业种植水平间农业生态系统的差异。并通过对农区种植的不同专业化水平、不同种植结构和不同海拔的等级划分，对农业生态系统服务功能进行价值评价，探究专业化农业种植在带来经济效益的同时是否也对农业生态系统造成了压力。

6. 政策启示与建议

在上述研究结论的基础上，基于我国国情，审视和参考国外农区专业化发展经验和教训，提出全球价值链下我国农业区域专业化和集群化发展的政策启示和建议。

1.4.2 研究思路与技术路线

1. 研究思路

在研究我国农业地区专业化时空格局演化的基础之上，以我国不同产业类型已经产生集群效应并具有全球价值链的典型专业化农区为研究对象，采用专业化农区的全球价值链、产业集群和产业类型三维整合的研究路径，以地方商业环境为本地推力，以全球价值链为外在拉力，采用系列假设检验的规范实证研究和地理信息系统空间分析技术，探寻全球价值链下我国专业化农区的集群发展机制与模式，最终形成基于结论的政策启示和建议。整个研究遵循“提出问题—理论假设—实证检验—政策启示”的研究思路。

2. 技术路线

目前我国已经有了一些从国家到地方的专业、特色农业区划，很多这种专业化农区还形成了成功的产业集群，而这些产业集群有无加入全球价值链，加入全球价值链对其发展有无帮助，其成功机制究竟是什么，又能否为其他农区产业集群培育提供借鉴，就是本书最初所提出的问题。基于这些问题，通过实地调研和相关文献的阅读，提出相关的研究假设，基于这些假设，通过模型构建、指标体系建设、分析框架构建和方法选择，在研究我国农业地区专业化时空格局演化基础上，选择系列典型案例，对地方商业环境下专业化农区产业集群的本地推力机制，以及对全球价值链下专业化农区产业集群的外在拉力机制、空间聚散机制和生态环境效应等进行一一验证，最终总结出全球价值链下专业化农区的集群机制，并基于系列研究结论提出相关政策启示和建议(图 1-2)。

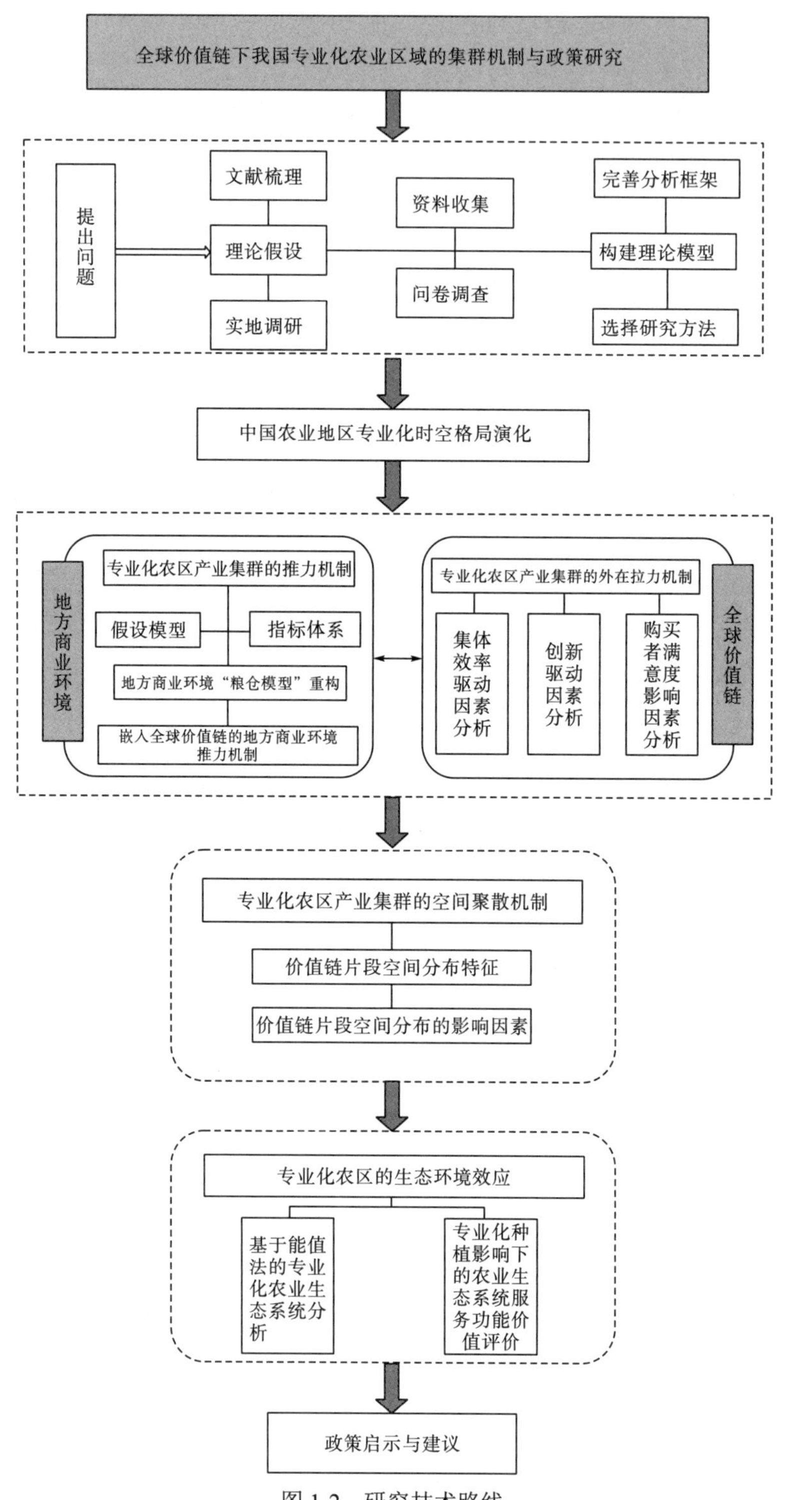
全球价值链下我国专业化农业区域的集群机制与政策研究
提出问题
文献梳理
理论假设
实地调研
资料收集
问卷调查
完善分析框架
构建理论模型
选择研究方法
中国农业地区专业化时空格局演化
地方商业环境
专业化农区产业集群的推力机制
假设模型
指标体系
地方商业环境“粮仓模型”重构
嵌入全球价值链的地方商业环境推力机制
专业化农区产业集群的外在拉力机制
集体效率驱动因素分析
创新驱动因素分析
购买者满意度影响因素分析
全球价值链
专业化农区产业集群的空间聚散机制
价值链片段空间分布特征
价值链片段空间分布的影响因素
专业化农区的生态环境效应
基于能值法的专业化农业生态系统分析
专业化种植影响下的农业生态系统服务功能价值评价
政策启示与建议

图 1-2 研究技术路线

1.4.3　研究方法与数据来源

1. 研究方法

(1) 文献阅读与归纳演绎相结合的方法。全面收集国内外相关文献资料，梳理归纳国内外相关文献，定性评价和总结国内外专业化农区产业集群的研究进展，为本书提供思路。本书涉及农业经济学、农业经济地理学、产业经济学、发展经济学和生态经济学等交叉领域，在研究过程中广泛吸取和借鉴相关学科的理论，为本书的理论分析、研究假设提出、研究框架构建、结果分析与讨论、结论与政策启示等提供依据。

(2) 定量分析方法。利用面板数据，采用比较优势指数、Hoover 地方化系数、区位商、因子分析、相关分析与方差分析和面板数据模型等定量方法，研究我国农业地区专业化时空格局演化，典型专业化农区的产业集聚度、产业间关联、竞争力和宏观影响因素；采用层次分析法确定指标的权重，运用主成分分析方法(principal component analysis, PCA)降维分析主要影响因素；运用结构方程模型(structural equation modeling, SEM)研究全球价值链下不同类型购买者的满意度影响因素；构建 Logistic 二元回归模型实证分析地方商业环境推动机制和全球价值链下专业化农区集群的外在拉力机制；采用能值理论与方法、生态系统服务价值评价方法，评估全球价值链下专业化农区的生态环境效应。

(3) 问卷调查统计与田野调查方法。通过试调查、专家咨询和论证会，科学设计多种问卷和指标体系，通过问卷调查、结构式访谈和田野调查收集第一手资料。

(4) 空间统计与建模。利用地理信息系统的专题地图制作展示专业化农区的空间分异特征；采取 Moran's I 指数和经济重心来检验农业专业化程度在空间上的分布规律；运用核密度估计方法对部分价值链环节的空间集聚进行分析；构建地理加权回归(geographical weighted regression, GWR)模型研究区域专业化种植的区位影响因素。

2. 数据来源

1) 实地调研收集

根据需要，有针对性地进行了长时间、范围广的实地调研工作，对台湾、福建、广东、贵州、云南、山东、四川、重庆、安徽、湖北、新疆、青海和北京等省(自治区、直辖市)的农业专业化状况、部分典型的专业化农区集群做了针对性的考察，获取了大量的数据信息。以下仅列举本书聚焦的专业化农区案例的实地调研情况(部分案例仅作为研究背景和对比材料)。

2012～2015 年，研究人员对四川雅安的蒙顶山茶叶产业、云南普洱茶生产基地、福建武夷山茶叶生产基地、安徽黄山茶叶生产基地、四川郫县(现成都市郫都区)豆瓣酱出口产业、四川眉山和重庆涪陵的榨菜出口产业、四川安岳县柠檬出口产业、四川和云南的出口烟叶基地、云南的花卉出口产业、青藏高原区的出口食品加工业、安徽淮北市的粮食加工产业、新疆乌鲁木齐的水果储运产业以及沃尔玛等全球零售卖场、城市大型超市、专业批发市场、物流中心、特许经营店、门店、连锁店等进行了调研。2012～2016 年，研究组 6 次对安溪县专业化茶区进行了深入调查，通过走访相关政府部门、龙头和骨干企业、销售门店，收集了大量的数据资料；通过深入田间地头，拜访茶农，考察茶园、农资供应和茶叶加工，详细了解茶叶的生产流程；考察茶业综合服务中心、茶叶会展中心、茶叶交易市场、涉茶政府机构、茶叶中介机构、质检机构、教育科研机构以及茶叶机械厂等，掌握了茶产业价值链的构成及其空间分布。2015 年 6 月，研究组成员对厦门的台湾水果批发市场进行了实地调查，通过访谈台湾水果中间商、参观水果集散中心、拜访有关管理部门，掌握了台湾水果在厦门的交易流程。对“老干妈”辣酱的实地调查分为两部分，研究组成员首先利用在美国访学机会，针对性考察了“老干妈”辣酱制品在美国的销售情况和品牌形象，之后在贵阳市通过走访“老干妈”辣酱制品生产基地和企业总部，访谈并搜集了有关资料。2015 年 9 月，研究组成员对山东寿光专业化蔬菜区进行了详细考察，通过参观走访寿光农产品物流园、寿光蔬菜高科技示范园、农资市场、蔬菜种植专业村，以及拜访政府相关领导、专业协会负责人、企业负责人、村主任和菜农，获取了寿光市蔬菜产业集群的地方商业环境的大量信息、一手资料和专家问卷。2015 年 2～8 月，研究组成员利用到台湾屏东科技大学学习的机会，重点调研了台湾水果产业的商业环境并完成了专家咨询问卷。

2)官方年鉴数据

我国农业地区专业化时空特征研究的主要数据来源于《中国农村统计年鉴》(1979—2015 年)，相关省(自治区、直辖市)的统计年鉴(1979—2015 年)；专业化农区商业环境的“粮仓模型”在台湾水果业验证的政府统计数据来源于《104 年运输及仓储业之生产及受雇员工概括》(2016 年)、《台湾农产品生产情况》(2014 年)和《台湾农产贸易统计要览》(2015 年)；安溪茶产业研究案例的相关研究数据主要来源于《安溪统计年鉴》(2013 年)、《安溪年鉴》(2000—2006 年)和《安溪年鉴》(2011—2012 年)。

3)问卷调查收集

以福建省安溪县专业化茶区的龙头和骨干企业为问卷调查对象，经试调查和专家咨询，设计了安溪茶企调查问卷，问卷内容主要涉及不同价值链购买商对企业生产活动的参与情况，本地企业集体效率情况，联合行动情况，创新能力情况，企业与行业龙头企业之间的关系，企业在省内、国内、国外的市场份额情况，企业的销售渠道，近年的升级发展方式、动因与障碍，企业间的人员交流情况以及调查企业的基本情况等内容。

基于钻石系统假设模型，设计了专业化农区产业集群的地方商业环境调查的问卷，主要从生产要素、相关与支持性产业、企业战略、结构和竞争、需求条件、外来投资、区域文化和政府要素七方面展开设计，一共设计了 44 个相关问题进行调查，调查对象包括安溪县龙头骨干茶企、寿光市蔬菜产业相关专家以及台湾水果产业相关专家学者。

为调查农业全球价值链上不同类型的购买者，设计了购买者满意度调查问卷，研究对象主要为安溪铁观音毛茶批发商、厦门的台湾水果中间商和“老干妈”辣酱海外消费者。问卷共设计了 16 个题目，主要包括品牌形象、感知质量、购买者期望、感知价值、顾客满意度、顾客忠诚度六个方面的测度内容。

调查问卷收集统计如表 1-6 所示。

表 1-6 调查问卷收集统计

调查问卷	调查对象	发放数量	回收数量	回收率	有效数量	有效率
安溪茶企问卷	安溪茶产业龙头与骨干企业	110	92	83.6%	91	98.9%
安溪专业化茶区集群商业环境问卷	安溪茶产业龙头与骨干企业	110	94	85.5%	91	96.8%
安溪毛茶批发商问卷	外地与本地的毛茶批发商	105	105	100.0%	100	95.2%
台湾水果台湾专家问卷	台湾的大学教授、相关专家	104	91	87.5%	82	90.1%
台湾水果批发商问卷	厦门、台湾水果批发市场的中间商	354	122	34.5%	113	92.6%
山东寿光蔬菜专家问卷	寿光市蔬菜协会、蔬菜公司、蔬菜专业村的有关专家	17	17	100.0%	17	100.0%
“老干妈”海外消费者问卷	海外留学生、访问学者以及华人华侨	635	108	17.0%	94	87.0%

4) 网络数据获取

通过访问调查研究区域的官方网站、统计信息网站以及相关新闻等方式获取具有较高可信度的公开数据。

1.4.4 研究意义

本书以国家和地方优势特色农产品区域布局规划为导向，在研究我国农业地区专业化时空格局演化基础之上，选择我国在全球价值链中形成的集群效应的不同产业类型的典型专业化农区为研究对象，研究全球价值链下我国专业化农区发展的集群机制和政策启示，具有重要的理论与现实意义：

(1)将专业化农区的集群商业环境与全球价值链进行理论整合与推介，有利于转变我国农业发展的组织方式与思维模式，推进我国农业区域的集群化和外向化发展，比较优势与竞争优势结合，赋予农业公司、农户、政府和其他组织在发展农业专业化中的新角色、新职能和新视角；

(2)从产业集群与全球价值链整合的视角，透视典型的我国专业化农区成长的独特规律与机制，有利于为政府提供可供借鉴的农业专业化的产业集群规律和政策建议，为提升农业竞争力提供科学依据；

(3)通过对专业化农业区域的重点培育和引导其嵌入全球价值链，带动加工、储藏、运输、营销等相关产业的联动发展，促进形成一批具有明显优势的专业化农业区域产业集群，为农民开辟多种形式的就业渠道，形成新的收入增长点；

(4)基于国际前沿理论开展在中国的系列假设与检验，形成与国际接轨并符合我国实际的农业区域专业化发展的实证研究成果，为农业专业化、农业产业集群和农业全球价值链等相关领域的基础研究添砖加瓦。

参考文献

安德烈耶娃, 1979. 美国农业专业化[M]. 北京: 中国农业出版社.

陈恭军, 田维明, 2012. 亚洲农产品贸易格局的长期变化趋势分析及其对中国的启示[J]. 国际贸易, (6): 18-24.

陈卫平, 2004. 构建农业产业集群激活渝西农业经济[J]. 思考与运用, (1): 49-53.

丁涛, 2015. 新李斯特经济学国家致富新原则与农业全球价值链——美国农业发展战略的启示[J]. 当代经济研究, (12): 30-36.

高升, 洪艳, 2010. 国外农业产业集群发展的特点与启示——以荷兰、法国和美国为例[J]. 湖南农业大学学报(社会科学版), 11(2): 66-70.

何树全, 2006. NAFTA 与墨西哥农业发展: 第一个十年的证据[J]. 中国农村经济, (9): 72-80.

黄速建, 2010. 中国产业集群创新发展报告(2010-2011)——构筑集群创新能力[M]. 北京: 经济管理出版社.

贾良定, 周玲, 陈永霞, 2006. 集体效率、全球价值链与簇群的升级战略——大新镇五金簇群和陈埭镇鞋业簇群的案例研究及其启示[J]. 南大商学评论, 3: 7.

雷昊, 刘林青, 谭力文, 2012. 全球价值链治理[M]. 北京: 中国人民大学出版社.

黎荆, 2010. 网络组织视角下农业产业集群的良性发展[J]. 企业导报, (11): 101-102.

李东升, 2008. 全球价值链下农业产业集群功能升级分析[J]. 国际经济合作, (9): 20-23.

李婷, 李豫新, 2011. 中国与中亚 5 国农产品贸易的互补性分析[J]. 国际贸易问题, (1): 53-62.

李娅, 2013. 产业集群创新能力研究综述[J]. 大观周刊, (11): 403.

李永实, 2007. 比较优势理论与农业区域专业化发展——以福建省为例[J]. 经济地理, 27(4): 621-624, 628.

林健, 李焕荣, 2002. 基于核心能力的企业战略网络——网络经济时代的企业战略管理模式[J].首都经济贸易大学学报, (5):42-45.

刘蓓蕾, 钱黎春, 2010. 基于集体效率的产业集群合作营销机制研究[J]. 安徽工业大学学报(社会科学版), 27(4): 24-26.

龙开元, 2010. 产业集群集体效率及其指标体系: 基于企业视角的实证研究[J]. 中国科技论坛, (7) : 37-40.

迈克尔·波特, 2002. 国家竞争优势[M]. 北京: 华夏出版社.

梅宝亮, 2013. 农业产业集群研究综述[J]. 科技向导, (17): 315.

梅丽霞, 柏遵华, 2005. 试论地方产业集群的升级[J]. 科研管理, (9): 147-151.

孟芳, 2011. 特色产业集群创新能力评价模型构建[J]. 商业时代, (7): 116-117.

农业区域专业化研究课题组, 2003. 国外农业区域专业化发展进程及其政策措施[J]. 中国农业资源与区划, 24(6): 1-7.

曲红贤, 郑瑾, 2004. 产业集群集体效率的价值演变模型[J]. 科学学与科学技术管理, (8): 63-67.

任青丝, 2007. 我国农业产业集群研究综述[J]. 农村经济与科技, 18(7): 33-34.

税伟, 2006. 区域竞争力的宏、微观理论与实证研究——以安徽省为例[D]. 广州: 中山大学.

税伟, 2011. 钻石模型在中国的检验与重构[J]. 西安交通大学学报(社会科学版), 31(4): 14-20.

税伟,鲁黎明,黄玉碧等, 2013. 现代烟草农业生产组织模式研究[M]. 北京:光明日报出版社.

宋玉兰, 陈彤, 2005. 农业产业集群的形成机制探析[J]. 新疆农业科学, 42(6): 205-208.

滕祖华, 王慧, 2012. 中外农业产业集群研究综述[J]. 鲁东大学学报(自然科学版), 28(1): 81-87.

王凯, 2015. 基于贸易流向的全球农业生产网络分工地位研究[D]. 杭州: 浙江大学.

王龙锋, 张良成, 张瑞卿, 2005. 江西特色农业产业集群化发展存在的问题及对策[J]. 南昌航空工业学院学报(社会科学版), (1): 48-51.

王严克, 2010. 基于协同学的农业产业集群生成主要影响因素分析[J]. 市场论坛, (12): 43- 45.

王义高, 2006. 战略管理[M]. 北京: 中国经济出版社.

吴娜琳, 2014. 特色农业产业区的形成过程与机制研究——以河南省三个农业项目在不同县域内的发展为例[D]. 开封: 河南大学.

向会娟, 曹明宏, 潘泽江, 2005. 农业产业集群: 农村经济发展的新途径[J]. 农村经济, (3): 47-49.

徐本华, 2012. 农业产业集群的形成机理分析与政策建议[J]. 科技与经济, (1): 62-66.

阎衡, 郑鑫, 2008. 全球价值链中我国农业产业集群问题探讨[J]. 甘肃农业, (3): 41-43.

姚寿福, 2004. 专业化与农业发展[D]. 成都: 西南财经大学.

姚云浩, 2014. 农业产业集群识别及评价综述[J]. 中国农学通报, 30(11): 67-71.

尹成杰, 2006. 新阶段农业产业集群发展及其思考[J]. 农业经济问题, (3): 4-7.

曾咏梅, 2012. 产业集群嵌入全球价值链模式影响因素的实证研究[J]. 系统工程, 30(9): 111-116.

张宏伟, 2004. 产业集群研究的新进展[J]. 经济理论与经济管理, (4): 69-73.

张辉, 2004. 全球价值链理论与我国产业发展研究[J]. 中国工业经济, (5): 38-46.

赵中秋, 2014. 关于全球价值链的研究进展与评论[J]. 经济研究导刊, (6) : 250-251.

周泯非, 魏江, 2009. 产业集群创新能力的概念、要素与构建研究[J]. 外国经济与管理, 31(9): 9-17.

Asheim B, 1996. Industrial districts as "learning regions" : a condition for prosperity[J]. European Planning Studies, 4(4): 379-400.

Clancy M, 1998. Commodity chains, services and development: theory and preliminary evidence from the tourism industry[J]. Review of International Political Economy, 5 (1) : 122-148.

De Silva D, Bjondal T, 2013. An open innovation and its role in global fish and seafood value chains: beyond the conventional wisdom[J]. Journal of Agricultural Sciences, 8 (3) : 161-173.

Fold N, Pritchard B, 2005. Cross-continental agro-food chains: structures, actors and dynamics in the global food system[M]. London :Routledge.

Gereffi G, 1999. International trade and industrial upgrading in the apparel commodity chain[J]. Journal of International Economics, 48 (1) : 37-70.

Gereffi G, Humphrey J, Sturgeon T, 2005. The governance of global value chains[J]. Review of International Political Economy, 12 (1) : 78-104.

Gereffi G, Lee J, Christian M, 2009. US-based food and agricultural value chains and their relevance to healthy diets[J]. Journal of Hunger & Environmental Nutrition, 4 (3-4) : 357-374.

Gibbs R, Bernat G, 1997. Rural industry clusters raise local earnings[J]. Rural Development Perspectives, 12 (3) : 18-25.

Giuliani E, Pietrobelli C, Rabelloai R, 2005. Upgrading in global value chains：lessons from Latin. American Clusters[J]. World Development, 33 (4) : 549-573.

Humphrey J, Memedovic O, 2006. Global value chains in the agrifood sector[R].United Nations Industrial Development Organization Working Paper.

Humphrey J, Schmitz H, 2000. Governance and upgrading: linking industrial cluster and global value chain research[R]. IDS Working Paper No.120.

Humphrey J, Schmitz H, 2001. Governance in global value chains[J]. IDS Bulletin, 32 (3) : 19-29.

Humphrey J, Schmitz H, 2002. How does insertion in global value chains affect upgrading in industrial clusters?[J]. Regional Studies, 36 (9) : 1017-1027.

Imami D, Vuksani G, Gruda N, 2013. Analysis of the apple value chain in Albania[J]. Gesunde Pflanzen, 65 (2) : 65-71.

Jaffee S, Masakure O, 2005. Strategic use of private standards to enhance international competitiveness: vegetable exports from Kenya and elsewhere[J]. Food Policy, 30 (3) : 316-333.

Jales M, Jank M S, Yao S, et al., 2006. Agriculture in Brazil and China: challenges and opportunities[R]. Inter-American Development Bank, INTAL.

Kaiser A, 2003. South African floriculture cluster study[EB/OL]. http://www.nedlac.org.za[2011-10-15].

Kalinda T, Chisanga B, 2014. Sugar value chain in Zambia: an assessment of the growth opportunities and challenges[J]. Progress of Theoretical Physics, 12 (2) :331-352.

Kaplinsky R, Morris M, 2001. A handbook for value chain analysis[R]. Ottawa: International Development Research Centre.

Kawakami M, Sturgeon T J, 2010. Global value chains in the electronics industry: was the crisis a window of opportunity for developing countries?[R]. The World Bank.

Kogut B, 1985. Designing global strategies: comparative and competitive value-added chains[J]. Sloan Management Review, 26 (4) : 15-28.

Krugman P, 1995. Increasing returns, imperfect competition and the positive theory of international trade[J]. Handbook of International Economics, 3 (1475) : 1243-1277.

Kulshreshtha S, Thompson W, 2005. Economic impacts of the saskatchewan agriculture and food cluster on the saskatchewan economy[M]. Saskatchewan : University of Saskatchewan.

Lee J, Gereffi G, Beauvais J, 2012. Global value chains and agrifood standards: challenges and possibilities for smallholders in developing countries[J]. Proceedings of the National Academy of Sciences, 109 (31) : 12326-12331.

Lewis G, Crispin S, Bonney L, et al., 2014. Branding as innovation within agribusiness value chains[J]. Journal of Research in Marketing and Entrepreneurship, 16 (2) : 146-162.

Lowe M, Gereffi G, 2008. A value chain analysis of selected California crops[R]. Report Prepared for the Environmental Defence Fund. Centre on Globalisation Governance & Competitiveness.

Lowe M, Gereffi G, 2009. A value chain analysis of the US beef and dairy industries[R]. Center on Globalization, Governance & Competitiveness.

Maertens M, Swinnen J, 2009. Trade, standards, and poverty: evidence from Senegal[J]. World Development, 37 (1) : 161-178.

Messner D, Meyer-stamer J, 2000. Governance and networks. Tools to study the dynamics of clusters and global value chains[R]. Paper Prepared for the IDS/INEF Project "The Impact of Global and Local Governance on Industrial Upgrading".

Minten B, Singh K M, Sutradhar R, 2013. Branding and agricultural value chains in developing countries: insights from Bihar (India) [J]. Food Policy, 38 (2) : 23-34.

Mueller R, Sumner D, Lapsley J, 2006. Clusters of grapes and wine[C]// Third International Wine Business Research Conference, Montpellier, France.

Navas-Alemán L, 2011. The impact of operating in multiple value chains for upgrading: the case of the Brazilian furniture and footwear industries[J]. World Development, 39 (8) : 1386-1397.

Perez-Aleman P, 2005. Cluster formation, institutions and learning: the emergence of clusters and development in Chile[J]. Industrial and Corporate Change, 14 (4) : 651-677.

Poulton C, Macartney J, 2012. Can public–private partnerships leverage private investment in agricultural value chains in Africa? A preliminary review[J]. World Development, 40 (1) : 96-109.

Raynolds L, 2004. The globalization of organic agro-food networks[J]. World Development, 32 (5) : 725-743.

Sarker R, Jayasinghe S, 2007. Regional trade agreements and trade in agri-food products: evidence for the European Union from gravity modeling using disaggregated data[J]. Agricultural Economics, 37 (1) : 93-104.

Schmitz H, 1995. Collective efficiency: growth path for small-scale industry[J]. The Journal of Development Studies, 31 (4) : 529-566.

Schmitz H, 1999. Collecfive efficiency and increasing returns[J]. Cambridge Journal of Economics, 23 (4) : 465-483.

Sterns J, Spreen T, 2007. Industry networks and sustainable competitive advantages in Brazilian and US processed citrus supply chains[C]//The 1st European Forum on Innovation and System Dynamics in Food Networks, Innsbruck, Austria.

第2章　中国农业地区专业化时空格局演化

在当前的宏观形势下，农业地区专业化、产业化发展已成为一种潮流和趋势，农业作为重要的生产部门，关系到人的衣食住行的各个方面，也关系到一个国家或区域的产业健康发展，甚至影响一个国家或区域政治稳定和最基本的经济安全，是人类赖以生存和发展的基础性产业。从现有的研究来看，国外的研究成果颇丰，对地区农业专业化的研究可以从演化特征与机制、资源及经济社会政策环境等方面进行梳理，研究结论具有较强的指导性和实践意义，但也存在实证研究多于理论研究的不足。国内研究的重点集中在探究农业地区专业化或产业集群的形成类型、发展特征、影响因素以及集聚产生的效应等方面，大部分采用定性分析和计量结果空间展示等方式来解释问题，对农业地方专业化的现状及其未来演变趋向的把握不够深刻，所分析的结论不够系统，缺乏可操作性，难以对实际的农业产业集聚提供理论指导。鉴于此，本书搜集整理1978～2014年我国31个省(自治区、直辖市)农业生产的相关数据，充分利用面板数据在分析时更具稳定性和有效性、易于构建更复杂模型等优势，研究中国农业专业化时空演化过程和特征，并对影响中国农业地区专业化的因素进行假设和验证，以揭示自1978年以来中国农业专业化的发展规律。

2.1　理论分析

地区专业化现象是区域经济领域重要的研究议题，受到了经济学家、地理学家和历史学家的关注(Kim，1995)。地区专业化所要描述和解释的经济现象是指某一地区集聚了某些产业，而其他地区却集聚了另外的产业(樊福卓，2007)。国外有关农业产业时空格局的研究侧重于集聚效应的实证研究(Turco and Kelsey，1992；Gibbs and Bernat，1997；Kulshreshtha and Thompson，2005)和集聚政策导向的研究(Eaton and Kortum，1996；Gale and McGranahan，2001；Courvisanos，2003；Weerathamrongsak and Wongsurawat，2013)等方面。此外，国外学者基于从土壤适宜性与自然地理环境到农业区位、农户行为、市场、交通费用、劳力成本、比较优势、技术进步、竞争优势等经济社会文化方面的研究，提出了西方农业区域专业化不同时期的合理解释与政策贡献。Krugman(1991)和Porter(1998)等国际著名经济学家一致认为，发展包括农业产业区在内的专业化产业区是提高区域竞争力和应对全球化挑战的关键。新增长理论代表人物、诺贝尔经济学奖获得者西奥多·W·舒尔茨(2016)认为，农业也受规模报酬效应的影响，专业化在现代农业中普遍存在，但他却没有考虑到专业化程度随着时间的推移逐步加深。农业地区专业化的形成与发展必须遵循农业自然条件和资源的生态适宜性要求(Looijen and Heijman，2013)。在资源观的视角下，国外诸多学者分别对葡萄酒、花卉苗木等专业化农业发展进行了研究，指出地理、气候条件和水土资源等自然条件对当地的农业产业集群和专业化发展起到了重要作用(Cortright and Provo，2000；Wilk and Fensterseifer，2003；Mueller et al.，2006)；在外部制度环境的视角下，强调政府(Aylward and Turpin，2003；Mueller et al.，2006；Sterns and Spreen，2007)、行业协会(Perez-Aleman，2005；Hornberger et al.，2007)等组织对农业专业化的推动作用；在市场的角度，强调国际化和本地市场需求推动了农业地区专业化和产业集群的形成(Regmi，2001；Mueller et al.，2006；Dana and Winstone，2008)。

农业产业化、农业产业集群、农业专业化以及农业地区专业化是相近的概念，国内学者关注较多的是农业生产的地区分工和地区专业，农业区域专业化是农业在地区间分工发展的表现(向国成和韩绍凤，2007)。朱忠玉和李文娟较早地研究了我国农业区域专业化议题，基于我国农产品商品化生产和农业区域开发的演变，总结了国内农产品专业化生产的基本特征，并以粮、棉、油、糖、畜牧和水产六种大宗农产品为例，探讨其集中生产地带的形成、发展和农产品专业化发展的方向(中国农业科学院农业自然资源和农业区划研究所，1993)。随后，国家或区域农业整体的生产格局(高昌海等，2000；农业区域专业化研究课题组，2003；李永实，2007)和某种农作物的专业化生产水平(程叶青和张平宇，2005；罗万纯和陈永福，2005；王介勇和刘彦随，2009；熊伟等，2010；卢凌霄，2011；潘佩佩等，2013；柴玲欢和朱会义，2016)成为国内研究的热点，这些研究利用各种相关指数和空间计量手段准确地评价了研究区域农业生产的专业化水平及趋势。也有部分研究涉及农业专业化生产的影响因素和过程机制等内容(鲁奇和吕鸣伦，1997；党安荣等，1998；蔡昉等，2002；何学松和陆迁，2005；陆文聪等，2008；刘时东等，2014；邓宗兵等，2014；李裕瑞等，2014)，但采用的方法大都依赖于传统的定性分析或时间序列数据的回归综合，研究的深度和结论的稳定性有待进一步提升。

2.2　研究区域、数据来源和研究方法

1. 研究区域

以我国 31 个省(自治区、直辖市)为基本统计单元，分析 1978 年以来中国农

业地区专业化的演化过程与格局及其影响机制。

2. 数据来源

数据主要来源于《中国农村统计年鉴》(1979—2015)，以及相关省(自治区、直辖市)的统计年鉴(1979—2015)。本书收集 1978～2014 年的全国及各省(自治区、直辖市)花生、粮食、棉花、蔬菜、油料、水果等作物的播种面积数据、GDP 及农业产业发展数据、人口和就业数据、第一产业增加值及投资、进出口、地方财政收入、商品销售价格指数、农用地化肥施用量、农民人均纯收入等数据组成面板数据。

3. 研究方法

1) 专业化测度

由于地区专业化具有多重均衡和不稳定等特征，测度地区专业化水平极其复杂。国内外学术界测度专业化的主要指标包括：产业集中度指标、区位商指标、Hoover 专业化系数、Theil 指数、克鲁格曼专业化指数等。樊福卓(2007)构建的应用于地区专业化系数测度指标更具有一般性，可借鉴用于测度中国农业生产过程中各主要农产品的地区专业化程度。先简单地说明一些符号的含义：m 表示所讨论地区的个数；i 代表其中的一个地区，i=1，2，…，m；n 表示农业体系中的农产品种类数量；j 表示其中的一种农产品，j=1，2，…，n；E_i^j 表示地区 i 农产品 j 的播种面积，对于地区 i 的农产品 j 可用式(2-1)～式(2-4)计算四种不同的比重。

地区 i 农产品 j 的播种面积占该地区农作物总播种面积的比重：

$$s_i^j = E_i^j \Big/ \sum_{j=1}^{n} E_i^j \tag{2-1}$$

地区 i 农产品 j 的播种面积占全国农产品 j 播种面积的比重：

$$x_i^j = E_i^j \Big/ \sum_{j=1}^{m} E_i^j \tag{2-2}$$

地区 i 农作物播种面积占全国农作物总播种面积的比重：

$$x_i^j = \sum_{j=1}^{n} E_i^j \Big/ \sum_{i=1}^{m}\sum_{j=1}^{n} E_i^j \tag{2-3}$$

全国 j 农产品的播种面积占全国农作物总播种面积的比重：

$$s_i^j = \sum_{j=1}^{n} E_i^j \Big/ \sum_{i=1}^{m}\sum_{j=1}^{n} E_i^j \tag{2-4}$$

据上述数据计算结果建立地区 i 的专业化系数 FR_i(反映该地区与其他地区发生贸易的相对规模)为

$$FR_i = \frac{1}{2}\sum_{j=1}^{n}\left|s_i^j - s^j\right| \tag{2-5}$$

显然，FR_i 的取值范围为$[0,1-x_i]$。对于 j=1，2，…，n，如果 s_i^j 的值等于 s^j 的值，则 FR_i 的值为 0；当地区 i 实现了完全的专业化分工时，FR_i 的值为 $1-x_i$。

农产品 j 的地方专业化系数 FI_j(反映该产品发生的地区间贸易的相对规模)为

$$FI_j = \frac{1}{2}\sum_{j=1}^{m}\left|x_i^j - x^j\right| \tag{2-6}$$

显然，FI_j 的取值范围为$[0,1-s^j]$。如果每个地区农产品 j 的播种面积占其总播种面积的比重均相等，FI_j 的值为 0；如果农产品 j 集中于一个地区且该地区仅生产农产品 j，FI_j 的值为 $1-s_j$。

地区专业化系数 F_{mn}(反映一个国家发生的地区间贸易的相对规模)为

$$F_{mn} = \sum_{i=1}^{m}\left(FR_i \times x_i\right) = \sum_{j=1}^{n}\left(FI_j \times s^j\right) \tag{2-7}$$

地区专业化系数(F_{mn})反映一个国家农业专业化发展的整体水平，既等于 m 个地区的专业化系数的加权平均值，也等于 n 种农产品的地方专业化系数的加权平均值，取值范围为[0，$(m-1)/m$]。如果每个地区行业结构完全一致，则 F_{mn} 的值为 0；如果各地区规模相同且实现完全的专业化分工，F_{mn} 的值为$(m-1)/m$。地区专业化系数具有明确的经济学含义：区域内地区间贸易和区域外贸易之和的相对规模，对于一个国家的地区专业化水平而言，从行业角度和地区角度计算得出的结论一致(樊福卓，2007)。

2) 面板数据模型与变量说明

面板数据模型可用于分析中国农业生产地区专业化的影响机制。克鲁格曼将经济活动空间上分布的影响因素归结为两类，第一类是“第一自然”，即自然地理要素；第二类是“第二自然”，包括市场需求、规模经济、运输成本和生产要素的流动产生集聚和专业化的经济要素，产业的布局是要素禀赋、运输成本、市场需求、知识溢出等综合作用的结果(保罗·克鲁格曼，2001)。在众多经典的理论模型中，包含专业化规模报酬递增的生产函数模型解释了经济活动内部的专业化分工，强调生产规模对区域专业化分工水平的影响(Francois，1990)。Grossman 和 Helpman(2002)构建的理论模型进一步指出，成本、交易效率、市场程度和市场“厚度”对外包以及专业化发展具有重要影响。全球化背景下开放的市场环境直接影响到农业规模及贸易结构的变动(杜志雄和肖卫东，2011)，各种要素禀赋条件是农业发展区位选择的重要有利因素(于树江和李艳双，2004)，市场规模为农业专业化生产提供了巨大的需求支撑(刘恒江和陈继祥，2005)，制度环境在农业产业发展中发挥着重要作用(丁瑞等，2015)，成本因素、人力资本等作为外部性因素的作用日益增强(Munnich et al.，2002)。这些理论模型的研究均表明，区域专业化的形成与发展是一个十分复杂的过程，不仅受到产业特征、要素禀赋差异、生产迂回度等物理因素的影响，还受到制度环境和政策等社会因素和交易成本、市场规模等经济因素的影响。不同地区根据各自的农业资源优势，选择具有比较优势的农产品进行专业化生产，分工和专业化则在空间性上具备了地缘广度(梁琦，2006)，财政体制及市场一体化水平影响和制约地方专业化与产业集聚(范剑勇，2004)，规模则是与农业专业化生产显著相关的因素(Krugman，1991；国务院研究室课题组，1996)。为了较全面地考察影响地区专业化发展的相关因素，借鉴并修正以往的经验分析和理论模型，构建相关影响因素的指标体系(表 2-1)，最终设定回归方程如下：

$$\ln Y = c + \delta_i + \eta_t + A_1\ln X_1 + A_2\ln X_2 + A_3\ln X_3 + A_4\ln X_4 + A_5\ln X_5 + \varepsilon_{it} \tag{2-8}$$

其中，下标 i 表示地区；下标 t 表示年份；c 为常数项；δ_i 为地区固定效应，反映各地区不随时间变化且不可观测的特有的影响因素；η_t 指时间固定效应，反映的是仅随时间变化的影响所有地区经济增长的因素；Y 为地区农业产业的专业化系数，本书指式(2-5)中所求得的 FR_i；X_1 代表产业间、产业内国际分工条件下各地区所形成的一般专业化水平，考虑到改革开放以来中国各地区参与国际分工的程度，采用进出口总额占 GDP 的比重来衡量，记为 x_1，这里按照 1978～2014 年历年人民币对美元的汇率将进出口总额的计量单位由美元转换成人民币，以求得该指标的计算值；X_2 表示市场“厚度”，可以用市场规模、产业规模等衡量，市场规模越大越容易带来专业化收益(Clare，1996)，经验分析用各地区 GDP 占所有地区 GDP 的比重来衡量，记为 x_2，产业发展规模用各地区第一产业增加值占该地区 GDP 的比重来测度，记为 x_3；X_3 表示市场化制度与竞争环境，经验分析可用政府对市场的干预和影响作用、市场一体化水平等衡量，分别采用地方财政支出占该地区 GDP 的比重、商品零售价格指数作为评价指标(陆铭和陈钊，2009)，分别记为 x_4、x_5，其中，商品零售价格指数是指反映一定时期内商品零售价格变动的趋势及程度的相对数；X_4 作为模型中的成本因素，关注劳动力成本、物质消耗方面，分别用各地区农民人均纯收入与所有地区平均的农民人均纯收入的比率、各地区农用地化肥施用量占所有地区的比重表示，分别记为 x_6、x_7；X_5 表示要素禀赋条件，选择投资水平、劳动力供给等来表征，分别用各地区第一产业投资占该地区 GDP 的比重、各地区农业从业人口占所有地区农业从业人口的比重来衡量，分别记为 x_8、x_9；ε_{it} 是扰动项。

表 2-1　专业化系数的影响因素指标分类

变量	变量名称	指标	指标名称	指标含义
Y	专业化系数	FR_i	地区 i 的专业化系数	反映其与其他地区发生的贸易的相对规模
X_1	一般专业化水平	x_1	进出口总额占 GDP 比重	反映开放条件下各地区参与产品国际分工的程度
X_2	市场“厚度”	x_2	当地 GDP 占全国 GDP 的比重	反映市场的规模
		x_3	第一产业规模占当地 GDP 的比重	反映市场的结构
X_3	市场化制度与竞争环境	x_4	地方财政支出占当地 GDP 的比重	反映政府对市场的干预和影响作用
		x_5	商品零售价格指数	反映市场一体化水平
X_4	成本因素	x_6	农民人均收入水平与全国农民人均纯收入的比率	反映劳动力效率
		x_7	农用地化肥施用量占全国的比重	反映物质消耗
X_5	要素禀赋条件	x_8	第一产业投资占当地 GDP 的比重	反映资金投入
		x_9	农业从业人口占全国农业从业人口的比重	反映劳动力供给

2.3　中国农业专业化演化过程与格局

1. 中国农业地区专业化系数演化过程

1978～2014 年，中国的农业总产值从 1117.5 亿元增长到 54771.5 亿元，增长了 48 倍多，年均增长 11.42%；从空间上来看，期间各省(自治区、直辖市)农业总产值的排序具有一定的稳定性，农业总产值较高的省份包括山东、河南、江苏、河北和四川等，农业生产总值较低的省(自治区、直辖市)包括西藏、青海、宁夏、海南、北京和天津等，其余省(自治区、直辖市)的农业总产值处于中间水平。同期中国的花生、粮食、棉花、蔬菜、油料和水果等作物历年的种植面积之和均占全部农作物种植面积的 92%以上，因此以上述 6 种主要农作物为对象研究中国农业专业化具有一定的代表意义和可行性。根据式(2-7)，测算出 1978～2014 年中国农业发展的地区专业化系数 F_{mn} 的变化结果。总体来看，中国农业的地区专业化系数 F_{mn} 保持较平稳的增长趋势(图 2-1)，从 1978 年的 0.060 增长到 2014 年的 0.146，增长了 143.33%，年均增长 2.51%，1984 年、1995 年、2003 年分别作为最显著的阶段性最大值和拐点表示中国农业地区的专业化系数出现了轻微程度的波动，这三年的地区专业化系数 F_{mn} 值分别是 0.069、0.105 和 0.129，这种变化情况值得关注，更需要从国家及省(自治区、直辖市)层面的政策乃至世界经济环境和相关理论中寻找合理的解释。相较于中国农业总产值的增长而言，农业发展的地区专业化水平提升极为缓慢。

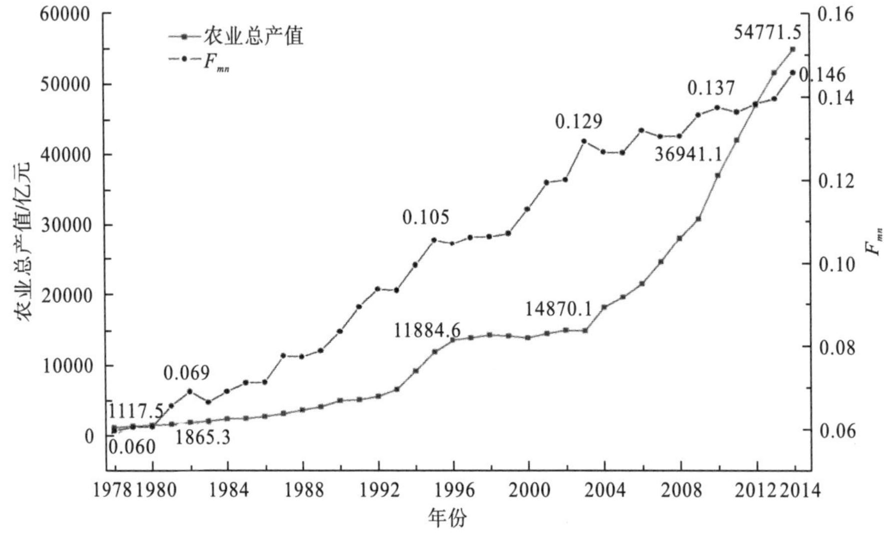

图 2-1　1978～2014 年中国农业总产值及农业地区专业化系数 F_{mn}

2. 中国主要农产品地方专业化系数发展演化

根据式(2-6)测算出 1978～2014 年中国的花生、粮食、棉花、蔬菜、油料、水果等农产品地方专业化系数的发展演化结果，并体现出不同的发展演化特征(图 2-2)，其中粮食、棉花、油料的地方专业化系数 FI_j 表现为不同程度的上升，而花生、蔬菜、水果的地方专业化系数有不同程度的下降。以地方专业化系数的均值和标准差作为分段标准，将各种农产品的地区专业化水平分为高度专业化、中度专业化和低度专业化三类：当某种农产品的地方专业化系数 FI_j 大于均值和标准差之和时，该种农产品即为高度专业化；低于均值和标准差之差，即为低度专业化；居中的为中度专业化(路江涌和陶志刚，2005)。

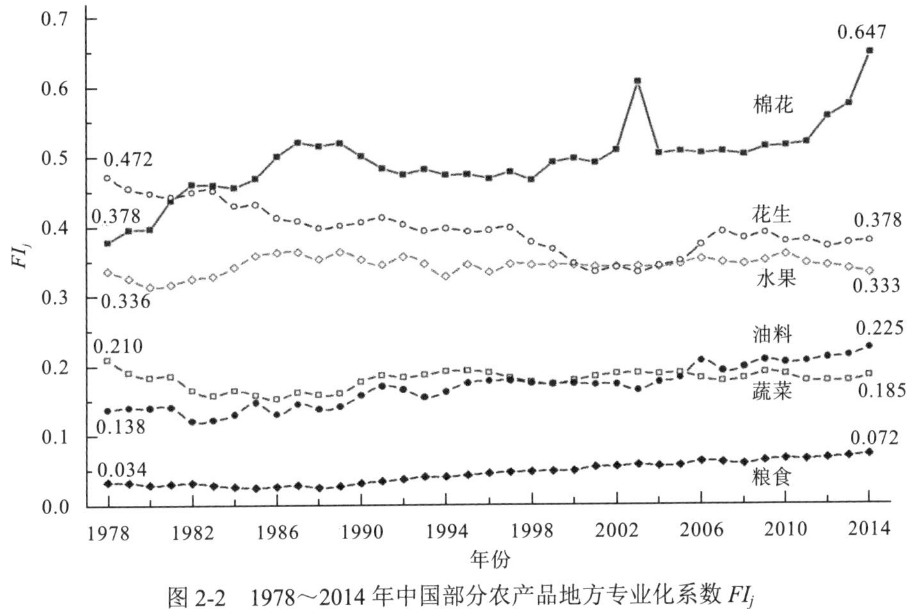

图 2-2　1978～2014 年中国部分农产品地方专业化系数 FI_j

按照上述方法可以判断，花生的地方专业化系数从 1978 年的 0.472 下降到 2014 年的 0.378，下降了 19.92%，年均下降 0.62%；花生的地方专业化经历了由短期的高度专业化向长期的中度专业化转变的过程，1978～1983 年，花生的地方专业化系数大于上述六种农产品地方专业化系数的均值与标准差之和，表现为高度专业化，1984～2014 年，表现为中度专业化。粮食的地方专业化系数总体水平较低，经历了较为平稳而缓慢的增长，从 1978 年的 0.034 增长到 2014 年的 0.072，增长了 111.76%，年均增长仅为 2.07%；同时在 1978～2014 年粮食的地方专业化系数始终低于均值与标准差之差，表现为低度专业化。棉花的地方专业化系数总体水平较高且在波动中增长，从 1978 年的 0.378 增长到 2014 年的 0.647，增长了 71.17%，年均增长仅为 1.50%；棉花的地方专业化系数经历了由短暂的中度专业化向长期的高度专业化转变的过程，1978～1980 年期间为中度专业化，1981～2014 年表现为高度专业化。蔬菜的地方专业化系数表现出缓慢下降的趋势，从 1978 年的 0.210 下降到 2014 年的 0.185，下降了 11.9%，年均下降 0.35%；同时 1978～2014 年，蔬菜的地方专业化系数既不大于均值与标准差之和，也不小于均值与标准差之差，表现为中度专业化，蔬菜属于中度地区专业化农产品。油料的地方专业化系数整体水平较低且增长缓慢，从 1978 年的 0.138 增长到 2014 年的 0.225，增长了 63.04%，年均增长仅为 1.36%；同时 1978～2014 年，油料的地方专业化系数也表现为中度专业化，油料也属于中度地区专业化农产品。水果的地方专业化系数有一定的波动，从 1978 年的 0.336 下降为 2014 年的 0.333，下降了 0.90%；同期水果的专业化系数也表现为中度专业化。可见，1978～2014 年上述六种农产品中，地方专业化系数上升的有粮食、棉花、油料，地方专业化系数下降的包括花生、蔬菜和水果；花生、棉花在研究时段的初期几年为中度专业化农产品，随后则长期表现为高度专业化农产品，蔬菜、油料、水果均属于中度专业化农产品，仅粮食的地方专业化系数表现为低度专业化，属于低度专业化农产品(表 2-2)。

表 2-2　1978～2014 年中国主要农产品的地方化划分

地方化	花生	粮食	棉花	蔬菜	油料	水果
高度地方化	1978～1983 年	—	1981～2014 年	—	—	—
中度地方化	1984～2014 年	—	1978～1980 年	1978～2014 年	1978～2014 年	1978～2014 年
低度地方化	—	1978～2014 年	—	—	—	—

3. 中国分地区的专业化系数演化格局

根据式(2-5)测算出 1978～2014 年我国 31 个省(自治区、直辖市)农业生产的专业化系数 FR_i 值。1978～2014 年，中国 FR_i 均值平缓增长(表 2-3)，从 1978 年的 0.066 稳步增长到 2014 年的 0.165，增长了 150.00%，年均增长 2.57%，说明改革开放以来中国各省(自治区、直辖市)农业生产的专业化程度得到了较缓慢的增强，地区专业化逐步增强。与此同时，不同区域之间农业专业化生产的基础和发展速度有所不同：①东北地区(黑龙江、吉林、辽宁)农业专业化生产具有较好的基础，1978～2014 年东北地区的农业专业化系数 FR_i 均值及其增长速度均明显高于全国平均水平，是全国农业生产的地区专业化程度最高的区域，其专业化系数 FR_i 均值从 1978 年的 0.075 增长到 2014 年的 0.205，年均增长 2.83%，年均增速也高于全国的平均水平，其中黑龙江的专业化系数 FR_i 值在全国处于领先的位置；②中部地区(山西、河南、湖北、湖南、江西、安徽)的农业专业化生产水平是全国最低的区域，1978～2014 年，中部地区的专业化系数 FR_i 均值总的变化率和年均增速均明显低于全国平均水平，年均增速只有 1.91%，且历年的专业化系数 FR_i 均值明显低于全国平均水平，说明中部地区农业生产的专业化程度尚有待提高，其中传统的农业大省(如江西、河南等)的专业化系数 FR_i 值在全国处于较落后的水平；③东部地区(北京、天津、河北、山东、江苏、上海、浙江、福建、广州、海南)农业生产的专业化系数 FR_i 均值及其增速明显高于全国的平均水平，但整体的专业化系数 FR_i 均值略低于东北地区，其中上海、海南、广东等省市的 FR_i 值在全国处于较高的水平，福建的专业化系数 FR_i 值从 1978 年全国较低值 0.042 增长到 2014 年全国较高值 0.289，年均增长 5.50%，在东部地区 FR_i 值增长最快；④西部地区(四川、广西、贵州、云南、重庆、陕西、甘肃、内蒙古、宁夏、新疆、青海、西藏)农业生产的专业化系数 FR_i 均值及其增速均略低于全国平均水平，是全国农业生产专业化水平较低的区域，但西部地区各省区市的内部差异较为明显，其中四川、甘肃等省份的专业化系数长期处于较低的水平，新疆的专业化系数 FR_i 值在全国处于较高的水平，从 1978 年的 0.046 增长到 2014 年的 0.456，年均增长 6.59%，在全国范围专业化系数 FR_i 值增长最快。

表 2-3　1978～2014 年中国及区域的专业化系数

区域	1978 年	1985 年	1990 年	1995 年	2000 年	2005 年	2010 年	2014 年	总变化率/%	年均增长率/%
东北	0.075	0.094	0.131	0.157	0.145	0.191	0.188	0.205	173.33	2.83
中部	0.058	0.060	0.070	0.094	0.098	0.086	0.105	0.115	98.28	1.91
东部	0.070	0.084	0.097	0.118	0.146	0.192	0.185	0.199	184.29	2.94
西部	0.064	0.087	0.095	0.124	0.147	0.145	0.141	0.152	137.50	2.43
中国	0.066	0.081	0.094	0.120	0.137	0.153	0.153	0.165	150.00	2.57

2.4　中国农业地区专业化演化机制

基于省级面板数据对式(2-8)构建的面板数据模型进行检验和分析。数据的时间跨度为 1978～2014 年，总共 37 个年份，每个截面包括我国 31 个省(自治区、直辖市)的数据，每个变量均有 1147 个观测值，该面板数据为平衡面板数据。

由于非平稳的时间序列数据拟合可能会出现伪回归的现象，需要对面板序列数据进行平稳性检验，以确保模型评估的有效性。继而对面板数据进行单位根检验，采用 LLC 检验、Fisher-ADF 检验和 Hardi 检验的方法，检验结果如表 2-4 所示。由此可见，绝大部分检验得到的伴随概率 P 值小于 0.05，换言之各变量的自然对数均在 5%的显著性水平下拒绝存在单位根的原假设，据此判定面板数据为平稳数列，该面板数据模型是有效的。

表 2-4　变量单位根检验结果

检验	Y	x_1	x_2	x_3	x_4	x_5	x_6	x_7	x_8	x_9
LLC	−5.086	−11.733	−4.617	7.707	1.845	−9.862	−5.071	−3.802	−1.683	1.488
P 值	0.000	0.000	0.000	1.000	0.968	0.000	0.000	0.000	0.046	0.932
Fisher-ADF	106.32	184.86	82.348	3.598	61.906	196.59	137.52	302.15	72.714	97.970
P 值	0.000	0.000	0.043	1.000	0.480	0.000	0.000	0.000	0.166	0.002
Hardi	16.748	15.180	11.997	19.036	8.409	2.475	12.864	16.656	15.770	9.474
P 值	0.000	0.000	0.000	0.000	0.000	0.007	0.000	0.000	0.000	0.000

对上述面板数据进行随机效应模型评估和Hausman检验、固定效应模型评估、混合横截面模型估计和F检验及LR检验（表2-5）。对随机效应模型进行Hausman检验发现，Hausman检验的统计量为43.135，伴随概率为0.000，因此，拒绝固定效应模型与随机效应模型不存在系统差异的原假设，应建立固定效应模型。固定效应模型的R^2为0.752，P值为0.000，说明固定效应模型的拟合程度较好。再对固定效应模型进行F检验和LR检验，检验结果显示，F统计量和LR检验的伴随概率均为0.000，均小于0.1，应拒绝混合横截面模型相对于固定效应模型更有效的假设，不需要建立混合横截面模型。综上所述，固定效应模型是较为理想的评价模型，应选择固定效应模型对地区专业化系数F_{mn}的影响因素进行评价。

表2-5　面板数据模型选择及评估结果

		随机效应模型	固定效应模型		混合横截面模型	
变量		系数	系数		系数	
C		1.652**	1.386*		—	
X_1	x_1	0.154***	0.159***		0.214***	
X_2	x_2	−0.220***	−0.080		−0.105***	
	x_3	−0.369***	−0.368***		−0.138***	
X_3	x_4	−0.143***	−0.151***		−0.037	
	x_5	−0.596***	−0.590***		−0.346	
X_4	x_6	0.007	0.030		−0.119*	
	x_7	0.054**	0.066***		0.013	
X_5	x_8	0.007	0.002		0.092	
	x_9	0.003	0.010		−0.100***	
R^2		0.456	0.752		0.412	
F统计量		100.540	81.513		—	
P值		0.000	0.000		—	
Hausman检验：卡方统计		43.135	横截面F值	47.456***	回归标准误差	0.428
P值		0.000	横截面卡方	934.042***	对数似然值	−616.340

注：“*”表示0.1水平上显著，“**”表示0.05水平上显著，“***”表示0.01水平上显著。

根据表2-5所示的固定效应模型结果，x_1、x_3、x_4、x_5、x_7等指标通过了显著性检验，表明一般化专业化水平、市场“厚度”、市场化制度与竞争环境以及成本因素对地区农业专业化系数具有不同程度的影响。要素禀赋所涉及的两个指标均未通过显著性检验，表明对于地区的农业专业化系数而言，以第一产业投资占当地GDP比重及农业从业人员数占全国比重等因素为表征的要素禀赋条件并非是影响地区农业专业化发展的重要方面。具体而言，在一般专业化水平方面，指标 x_1(即各地区进出口总额占GDP的比重)在1%的水平上显著为正，系数为0.159，表明地区的进出口水平越高，对该地区的农业专业化水平的提升越有利。在市场"厚度"方面，指标 x_2(即地区 GDP 占全国 GDP 的比重)没有通过显著性检验，系数为-0.080，说明地区 GDP 占全国的比重并不能显著影响该地区农业专业化发展的水平。指标 x_3(即地区第一产业增加值占当地 GDP 的比重)在 1%的水平上显著为负，系数为-0.368，说明如果一个地区第一产业增加值占当地 GDP 的比重越高，越不利于该地区农业专业化的提升。在市场化制度和竞争环境方面，指标 x_4(即地方财政支出占当地 GDP 的比重)在 1%的水平上显著为负，系数为-0.151，说明如果一个地区的财政支出占当地 GDP 的比重越高，政府对市场的干预越强烈，越不利于该地区农业专业化水平的形成和发展。指标 x_5(即商品零售价格指数)在 1%的水平上显著为负，系数为-0.590，表明商品零售价格指数越高，越不利于地区农业专业化的提高，也可以这样认为，地区的农业专业化对地区的市场化制度和竞争环境的要求较高，它们是地区农业专业化重要的影响因素。在成本因素方面，指标 x_6(即各地区农民人均纯收入与全国相比的比率)没有通过显著性检验，系数为 0.030，说明地区的农民人均纯收入在全国的水平并不能显著影响地区的农业专业化发展的水平。指标 x_7(即地区农用地化肥施用量占全国的比重)在 1%的水平上显著为正，系数为 0.066，表明农用地化肥施用量对地区农业专业化具有较小的正向影响，提高化肥施用量可以在一定程度上促进地区农业专业化水平的提高。在要素禀赋条件方面，指标 x_8(即地区第一产业投资占该地区 GDP 的比重)、指标 x_9(即地区农业从业人口占该全国农业从业人口的比重)均未通过显著性检验，系数为分别为 0.002 和 0.010，表明一个地区第一产业投资水平和农业从业人员数量的提升均不能对地区农业专业化的发展产生显著的促进作用。

由此可见，地区的进出口水平对地区农业专业化水平提升具有显著的正向促进作用，农用地化肥施用量对地区农业的专业化水平的提升作用较小；第一产业增加值占 GDP 的比重、财政支出占 GDP 的比重以及商品价格指数的提升均不利于地区农业专业化水平的提高，其中商品价格指数上升的负向作用最大，其次是第一产业增加值占 GDP 的比重和地方财政支出占 GDP 的比重；地区 GDP 占全国的比重、农民人均纯收入水平、第一产业投资水平以及农业从业人口数量的增加对地区农业专业化水平提升没有显著的影响。

2.5　结论与讨论

运用 1978～2014 年中国各省(自治区、直辖市)的主要农产品播种面积数据、相关经济社会统计数据等数据组成时空间数据集，分别计算各省(自治区、直辖市)的专业化系数 FR_i、主要农产品的地方专业化系数 FI_j 以及中国农业发展的地区专业化系数 F_{mn}，总结其发展演化的时空特征和规律。并基于各省(自治区、直辖市)的专业化系数 FR_i，结合与专业化系数相关的经济社会统计数据构成面板数据模型，对农业专业化水平发展的影响机制进行深入探讨。本章主要得到以下几点结论：①1978～2014 年，中国农业发展的地区专业化系数 F_{mn} 保持平稳而连续的增长，这种增长速度与农业总产值的增长速度相比极为缓慢。粮食、棉花、油料的地方专业化系数 FI_j 不同程度地上升，而花生、蔬菜和水果的地方专业化系数 FI_j 有所下降；花生和棉花长期表现为高度专业化农产品，蔬菜、油料和水果属于中度专业化农产品，粮食属于低度专业化农产品。中国各省(自治区、直辖市)农业生产的专业化程度得到了较缓慢的增强，地区专业化逐步增强，东北地区农业生产的专业化系数 FR_i 具有较好的基础和较快的增速，是全国农业生产的地区专业化程度最高的区域；中部地区农业生产的专业化系数 FR_i 均值总的变化率和年均增速均明显低于全国平均水平；东部地区农业生产的专业化系数 FR_i 均值及其增速明显高于全国的平均水平，但略低于东北地区；西部地区农业生产的专业化系数 FR_i 均值及其增速均略低于全国平均水平，是全国农业生产专业化水平较低的区域，且西部地区各省(自治区、直辖市)的内部差异较为明显。②利用面板数据模型评价中国农业发展专业化水平的影响机制，相较于随机效应模型和混合横截面模型而言，固定效应模型是更为理想的面板数据模型。在影响地区农业专业化水平的诸多因素中，进出口水平的提升对地区农业专业化水平提升具有较为显著的正向促进作用，系数达 0.159；农用地化肥施用量对地区农业的专业化水平的提升具有轻微的促进作用；第一产业增加值占 GDP 的比重、财政支出占 GDP 的比重以及商品价格指数的提升均不利于地区农业专业化水平的提高，其中商品价格指数上升的负向作用最大，系数达-0.590，其次是第一产业增加值占 GDP 的比重和地方财政支出占 GDP 的比重，二者系数分别为-0.368 和-0.151；地区 GDP 占全国的比重、农民人均纯收入在全国的水平、第一产业投资水平的提升以及农业从业人口数量的增加并不能对地区农业专业化水平的提升产生显著影响。

对中国农业生产专业化能力的形成和发展更深入的研究，还需要进一步考虑地形、气候等自然因素以及邻近地理单元之间的相互影响，还需要在更加微观的层面探究农业专业化生产的影响机制。当然，也必须认识到，农业产业的专业化水平的发挥并不是孤立的，也不是绝对的，例如针对专业化系数、地方专业化系数等的波动，农业政策层面造成的影响值得进一步研究，也应当针对不同区域农业专业化发展的差异性，分不同的亚区对区域的农业专业化演化格局及其机制进行对比研究和总结，真正实现区域农业产业的专业化发展，以形成分工合理、特色明显、优势互补、协调发展的专业化农业的区域布局，促进农业专业化分工体系的逐步形成和完善，提高资源的配置效率和农业产业的经济效益。

参 考 文 献

保罗•克鲁格曼, 2001. 国际贸易新理论[M]. 黄胜强译. 北京: 中国社会科学出版社.

蔡昉, 王德文, 王美艳, 2002. 渐进式改革进程中的地区专业化趋势[J]. 经济研究, 7(9): 24-30.

柴玲欢, 朱会义, 2016. 中国粮食生产区域集中化的演化趋势[J]. 自然资源学报, 31(6): 908-919.

程叶青, 张平宇, 2005. 中国粮食生产的区域格局变化及东北商品粮基地的响应[J]. 地理科学, 25(5): 513-520.

党安荣, 阎守邕, 周艺, 1998. 中国粮食生产发展的时序变化研究[J]. 地理研究, 17(3): 242-247.

邓宗兵, 封永刚, 张俊亮, 等, 2014. 中国粮食生产区域格局变动及成因的实证分析[J]. 宏观经济研究, (3): 94-99, 113.

丁瑞, 李同昇, 李晓越, 等, 2015. 农业生产集群的演化阶段与形成机理分析——以宁夏中宁县枸杞加工产业为例[J]. 干旱区地理, 38(1): 182-189.

杜志雄, 肖卫东, 2011. 全球化视域下的中国农产品贸易与农业发展方式转变[J]. 国际贸易, (08): 27-35.

樊福卓, 2007. 地区专业化的度量[J]. 经济研究, 42(9): 71-83.

范剑勇, 2004. 市场一体化、地区专业化与产业集聚趋势[J]. 中国社会科学, (6): 39-51, 204-205.

高昌海, 刘新平, 谢光辉, 2000. 长江流域农业地域分异及专业化生产研究[J]. 长江流域资源与环境, 9(3): 332-338.

国务院研究室课题组, 1996. 沿海地区农业规模经营问题[M]. 北京: 人民出版社.

何学松, 陆迁, 2005. 区域专业化提升农产品竞争力的机制探讨[J]. 农业现代化研究, 26(5): 362-365.

李永实, 2007. 比较优势理论与农业区域专业化发展——以福建省为例[J]. 经济地理, (4): 621-624.

李裕瑞, 王婧, 刘彦随, 等, 2014. 中国“四化”协调发展的区域格局及其影响因素[J]. 地理学报, 69(2): 199-212.

梁琦, 2006. 产业集聚论[M]. 北京: 商务印书馆.

刘恒江, 陈继祥, 2005. 要素、动力机制与竞争优势：产业集群的发展逻辑[J]. 中国软科学, (2): 125-130.

刘时东, 陈印军, 方琳娜, 2014. 东北三省粮食生产区域变化及影响因素分析[J]. 中国农学通报, 30(11): 44-49.

卢凌霄, 2011. 中国蔬菜生产的地区专业化程度分析[J]. 经济问题探索, (12): 46-50.

路江涌, 陶志刚, 2005. 区域专业化分工与区域间行业同构——中国区域经济结构的实证分析[M]. 北京: 清华大学出版社.

陆铭, 陈钊, 2009. 分割市场的经济增长：为什么经济开放可能加剧地方保护[J]. 经济研究, 44(3): 42-52.

鲁奇, 吕鸣伦, 1997. 五十年代以来我国粮食生产地域格局变化趋势及原因初探[J]. 地理科学进展, 16(1): 31-36.

陆文聪, 梅燕, 李元龙, 2008. 中国粮食生产的区域变化:人地关系、非农就业与劳动报酬的影响效应[J]. 中国人口科学, (3): 20-28.

罗万纯, 陈永福, 2005. 中国粮食生产区域格局及影响因素研究[J]. 农业技术经济, (6): 60-66.

农业区域专业化研究课题组, 2003. 国外农业区域专业化发展进程及其政策措施[J]. 中国农业资源与区划, 24(6): 1-7.

潘佩佩, 杨桂山, 苏伟忠, 等, 2013. 太湖流域粮食生产时空格局演变与粮食安全评价[J]. 自然资源学报, 28(6):

931-943.

王介勇，刘彦随, 2009. 1990年至2005年中国粮食产量重心演进格局及其驱动机制[J]. 资源科学, 31(7): 1188-1194.

西奥多. W.·舒尔茨, 2016. 报酬递增的源泉[M]. 北京：中国人民大学出版社.

向国成，韩绍凤, 2007. 小农经济效率分工改进论[M]. 北京：中国经济出版社.

熊伟，林而达，蒋金荷，等, 2010. 中国粮食生产的综合影响因素分析[J]. 地理学报, 65(4): 397-406.

于树江，李艳双, 2004. 产业集群区位选择形成机制分析[J]. 中国软科学, (4): 120-122, 119.

中国农业科学院农业自然资源和农业区划研究所, 1993. 中国农产品专业化生产和区域发展研究[M]. 北京：中国农业科技出版社.

Aylward D, Turpin T, 2003. New wine in old bottles: a case study of innovation territories in "new world" wine production[J]. International Journal of Innovation Management, 7(4): 501-525.

Clare A, 1996. The division of labor and economic development[J]. Journal of Development Economics, 49(1): 3-32.

Cortright J, Provo J, 2000. Metropolitan Portland' s nursery industry cluster[R]. Institute for Portland Metropolitan Studies.

Courvisanos J, 2003. Innovation for regional communities: a research framework[C]// Sustainable Economic Growth for Regional Australia Conference, Gold Coast.

Dana L, Winstone K, 2008. Wine cluster formation in New Zealand: operation, evolution and impact[J]. International Journal of Food Science & Technology, 43(12): 2177-2190.

Eaton J, Kortum S, 1996. Trade in ideas patenting and productivity in the OECD[J]. Journal of International Economics, 40(3): 251-278.

Francois J, 1990. Producer services, scale, and the division of labor[J]. Oxford Economic Paper, 42(4): 715-729.

Gale F, McGranahan D, 2001. Nonmetro areas fall behind in the "New Economy"[J]. Rural America, 16(1): 44-52.

Gibbs R, Bernat G, 1997. Rural industry clusters raise local earnings[J]. Rural Development Perspectives, 12(3): 18-25.

Grossman G, Helpman E, 2002. Integration versus outsourcing in industry equilibrium[J]. Quarterly Journal of Economics, 117(1): 85-120.

Hornberger K, Ndiritu N, Ponce-Brito L, et al., 2007. Kenya' s cut flower cluster[M]. Boston :Harvard Business School.

Kim S, 1995. Expansion of markets and the geographic distribution of economic activities: the trends in U.S. regional manufacturing structure, 1860-1987[J]. The Quarterly Journal of Economics, 110(4): 881-908.

Krugman P, 1991. Geography and trade[M]. Cambridge : MIT Press.

Kulshreshtha S, Thompson W, 2005. Economic impacts of the saskatchewan agriculture and food cluster on the Saskatchewan economy[R]. Department of Agricultural Economics.

Looijen A, Heijman W, 2013. European agricultural clusters: how can European agricultural clusters be measured and identified?[J]. Economics of Agriculture, 60(2): 337-353.

Mueller R, Sumner D , Lapsley J, 2006. Clusters of grapes and wine[C]// The Third International Wine Business Research Conference, Montpellier, France.

Munnich L, Schrock G, Cook K, 2002. Rural knowledge clusters: the challenge of rural economic prosperity[R]. Humphrey Institute of Public Affairs.

Perez-Aleman P, 2005. Cluster formation, institutions and learning: the emergence of clusters and development in Chile[J].

Industrial and Corporate Change, 14(4): 651-677.

Porter M, 1998. Clusters and the new economics of competition[J]. Harvard Business Review, 76(6):77-90.

Regmi A, 2001. Changing structure of global food consumption and trade: an introduction. Market and trade economic division, U.S. department of agriculture[R]. Agriculture and Trade Report.

Sterns J A, Spreen T H, Fritz M, et al., 2007. Industry networks and sustainable competitive advantages in Brazilian and U.S. processed citrus supply chains[J]. Circulation Research, 87(7):588-595.

Turco D, Kelsey C, 1992. Conducting economic impact studies of recreation and parks special events[R]. National Recreation and Park Association.

Weerathamrongsak P, Wongsurawat W, 2013. The rubber industry of Thailand: a review of past achievements and future prospects[J]. Journal of Agribusiness in Developing and Emerging Economies, 3(1): 49-63.

Wilk E, Fensterseifer J, 2003. Towards a national agribusiness system: a conceptual framework[J]. International Food and Agribusiness Management Review, 6(2): 99-110.

第3章　专业化农区产业集群的商业环境“粮仓模型”构建

我国地域广阔，区域间资源分布极其不均匀，农产业资源集中于特定区域，形成优势产业集群，使得我国农业地域性和专业性日益增强，有效缓解了农业高度专业化、机械化的发达国家对我国高成本的农业发展所造成的巨大竞争压力。农业竞争力是农业多环节产业链在市场上表现出来的综合竞争能力，受所在区域的市场供求状态、市场秩序、商业制度和社会文化等多因素的共同影响(林健和李焕荣，2006)，而这些因素的综合作用便形成了其特有的商业环境，也即商业环境塑造了对外的竞争力，因而对产业竞争优势的评价即是对区域地方商业环境的评价。本书以福建省安溪县专业化茶区为例，通过构建专业化农区商业环境的要素假设模型和评价指标体系，重构专业化农区地方商业环境的“粮仓模型”，并以台湾水果业、寿光蔬菜业为例进行实证研究，验证“粮仓模型”在农业产业地方商业环境评价中的适用性，打破其仅在制造业应用的行业局限性，同时也有助于揭示地方商业环境在专业化农区产业竞争力提升中的重要作用，研究哪些要素在其中发挥了直接、主要的影响，对调整优化特色产业、提升产业外在竞争力具有现实意义。

3.1　理论分析

商业环境包括生产资料、人力资源等环境要素(Fitriati and Rustanto，2013)，迈克尔·波特在其著名的钻石模型中就涉及地方商业环境以及由其所决定的地方产业竞争力的研究(税伟，2009)。Porter(1998)认为，生产要素、需求条件、相关与支持性产业、企业战略结构和同业竞争 4 个内部环境因素对产业竞争力具有直接的影响，而机会和政府 2 个外部环境因素则对产业竞争力具有间接影响，而这 6 大要素实际上就是决定微观经济商业环境质量的关键要素，因而钻石模型实际上就是一个研究商业环境的模型(税伟和陈烈，2009)。钻石模型虽然没有用精确的经济学语言来描述，但实质却是经济学理论的完美综合(王小平，2006)，因而受到广泛应用。国内外学者围绕钻石模型在高科技产业(高雪莲，2010)、可再生能源产业(Dögl and Holtbrügge，2010)、金融业、农业产业(Khuntonthong et al.，

2013；Ndou and Obi，2013；李菁和揭筱纹，2014）等领域的应用进行了有益探索。但同时，随着迈克尔·波特的研究成果被越来越多地应用，一些学者对钻石模型提出批评，并进行检验和改进。Waverman（1995）指出，钻石模型缺乏科学严谨性且适用性不足，只是极化理论、工业区位论、产品周期理论等经典理论的组合（Olczyk and Kordalska，2016）。迈克尔·波特的钻石模型是在对美国、日本等发达国家经济体的分析基础上构建的，Cho 等（1994）认为，钻石模型不适用于解释发展中国家的情况，在韩国的应用中对其进行改进形成了九要素模型理论，认为人力要素直接影响韩国的经济竞争力。D' cruz（1993）以小经济规模的加拿大为例，将相关联国家的钻石模型联系起来，同时考虑各国竞争力的影响要素，形成北美双钻石模型。Moon 等（1995，1998）在此基础上引入跨国经营并对政府要素的作用力进行修正，发展出适用于韩国、新加坡等小国开放型经济的一般化双重钻石模型。Hsu 和 Liu（2009）在运用双重钻石模型研究中国台湾地区和韩国的竞争优势时得出，中国台湾地区的总体竞争力优于韩国。随着经济全球化，Cho 等（2008）引入了对国际人力要素的讨论，结合九要素模型和双重钻石模型形成双重双钻石模型，并在 66 个不同发展阶段的国家和地区进行了验证。

上述研究表明，修正模型与波特钻石模型的差异不仅在于对影响要素的增加与分类，而且各要素的影响作用也不完全相同。鉴于区域竞争力评价指标体系存在国别差异，结合各国国情和经济发展阶段得出一般化地方商业环境评价模型具有重要意义。税伟（2006）引入了区域文化和外来投资要素，通过对两个区域四大产业集群的实证研究和结果检验，重构普遍适用于我国区域竞争力微观研究的“粮仓模型”（图 3-1），为产业集群商业环境及其竞争力研究提供重要的分析工具。

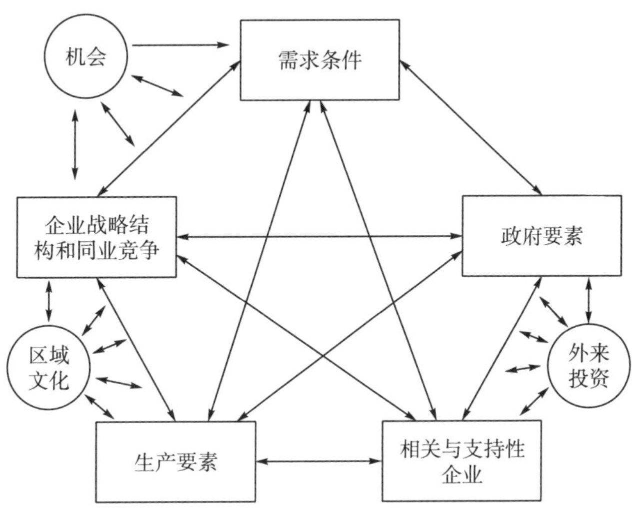

图 3-1　我国区域竞争力研究的一般“粮仓模型”（税伟，2006）

3.2　安溪茶产业地方商业环境的“粮仓模型”构建

1. 商业环境评价假设模型

波特的产业竞争力钻石系统模型中涉及的各要素实际上就是产业发展过程中的各种商业环境，且钻石模型的典型应用案例就是对加州葡萄酒产业优越的商业环境的评价，因而6大评价要素对于农业产业商业环境的评价是适用的。但是该模型在实际应用过程中也受到了一些质疑，例如在国家竞争优势中承担了重要角色的国家文化和跨国公司这两个要素(Bosch and Prooijen，1992；Dunning，1993)在钻石模型中却被忽视了，而且模型中将政府作为间接角色的定位也受到了诸多质疑。税伟(2006，2009，2011)在考虑我国实际国情，认真总结、批判借鉴波特钻石系统模型的基础上，引入对区域文化和外来投资两个要素的探讨，并通过实证探讨提出了政府要素作为第五个直接要素来研究我国地方优势产业竞争力的一般“粮仓模型”。该模型对于我国产业竞争力更具解释力，但鉴于税伟的“粮仓模型”主要应用在制造业领域，政府要素的定位在农业产业应用中的适用性还未知，故在分析专业化农区商业环境时，结合“粮仓模型”中涉及的各要素，根据专业化茶区的具体情况，构建以生产要素、需求条件等4个要素为直接要素，区域文化、外来投资、政府要素和机会4个要素为间接要素的专业化茶区商业环境评价假设模型(图3-2)。

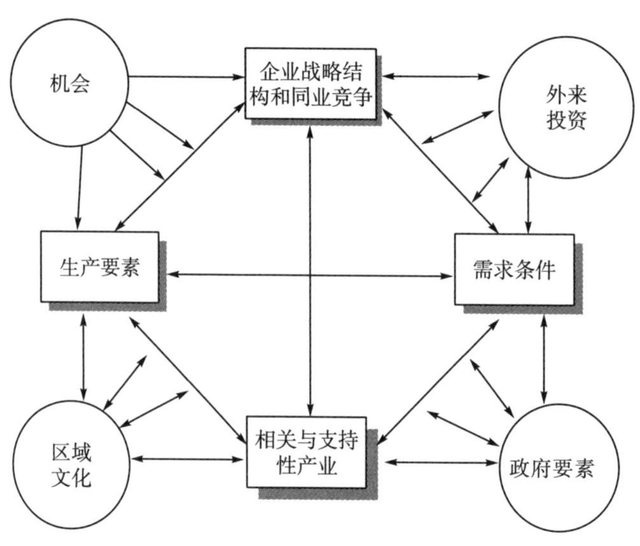

图3-2　专业化茶区商业环境评价假设模型

2. 商业环境评价假设模型指标体系构建

以“粮仓模型”的 8 个要素为主要评价内容建立评价指标体系，由于机会要素难以定量评价，因而选择生产要素、相关与支持性产业、企业战略结构和同业竞争、需求条件、外来投资、区域文化、政府要素 7 个要素作为一级指标构建我国专业化农区商业环境评价指标体系，在每个一级指标下又通过若干二级指标进行测度，共 45 个二级指标(表 3-1)。采用 7 点李克特量表将表 3-1 所列的各项指标制成问卷，每个问题包含一组陈述，每组陈述有 7 种答案，分别记为 1、2、3、4、5、6、7，1 表示完全不同意，7 表示完全同意。被调查者对每个问题进行 1～7 分的评判打分，表明其对该陈述的同意程度。

表 3-1　专业化农区商业环境评价指标体系

一级指标	二级指标
生产要素	(1)气候、土壤、水质条件；(2)品种与栽培技术独特程度；(3)种苗、农机、农资供应情况；(4)交通、通信和电力等基础设施情况；(5)工人招聘难易程度；(6)生产专业技术与高级管理人才；(7)产业专业性服务设施情况；(8)研究与开发经费投入力度；(9)开展电子商务频繁程度
相关与支持性产业	(1)包装与设计的本地供应程度；(2)与本地供应商协作程度；(3)协会帮助程度；(4)专业性研究机构支持力度；(5)相关专业展会帮助；(6)深加工产业水平；(7)专业性市场、物流、信息等服务情况；(8)采摘和加工机械的本地供应程度；(9)保鲜与储运设施水平；(10)观光旅游产业的发展水平；(11)教育培训课程可获得性
企业战略结构和同业竞争	(1)现代企业制度、生产组织模式建设水平；(2)质量与安全追溯体系建设情况；(3)企业间竞争激烈；(4)企业间错位、良性竞争
需求条件	(1)本地需求程度、海外需求程度；(2)客户需求挑剔程度；(3)能满足细分市场；(4)多样化需求程度
外来投资	(1)外来直接投资数量；(2)外来投资对管理、技术、营销等的影响
区域文化	(1)文化历史悠久、厚重程度；(2)文化不断丰富、延伸与创新程度；(3)从商、重商氛围程度；(4)企业家精神
政府要素	(1)区域品牌监管、广告力度；(2)重视和加强安全生产的监管；(3)生产标准化和质量标准工作力度；(4)政府开展大型茶事活动力度；(5)政府对专业设施的建设力度；(6)政府发展配套产业的力度；(7)经济和产业政策；(8)政府监管；(9)市场、开拓外部市场力度；(10)政府扶持企业争创品牌力度；(11)科研与教育机构建设力度

1)生产要素

一个地区的支柱产业往往依托其资源优势获得广阔的发展空间。根据迈克尔·波特的钻石模型理论，生产要素是产业发展的基础(Porter，1998)，只有具备了这一必要的元素，才能构成生产力的有机整体，促进经济的正常运行(李耀新和乌家培，1994)。但是，在讨论产业竞争优势时，传统生产要素的价值相当有限，随着企业生产经营的动态变化，知识和管理技巧对价值的创造往往更为重要

(Dean and Kretschmer，2007)，专业化农产业的发展不再仅仅依赖自然条件、资本、劳动力、基础设施等传统的生产要素，专业技术和管理人才等高级生产要素的重要性在知识经济时代下的作用也日益增强。因此初、高级生产要素投入的数量应该成为商业环境的测度指标。

2) 相关与支持性产业

迈克尔·波特认为优势产业和其上下游产业是息息相关的，强调了相关与支持性产业的重要性，税伟(2006)认为，菲利普·科特勒对其做出的另一番解释较清晰地界定了与产业有纵向联系的“支持性产业”和横向联系的“相关产业”。农业产业链贯穿于农产品生产、加工、运输以及销售等环节的全过程，由与农产品生产具有密切联系的产业群所组成，包括产前、产中、产后等部门。相关产业的相互作用会给内部产业带来关系优势(Cantwell and Mudambi，2011)，而支持性产业连接着产品从生产到流通再到消费者手中的全过程，因此与农产品生产具有密切联系的产业群发展水平成为农产业竞争优势的重要衡量指标，如深加工、采摘加工机械、包装设计、保鲜和储运设施等支持性产业和观光旅游业等相关产业的发展水平对产业竞争力的形成具有较大影响，农会、商会等涉农合作组织健全的网络和展会、协会等的开办也对产业发展有着积极的意义，这些内容形成测度商业环境的二级指标。

3) 企业战略结构和同业竞争

迈克尔·波特将这一要素作为一个分类进行界定，将重心放在国内同业竞争上的做法是不全面的，在分析我国产业竞争力时应结合实际情况和波特强调的重点对这个关键钻石要素进行分类，对集群内企业规范化管理程度、产品品牌、技术、质量、同业竞争的强弱和性质等进行分析(税伟，2006)。农业有别于制造业，其生产组织模式是在小农经济基础上发展而来的，因而原料基地建设发展模式和生产经营方式很大程度上代表了农业目前的发展模式和生产经营方式。高度组织化的合作组织、龙头企业和骨干农户等在面对激烈的竞争时表现出较强的应对能力，能够制订出具有更高效益的品牌战略，而规避竞争的企业则表现出低效生产及全球竞争力的缺乏(Fainshmidt and Judge，2016)。农产品经营商之间的公平竞争有利于激发企业创新动力，促使企业调整组织和管理形态以应对不断变化的农产品市场，推动产业发展。因此本章选取企业制度、生产组织模式建设水平、企业间竞争等指标测度该要素对农产业商业环境的影响。

4) 需求条件

营销管理学认为，了解市场中竞争发展行为的前提是了解需求，对产品能达到的期望和满意度做出假设，以说明企业具有一定的竞争优势(Corniani，2005)，也就是说市场需求可以刺激企业生产更多数量和更好质量的产品，从而提升企业的竞争力。波特认为需求就是指国内市场，这一理论忽略了地理尺度的变化和产业集群嵌入全球价值链的实际，未将国家或地区内外两种市场的需求都纳入考虑。因此，选取本地需求程度、海外需求程度为衡量指标，同时考虑个体消费者的要求，将客户需求挑剔程度以及能满足细分市场、多样化需求程度纳入指标。

5)外来投资

外来投资包括外国直接投资和引进内资等与区域外部开展的经济贸易活动(税伟，2006)，表现为外商或业外人士直接投资兴办企业、输入技术和设备等。这一要素的引入弥补了波特理论对外来力量分析的不足。近年来，农业积极利用外资，使外商直接投资呈现较大幅度的提升，研究表明，外资企业通过引进资金和先进技术获得较高的市场份额，逐渐蚕食竞争力较低的国内企业(马述忠和吕淼，2012)。本章以外来投资数量和外来投资对技术、经验的影响作为指标进行商业环境测度。

6)区域文化

税伟(2006)结合我国实际引入区域文化这一间接要素，重点分析集群区域的企业家精神、政治文化以及从商、重商氛围等，通过对两个地区四大产业进行实证研究，发现该要素确实具有较强的影响和推动作用。区域文化涉及历史传统、文化创新、企业家精神和从商氛围等方面，文化要素是增强农产品附加值和推进产业竞争力的关键，产业发展的文化因素是增强产品附加值和推进产业竞争力的关键，越是具有高品质文化或高度认同感，产品的经济价值就越大，企业家凭借对农业的热爱和敏锐的市场意识不断挖掘产业文化内涵，丰富文化活动，通过文化节日和休闲农业等走出一条特色化道路，从而提高产业的认知程度。Tödtling等(2011)认为，区域文化通过加强企业间的合作来影响企业发展，企业之间的共享合作、互相协作则为产业发展营造了浓厚的从商、重商氛围。因此可通过历史悠久程度、文化丰富创新程度、经商氛围和企业家精神等指标测度区域文化对安溪茶产业地方商业环境的影响。

7)政府要素

很多国内外学者不赞成波特将政府定位为间接要素，并通过实例说明了政府的主导作用。农业在任何发达国家都属于弱质产业，必然受到政府的政策和财政支持。因此对政府在农产业中的作用、角色和地位进行研究十分必要。产业政策在一定程度上可改善商业环境，增加投资收效率(Lazzarini，2015)，说明政府的作用不仅在于多举措扶持农业这一弱势产业以保证粮食安全，还在于搭建良好的产业发展环境以获得更高的利润。一方面，政府通过加大农业教育投资、加强设施建设，获得专业性较强的高级生产要素；另一方面通过减免税收、财政补贴等手段吸引投资、开拓外部市场，从而推动产业发展。政府的作用不仅在于政策本身，还在于它对“粮仓模型”中其他要素产生的作用，政府对商业环境的影响是政府政策、投资建设力度和配套产业发展力度等多种因素综合作用的结果。因此本章选取经济和产业政策作用、安全监管力度、专业设施建设力度、科研与教育机构建设力度等11个指标测度政府要素的影响。

3. 实证研究

1)研究区域

安溪县，古称清溪，隶属泉州市，位于福建省东南沿海，县域范围位于东经117°36′～118°17′，北纬24°50′～25°26′，全县总面积3057.28平方千米，人口108万人。安溪县以茶业闻名全中国，是世界名茶——铁观音的发祥地，素有“中国乌龙茶之乡”的美称，先后获得地理标志证明商标、原产地域产品保护和中国驰名商标，成为全国茶叶界的佼佼者，号称“中国茶都”。从2009年起已连续6年位居我国产茶大县首位，在我国茶产业中具有重要地位，茶叶销售在国内不仅具有“无铁不成市”的规模，而且远销海外，目前已与113个国家和地区建立了茶叶贸易关系。茶业蓬勃发展的同时也带动了众多相关与支持性产业的发展，安溪县有80多万人得益于茶产业。作为当地的支柱产业，茶产业无论在带动经济发展上，还是在促进农民增收上，都具有举足轻重的作用。

2)数据来源及处理

本章所用数据是通过将专业化农区商业环境评价假设模型中7大可量化研究的要素指标化、问题化后，结合问卷调查法进行实地调查所获得的一手数据。2014年7～8月，研究组在安溪县农村工作委员会办公室、县农业与茶果局、县茶业总公司、县茶叶协会、商会等大力支持下对安溪茶产业龙头企业和骨干企业进行了问卷调查并对茶叶种植基地和加工厂进行实地走访，获取了主要数据资料。调查问卷以通过安溪县茶业总公司对其授权使用安溪铁观音地理标志和证明商标的全部龙头企业和骨干企业为调查对象，由作为全县2000余家茶企代表的安溪茶业总公司协助，按问卷的技术要求进行了发放和回收。共发放问卷110份，收回92份，回收率为83.6%，含1份无效问卷，91份有效问卷，有效率高达99%。问卷回收后进行编码工作，最终录入SPSS 22.0统计软件中。通过层次分析法得到安溪专业化茶区商业环境评价体系中45个二级指标所占的权重，再通过SPSS 22.0统计软件进行计算，最终得到7个分类指标的分值(表3-2)。

表 3-2　安溪专业化茶区商业环境因素得分结果

要素	生产要素	相关与支持性产业	企业战略结构和同业竞争	需求条件	外来投资	安溪茶文化	安溪政府
得分	6.04	5.26	6.00	5.65	4.39	6.48	6.49

3) 评价结果与分析

计算结果显示，在安溪专业化茶区地方商业环境影响因素中，对商业环境影响大小的顺序分别是：安溪政府＞安溪茶文化＞生产要素＞企业战略结构和同业竞争＞需求条件＞相关与支持性产业＞外来投资。其中安溪政府要素与安溪茶文化要素两个间接要素分别得到了 6.49 和 6.48 的高分，位于七大评价要素前列，而外来投资却仅到了 4.39 分，最高分与最低分之差为 2.1 分，因而，各要素对安溪专业化茶区地方商业环境确实存在影响，且各个要素之间的影响力存在差异并有主次之分，假设模型中间接要素的影响力并不弱于直接要素。

(1) 起主导作用的政府要素。

政府要素在安溪专业化茶区商业环境要素中的得分最高，为 6.49 分，比最低得分的外来投资要素高 2.1 分，说明政府对安溪茶产业的发展起到了促进作用。通过对政府要素的测度因子进行主成分分析，在确定的 3 个主成分中(累计贡献率为 76.61%)，将主成分 1 命名为“政策与监管”，主成分 2 命名为“政府市场开拓”，主成分 3 命名为“政府产业环境建设”(表 3-3)。可以发现，政府产业政策的推动作用与质量监督力度、政府品牌建设与市场开拓力度、政府产业环境建设力度等是政府要素对地方商业环境产生影响的主要因素。

表 3-3　政府要素的旋转成分矩阵

指标	主成分 1	主成分 2	主成分 3
茶叶生产标准化和质量标准工作力度	0.791	−0.070	0.144
政府开展大型茶事活动力度	0.738	0.246	−0.082
政府重视和加强了“安全茶”生产的全程监管程度	0.705	0.096	0.352
经济和产业政策对茶产业发展起到积极作用情况	0.565	0.408	0.234
政府扶持企业争创品牌力度	0.250	0.811	0.193
区域品牌监管、广告力度	0.017	0.759	0.062
茶科研与教育机构建设力度	−0.033	0.567	−0.553
政府监管茶叶市场、开拓外部市场力度	0.132	0.489	0.079
政府对专业设施的建设力度	0.145	0.203	0.847
政府发展茶配套产业的力度	0.482	0.317	0.606
主成分重命名	政策与监管	政府市场开拓	政府产业环境建设

在具体工作中，当地政府大致通过扩面积—提产量—增总量、建基地—提品质—拓市场、创优质—出精品—树品牌和创建绿色—保护品牌—展示文化—提升层次四个阶段不断指引和推动茶产业的发展(陈建中等，2012)。通过生产和质量标准化监管、“中国茶都”“特产城”与“中国茶博汇”等专业茶叶交易场所建设、“安溪铁观音神州行”“美丽中国行”等茶叶品牌建设与推广、“海峡两岸茶文化交流会”“海峡两岸(安溪)茶机具博览会”“中国真茶韵，安溪铁观音”与“茶王赛”等大型茶事活动的组织、“国家茶业质量监督检验中心”“国家级茶业检测重点实验室”及安溪茶学院等茶科研与教育机构的建设等方面的工作，不断引导安溪茶产业走向成熟，“无铁不成市”和“无铁不成店”的销售局面不断得到拓展。安溪县政府在茶产业发展中通过产业政策制定、品牌效应推动和产业环境改善等工作，使安溪铁观音在 2010 年作为“十大名茶之首”在上海世博会上展出，2015 年在米兰世博会上又以公共品牌身份入选百年世博中国名茶金奖。

(2)独特的茶文化与“爱拼”的从商文化。

在层次分析法计算的结果中，安溪茶文化得分为 6.48 分，位居七大要素影响力的第二位，且仅低第一位的政府要素 0.01 分，所以实际上安溪茶文化与政府要素可以说具有同等的影响力，积极推动了安溪茶产业的发展。对安溪茶文化要素的评估主要通过四个指标来衡量，其中安溪茶业企业家的冒险、拼搏、开拓、创新精神与意识情况占据了最大的权重，说明企业家敢于拼搏冒险的精神在安溪茶文化对安溪茶产业地方商业环境发挥影响力的过程中作用最大；安溪茶文化不断丰富、延伸与创新程度和从商、重商氛围浓厚程度并列第二；而相对于其他因素而言，安溪茶文化的历史悠久、厚重程度所产生的影响力就小一些(图 3-3)。

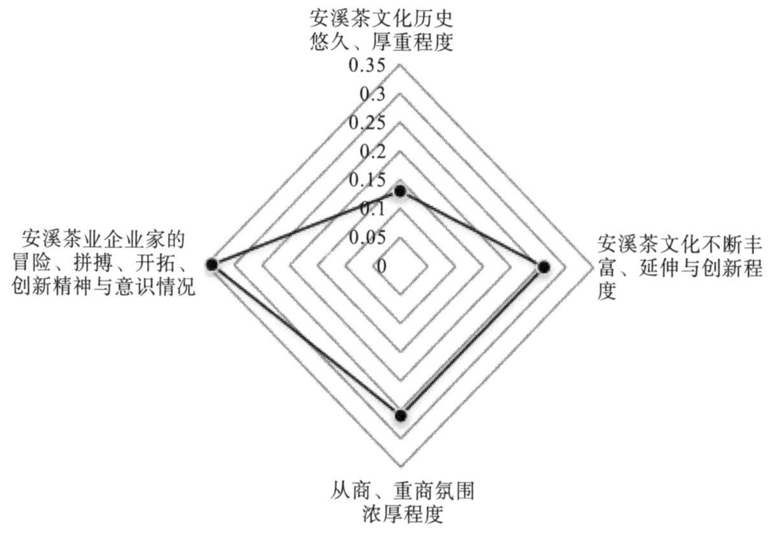

图 3-3　区域文化要素测度指标权重

安溪茶产业之所以能发展到如今的规模，在全国拥有 20 万销售大军和遍布全国各地的茶企，从一个传统地区产品转变为全国知名品牌，乃至走向世界，正是由于安溪一代又一代的茶商敢于走出去的冒险精神和挨家挨户上门推销的拼搏精神，以及一代又一代的茶农虚心学习、刻苦钻研铁观音的栽培制作技术，为高品质铁观音的塑造打下了坚实的基础，才成就了今天如此成功的专业化茶区。而安溪茶产业的成功，也得益于其不仅卖茶，而且多年来始终注重“特色”与“个性”，积极发展铁观音茶文化。安溪不仅是中国乌龙茶之乡，也是中国茶文化之乡。其制茶、品茶风格独树一帜，十道制茶工序在 2008 年被列入国家级非物质文化遗产名录，而共有十六道流程的“品茶”也是一门融传统技艺与现代风韵为一体的艺术；文艺工作者整理、创作了一系列的茶诗、茶歌、茶舞、茶联，形成了靓丽的铁观音文化体系，其中安溪铁观音茶艺表演曾多次应邀到国内外演出，引起了巨大反响；安溪也注重培育茶文化特色旅游，把其独特的茶文化和丰富的自然、人文景观结合起来，建设茶叶大观园、生态茶庄、茶文化博物馆等，形成茶文化旅游体系。

(3) 不断“高级化”发展的生产要素。

在层次分析法计算的结果中，生产要素得分为 6.04 分，位居七大要素中的第三位，但在钻石模型的直接作用要素中却位居第一位，因而生产要素对安溪专业化茶区商业环境具有非常突出的影响和作用。有别于红茶、绿茶在中国各地均可栽种的特点，铁观音对自然环境、气候条件、培育技术及制茶工艺具有非常特殊的要求。而安溪在土壤成分、海拔、温度、湿度等方面都有利于铁观音的栽种，使铁观音成为高品质的顶级茶叶。在高级生产要素方面，安溪铁观音独特的“半发酵”制茶工艺，不仅是我国的非物质文化遗产，更代表中国乌龙茶申报了世界非物质文化遗产。在人力与研发方面，截至 2012 年底，高级技师人员一共有 320 人，其中高级评茶师 266 人，高级茶叶加工技师 48 人，高级茶艺技师 6 人，且为了培养茶叶高等人才，推广茶品牌与茶文化，安溪县政府与福建农林大学合作成立了全国唯一一所茶学本科院校——安溪茶学院。

生产要素对产业竞争力的形成具有非常大的影响，初级生产要素形成现有的资源禀赋优势，而高级生产要素则有助于竞争力提升，促进产业升级。对生产要素的 9 个测度指标进行主成分分析，通过对要素进行降维确定了 4 个主成分(累计贡献率为 74.09%)，其中将第一主成分判断为“人力与研发高级生产要素”，第二主成分判定为“基础设施与环境初级生产要素”，第三主成分判定为“电子商务高级生产要素”，第四主成分判定为“工艺技术高级生产要素”(表 3-4)。可以发现，安溪专业化茶区中，生产要素具有重要的影响力，而其中高级生产要素相对于初级生产要素，总体上具有更大的影响力。

表 3-4　生产要素的旋转成分矩阵

指标	主成分 1	主成分 2	主成分 3	主成分 4
专业技术与高级管理人才充足情况	0.815	0.044	0.112	0.066
专业性服务设施充足情况	0.737	0.256	0.001	0.478
工人招聘容易程度	0.724	0.257	−0.234	−0.236
研究与开发经费投入程度	0.717	0.196	0.378	−0.215
茶苗、农机、农资供应充足情况	0.177	0.858	0.003	0.063
基础设施良好情况	0.174	0.779	0.081	0.060
经常开展电子商务	0.140	0.173	0.855	−0.216
气候、土壤、水质条件情况	0.075	0.511	−0.592	−0.244
茶品种与制作技艺独特程度	−0.045	0.049	−0.097	0.878
主成分重命名	人力与研发高级生产要素	基础设施与环境初级生产要素	电子商务高级生产要素	工艺技术高级生产要素

(4)集群发展依托的企业战略结构和同业竞争。

在层次分析法计算的结果中，企业战略结构和同业竞争要素的得分为 6 分，在七大要素中位居第四位，但在钻石模型评价系统的直接影响要素中位于第二位，与第一位仅差 0.04 分。只有企业采取适应性较强的管理方式和措施时才能获得竞争优势(刘俊浩和李加明，2008；张凤，2011)，企业战略结构和同业竞争本来就是产业的核心力量与依托，通过计算也验证了其在茶产业发展过程中起到了重要的作用。而在该要素对安溪商业环境影响的评估中，一共选取了 4 个评价指标，其中企业的现代企业制度与生产组织模式建设水平(0.35)，茶产品质量与安全追溯体系建设(0.32)所占权重较大(图 3-4)，所以茶叶企业的发展战略、组织结构以及对茶叶质量与安全的重视程度对安溪茶产业的发展具有重要的影响。

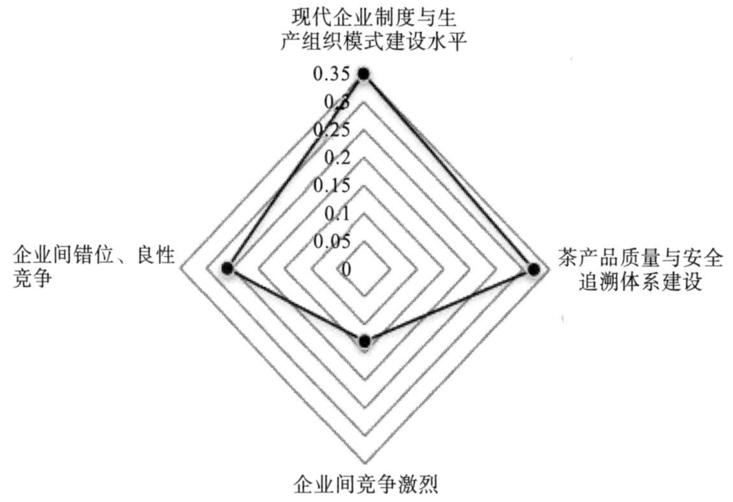

图 3-4　企业战略结构和同业竞争要素测度指标权重

多年来，安溪茶业通过不断的学习、竞争、合作，实现了由传统作坊向现代产业的转变，经营模式逐渐多元化。通过学习借鉴法国葡萄酒庄园生产模式，围绕“品质管理、品牌建设、品质界定、品格培育”的发展主线，在茶种植、加工、销售等环节，逐步实现质量可追溯管理，茶企关注消费群体需求，注重生产健康生态的无公害、绿色、有机茶叶，并持证合法经营生产。近 20 年来，企业在茶叶生产各个环节的机械化程度也不断提高，以茶企、合作社为单位建设的规模化生态茶园不断增多，建成中闽魏氏茶庄园、华祥苑茶庄园、高建发茶庄园、高鼎茶庄园、八马茶庄园等一批大体量茶庄园。另外，安溪茶企在实现企业转型升级和提升安溪铁观音品牌形象的过程中，也树立了抱团发展的理念，以此占领国内外市场，外销也不断实现了由毛茶出口向优质高端茶叶出口的转变。2012 年 3 月，安溪铁观音欧洲营销中心在法国巴黎圣母院附近正式开业，八马、华祥苑、中闽魏氏、坪山、三和五家知名茶企也纷纷进驻海外奢侈品市场，打开了安溪茶叶(高端、名优茶)融入国际市场的一扇窗。

(5)规模不断扩大的需求条件。

层次分析法计算出的结果中，需求条件要素的得分为 5.65 分，在七大要素中位于第五位，因而其对安溪地方商业环境的影响就略小一点。虽然需求条件要素对安溪地方商业环境的影响较小，但是影响还是存在的，通过需求条件要素评价指标的权重(图 3-5)可以看出，安溪茶叶的省外需求对安溪茶叶需求要素的影响力最大，而客户需求挑剔程度这一影响因素的权重最小。这主要是因为安溪铁观音并非是由市场需求发展起来的产业，而是由安溪茶商挨家挨户上门推销，凭其独特的香味和口感而被市场接受的。另外，安溪茶叶有其独特的制作工艺和品茶技艺，因而其实际上是一种“供应商导向型”产品，所以受顾客需求条件要素影响较小。

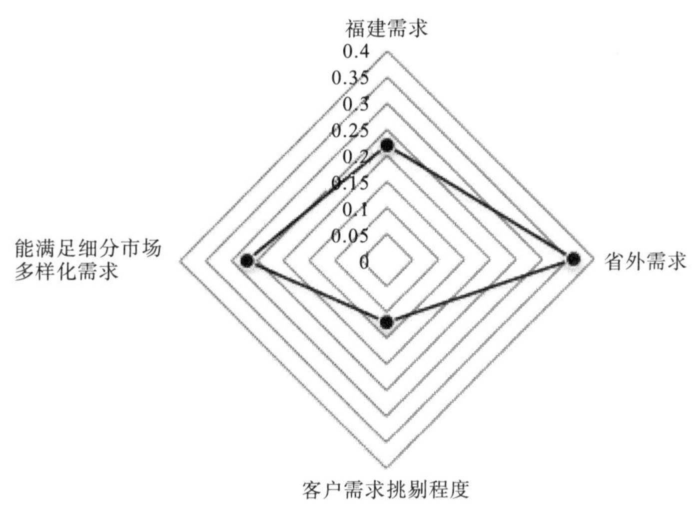

图 3-5　需求要素测度指标权重

安溪铁观音在国内的需求正不断地上升，其茶叶的产量逐年增加，产值也不断创新高(图 3-6)，已经从一个传统地区产品演变为全国性的产品，其销售市场也从一开始的闽南、潮汕一带扩展到全国各地，基本上是“有茶叶店的地方，就有安溪铁观音”，形成了“无铁不成市”的规模。安溪铁观音国内市场销售量一直不断上升，其在国外市场也开拓了一片新天地。从 1999 年的外销量 6000 吨，到 2013 年外销出口量超过 1.6 万吨，实现创汇不断高涨的良好形式，出口茶叶也由原来的数量战略转变为重视质量档次。茶叶出口国家由原来的日本，到目前已经扩展到了法国、德国、意大利等，在欧洲市场的开辟取得了喜人的成绩，而且中国的茶叶在 18 世纪就成为西方的时尚饮品，需求量相当大，时至今日，欧洲人依然保留饮茶的习惯，因而铁观音进入欧洲的消费市场也具有文化记忆上的先天优势。

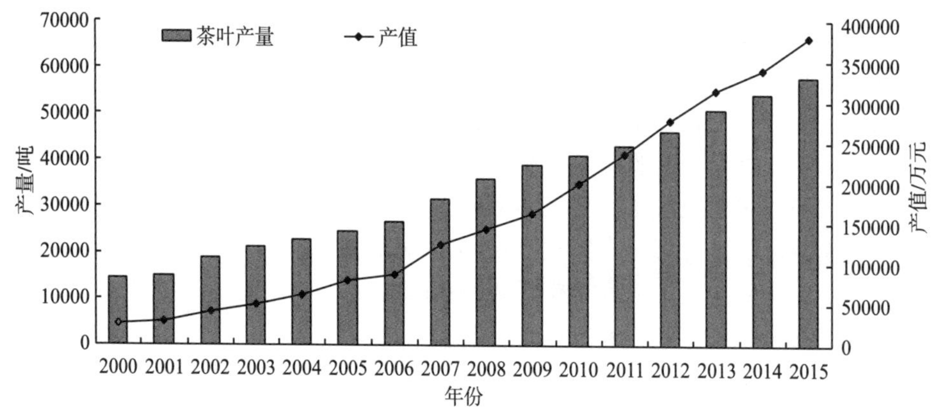

图 3-6　2000～2015 年安溪县年茶叶产量与产值

(6) 尚未成熟的相关与支持性产业。

在层次分析法计算出的结果中，相关与支持性产业要素的得分为 5.26 分，在七大要素中位于第六位，在钻石模型四大直接要素中位于末尾，说明安溪茶产业的相关与支持性产业对其发展的影响力还不够。对相关与支持产业的 11 个测度指标进行主成分分析，进一步分析影响这一要素的主要因素。通过主成分分析结果确定 4 个主成分(累计贡献率为 72.28%)，其中将第一主成分判断为“研发与会展”，第二主成分判定为“供应商”，第三主成分判定为“相关性产业”，第四主成分判定为“协会与教育”(表 3-5)。通过主成分分析可以发现，相关与支持性产业中对安溪茶产业商业环境的影响力主要是研发与会展、茶叶协会、教育机构、供应商等因素的作用。

表 3-5 相关与支持性产业要素旋转成分矩阵

指标	主成分 1	主成分 2	主成分 3	主成分 4
涉茶专业展会帮助力度	0.832	0.120	0.006	0.132
茶衍生产品深加工产业水平	0.760	−0.089	0.180	0.115
专业性研究机构支持力度	0.748	0.071	0.358	−0.037
包装与设计的本地供应程度	0.073	0.892	0.009	0.084
与本地供应商协作程度	−0.071	0.879	−0.006	0.121
茶叶加工机械的本地供应程度	0.113	0.698	0.408	0.061
茶饮配套用具的本地开发程度	0.279	−0.007	0.836	0.094
专业性市场、物流、信息等服务水平	0.070	0.188	0.765	0.136
茶文化旅游产业的发展水平	0.534	0.022	0.627	−0.245
教育培训课程可获得性	0.073	−0.026	0.265	0.821
茶叶协会帮助水平	0.087	0.330	−0.136	0.759
主成分重命名	研发与会展	供应商	相关性产业	协会与教育

近年来，安溪茶叶的相关与支持性产业在政府、各相关机构以及龙头企业的推动下，取得了非常好的发展态势，“一叶变大业，一业生百业”的局势已经形成。其中茶配套产业随着茶产业的不断发展而发展，安溪县已经成为中国茶配套商品最大、最重要的生产区和聚集区；茶文化旅游产业也初具雏形，通过建设茶叶大观园、铁观音发源地遗址等特色景点，打造集观光、仿古于一体的茶文化之旅，有效地带动了茶经济的增长；茶叶发展同时促进了电商产业的发展，安溪县创建了我国首个茶行业电子商务创业孵化基地——安溪县茶多网电子商务创业孵化基地和安溪县首个现代化大型电子商务产业基地——弘桥智谷(泉州)电商产业园。但总体上安溪茶产业的相关与支持性产业还未成熟，茶业发展催生了相关与支持性产业，但目前这些相关与支持性产业对茶业发展的反作用力还较小，因而相较其他要素，其对安溪专业化茶区商业环境的影响较小。

(7)介入力度较弱的外来投资。

在层次分析法计算出的结果中，外来投资在七大要素中得分最低，因而外来投资在安溪茶产业发展过程的作用和影响力是比较低的。虽然外来投资对于一个产业的发展是非常重要的，其对于旅游业、电子制造业等产业甚至是推动性的要素，对于现代农业的发展也是一个重要的因素，但是由于安溪茶产业自身的特殊性，此要素产生的推动力较小。

安溪茶产业具有比较深的地方根植性。工艺是一种日积月累的经验，同样的茶青，工艺不同，做出的茶就不同，安溪铁观音独特的制作工艺和品茶技艺，以及独特、深厚的茶文化，使外来投资没有办法真正介入。且由于茶山所处的地理位置、开发的深度和年限各不相同，茶山的价值存在着较大的差异性，而目前缺少评估标准，同面积茶山的价值也会因各种因素的综合作用而产生差异(张慧祯，2013)，因而茶山估价困难也是外来投资较少的一个重要原因。另外，安溪本地投资者已经很多，而且民间金融机构比较活跃，因而茶农借贷渠道比较多，再加上龙头企业的带动和合作社的支持，使得安溪茶商、茶企形成自己的内部资金网，使得外来投资的介入又多了一层困难。

通过对安溪县专业化茶区商业环境的评价，发现在钻石模型中界定为间接影响因素的政府要素在专业化农区商业环境评价假设模型中具有突出的影响，结合我国国情，应将其归为直接影响要素。因而需要对专业化农区商业环境评价假设模型进行重构，将政府要素作为第 5 个关键要素纳入模型中，构建政府要素、生产要素、相关与支持性产业、企业战略结构和同业竞争、需求条件 5 个要素为直接影响因素，区域文化、外来投资和机会 3 个要素为间接影响要素的专业化农区商业环境“粮仓模型”，其图形与图 3-1 相似。为进一步验证专业化农区商业环境“粮仓模型”的可推广性和适用性，为我国农业区域专业化的商业环境质量提升提供参考和借鉴，下面以台湾水果产业和寿光蔬菜产业为研究案例进行进一步验证。

3.3　专业化农区商业环境的“粮仓模型”在台湾水果业的验证

1. 研究区域

台湾地处中国东南沿海海域，地理位置介于东经 124°34' 30"～119°11' 03"，北纬 21°45' 25"～25°56' 30"，北临东海，东临太平洋，西隔台湾海峡，与福建省相望。占地总面积约 36193 平方千米，其中耕地约占 24%，是重要的农产品出口地及内销地。台湾素有“水果王国”美称，果品种植面积保持在 1.8 万平方千米，据台湾农产贸易统计，2015 年台湾水果出口 13 万吨，出口值逐年递增，2015 年约 2.4 亿美元，较 2014 年增加 17.7%(图 3-7)，当地水果产业发展较为迅速。

2. 数据来源及处理

台湾与大陆的产业结构和贸易结构存在较大差异，针对台湾地区实际情况验证“粮仓模型”的适用性从而推广我国地方产业集群竞争力的一般“粮仓模型”具有重要意义。鉴于此，本书将台湾地区定为调查问卷的目标区，采用农业专家评估的方式来研究台湾优势特色农业的商业环境。调查由到台湾屏东科技大学交流学习的范水生副教授通过发放纸质问卷进行，调研对象包括：①台湾农会、商会、农协等组织高级管理人员；②台湾地区政府农业部门管理人员；③从事水果产业发展研究的科研人员；④农业经济学系教授、教师及研究生；⑤具有较高农业技术素质的果农；⑥水果批发商。本次研究共回收 104 份问卷，对乱填、缺答的问卷进行剔除后回收 91 份问卷。将其进行编码、赋值和录入 SPSS 统计软件，利用三倍标准差法剔除无效问卷，得到有效问卷共 82 份，有效率 78.8%。计算 45 个评分题项(二级指标)的等权平均得分，汇总得出七个一级指标的分值(表 3-6)。

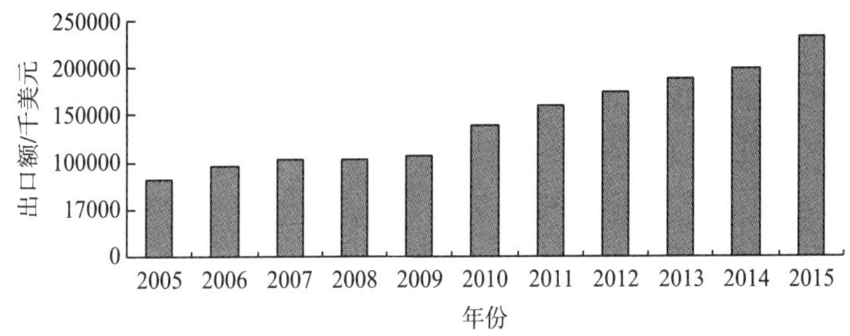

图 3-7　2005～2015 年台湾水果及其制品出口值

数据来源：根据《台湾农产贸易统计要览》(2015 年)数据整理得到

表 3-6　台湾水果产业地方商业环境因素得分结果

	生产要素	相关与支持性企业	企业战略结构和同业竞争	需求条件	外来投资	区域文化	台湾地方政府
平均得分	5.03	5.10	4.98	5.36	4.46	5.52	4.74
标准偏差	0.79	0.74	0.74	0.80	0.94	0.80	0.81
方差	0.63	0.55	0.55	0.64	0.88	0.64	0.66

3. 评价结果与分析

计算结果表明，“生产要素”“相关与支持性产业”“需求条件”及“区域文化”的同意程度较高，得分分别为 5.03 分、5.10 分、5.36 分、5.52 分，“企业战略结构和同业竞争”“外来投资”和“台湾地方政府”的感知较低，得分均在 5 分以下，“外来投资”和“区域文化”的得分差值为 1.06 分，说明被调查者对各要素影响的同意程度具有较大差异，也表明七大因素对台湾水果商业环境确实存在不同程度的影响，证实了“粮仓模型”的合理性。七大因素对台湾水果商业环境影响程度大小排列顺序为：区域文化＞需求条件＞相关与支持性产业＞生产要素＞企业战略结构和同业竞争＞台湾地方政府＞外来投资，评价结果形态如图 3-8 所示，大致符合假设模型在安溪茶产业中的验证结果。其中，“区域文化”表现出最大的影响力，其影响力显著高于其他因素，符合“粮仓模型”中对这一要素地位的肯定；“外来投资”这一间接要素确实具有高度不确定性；政府对安溪茶产业竞争力的提升作用较台湾水果业稍强，其强度可能受政府对产业的作用时间、范围间的差异影响，有待进一步检验。

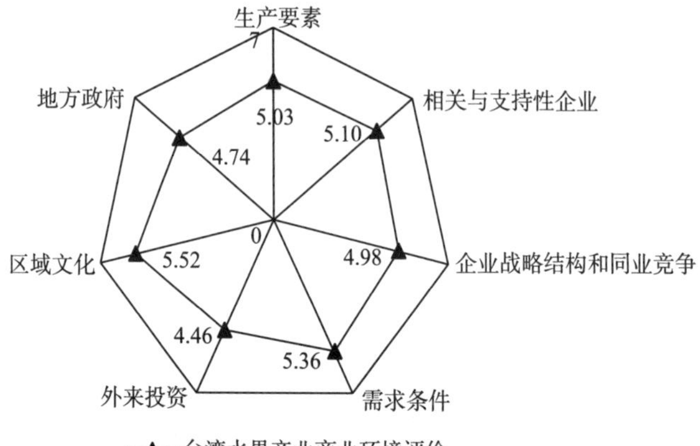

图 3-8　基于假设模型的台湾水果业商业环境评价结果

1) 生产要素

生产要素的同意程度平均得分为 5.03 分，充足的生产要素可在一定程度上影响台湾水果的发展，其中“品种和栽培技术”(6.18 分)、“气候、土壤、水质”(5.83 分)为贡献度最高的两个指标。地处热带、亚热带气候区的台湾可于不同海拔培育种植多个气候带的果树，现果品产量保持在约 27 万吨。丰富的自然资源为台湾水果产业发展提供基本条件和物质基础，配合良好的基础设施及充足的资本及劳动力，大大提高了企业生产效率，促进了产业结构调整。另外，台湾在水果的品种选育、生产技术、加工储运等方面也已处于全国乃至世界先进水平，其开发出的水果成熟期调控技术能够对植株进行催熟处理以调节果品成熟上市期。根据台湾地区农业统计年报，果品种植面积逐年递减但单位面积产量却稳中有升(图 3-9)，2014 年果品产量达 14946 吨/公顷，大陆为 12636 吨/公顷，进一步说明产量的大幅度提升与成熟的水果生产控制技术是分不开的。因此，台湾水果业商业环境同时受基础性初级生产要素与技术性高级生产要素的影响。

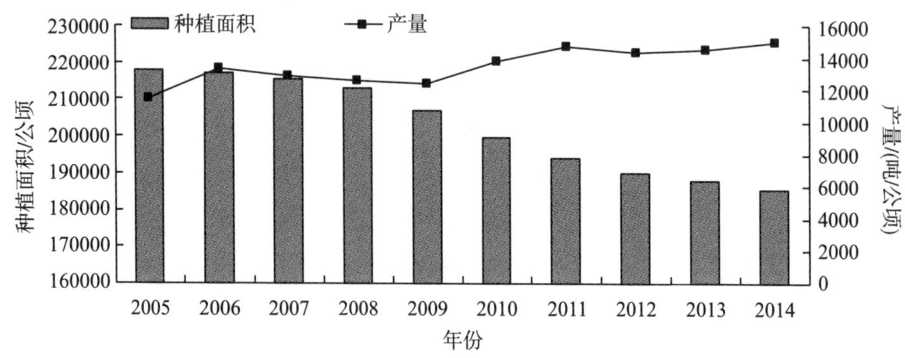

图 3-9　2005～2014 年台湾果品种植面积与单位面积产量

数据来源：台湾《农业统计年报(2008 年)》

2）相关与支持性产业

相关与支持性产业的得分为5.10分，在各因素的影响力中处于较高位次，主要受益于保鲜储运设施的水平（5.66分）和观光旅游产业的发展（5.24分）。为保证水果进入各个市场尤其是大陆市场的品质，台湾水果业通过产销班等形式加强培训与技术指导，从较高层次发展保鲜、包装、储运、冷藏、物流等一整套处理设施和流程，有效地降低了水果腐损率，从而保障大陆消费者和台湾经销商的收益，据“台湾交通部”统计，2015年台湾运输及仓储业实质生产毛额4430亿元，较上年微增37亿元，居各大行业第8位，说明纵向联系的支持性产业对台湾水果业商业环境产生了积极作用。同时，在专业贸易展览会、博览会等会展活动的支持下，台湾水果的国际竞争力得到进一步提升。产业还依托果园及采摘业促进休闲旅游，构建优质水果产业联盟。目前，台湾的观光果园、农场已遍布全岛，通过对台湾著名观光农区近年来的游客人次进行统计（图3-10）发现，以观光、休闲、采摘为主要内容的台湾观光休闲农园保持较大活力，农业和旅游业的一体化经营较为成功。由此说明相关与支持性产业与台湾水果业商业环境之间存在互相促进的关系。

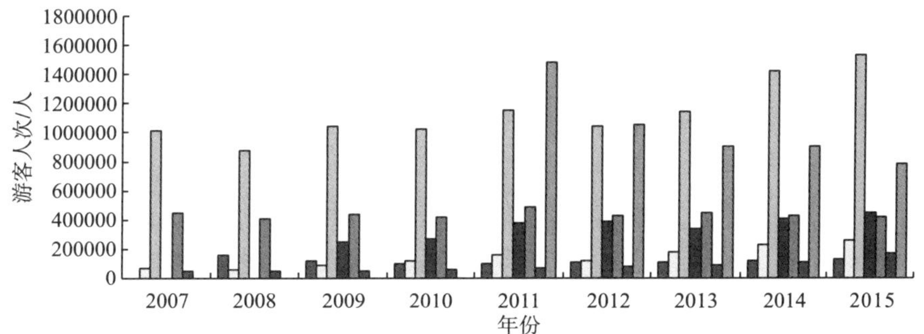

图3-10　2007～2015年台湾主要休闲农业园区游客人次

数据来源：经台湾交通部门统计处（http://stat.motc.gov.tw/mocdb/stmain.jsp?sys=100&funid=b7103）整理得到。

3）企业发展战略结构和同业竞争

企业发展战略结构和同业竞争的得分为4.98分，在七大指标中的同意程度适中。台湾农副产品企业众多却缺乏行业龙头企业，水果产业经营者主要是小农场主，他们通过共同投资、经营和运销逐渐形成专业化生产经营区域，成为大规模的企业化经营（赖文凤，2007）。台湾果农通过加入农会组织、农业产销班等自治或半自治组织形式逐渐形成大规模标准化的管理模式，共享资料、器材及设施，使行业集中度和规模效益得到提高，产业内耗减少。同时，随着农户增多，水果产业的经营思路不断开阔，避免了产业单一发展而逐渐趋同，产生了差异化的良性竞争环境。因此企业发展模式的高度组织化和行业多元化促进了台湾水果业的发展。

4)需求条件

需求条件的同意程度平均得分为5.36分，为第二大影响因素，其中，大陆市场(5.46分)做出了有力贡献，该指标得分最高。20世纪80年代，台湾水果进入大陆市场，此后，台湾企业通过经贸合作恳谈会、农产品对接会等专业会展与大陆企业建立紧密联系，提高了大陆消费者对台湾水果的认知度，据大公网报道，2017年台湾水果销售到大陆达4.53万吨，占台湾水果总销售量的82%，可知大陆的市场需求是台湾水果产品的主要驱动力，推进了台湾水果产业高效发展。同时，根据台湾地区主要年份各类食物消费量统计，水果产品占比较高，2013年达27.04%，为当地各类食物消费量之首(图3-11)，成为本地食物消费的核心组成部分，具有较为活跃的本地市场氛围和良好的市场前景，因而台湾水果发展的成功与较大的市场需求是分不开的。

5)外来投资

外来投资要素得分为4.46分，为各变量中最低，外来投资数量指标得分仅为4.22分，是导致该要素影响力较低的主要原因。为防止台湾产业空洞化，台湾地区政府加大了引进外资投资的政策力度(汪慕恒，2003)，但台湾水果业为小农经营，个体农场主的融资能力和渠道有限，规模难以满足生产需求，且受到农地面积限制，农业机械化实施困难，因此外来投资有限，更多地表现为台商投资大陆而产生技术溢出效应，如2015年仅福建台湾农民创业园就引进了527家台资农企。此外，投资大、周期长、回报慢是农业的三大特点，台湾农业投资大多来自各产业的成功者，当三大特点开始显现时，不具备专业知识的初入行投资者容易退缩和放弃，导致农业投资的不确定和不稳定，因而台湾水果的发展对外来投资的依赖较小。

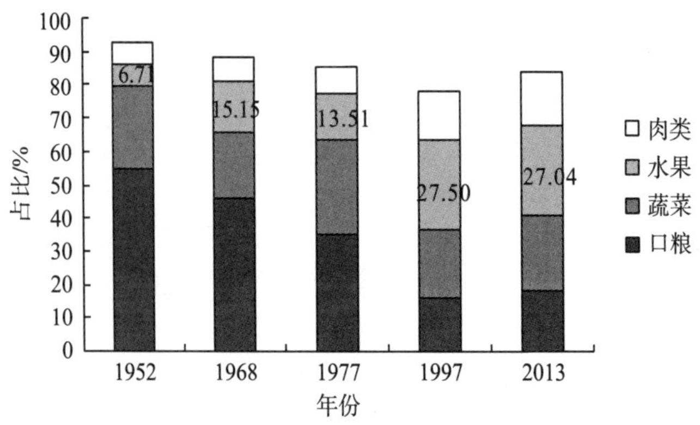

图3-11　台湾主要年份各类食物消费量占比(刘莉和赵一夫，2015)

6) 区域文化

区域文化得分为 5.52 分，为各变量中最高，可认为区域文化对台湾水果产业的影响最为显著，这与悠久的历史文化(5.95 分)和不断丰富创新的水果产业文化(5.9 分)是分不开的。海岛型地域所特有的多元文化为水果产业的延伸创新创造了广阔的空间，台湾水果除了品种丰富、营养充沛外，还有其独特的文化底蕴，如文旦等水果便被当地人赋予了历史内涵。台湾各地还围绕特色水果设立文化节日，如莲雾节、哈密瓜节、文旦节等，规划建设了多处水果文化景点及文化场馆(张玉兰，2012)，加上各种比赛、祭典、纪念日等共同构成丰富的台湾区域文化系列活动，企业家通过挖掘本地乡土文化和人文风情促成了台湾休闲农业的成功，创造了一系列经济效益。

7) 政府要素

政府要素的同意程度得分为 4.74 分，是水果产业发展的短板，在评价作用的二级指标中，品牌扶持(4.60 分)、监管和广告宣传(4.65 分)得分较低。政府推行政策，企业具体落实，容易导致政府在台湾水果品牌的创造推广过程中所起的作用不明显，教育性、激励性的推广工作也难以产生直接成效，实际上许多由政府牵头的农业合作组织为水果品牌传播提供了一定政策支持，但由于一些中介商、广告商缺乏推广农产品的热情，间接导致了推广效果不明显。此外，从政府和市场力量的消长关系可知，市场日益替代政府成为台湾农业发展的主导力量(许茂林，2003)，因此政府要素在引导产业提升竞争力方面影响力较弱可能是由市场需求变化所致。

3.4　专业化农区商业环境的“粮仓模型”在寿光蔬菜业的验证

1. 研究区域

寿光市隶属于山东潍坊市，位于山东省中部，濒临渤海湾，辖区总面积 2072 平方千米，有“中国蔬菜之乡”以及“中国菜篮子”之称。市内有高速公路以及铁路通过，交通条件便利。寿光市的蔬菜品种繁多、质量优良，销售范围已经辐射到全国各地，是目前中国最大的蔬菜生产以及转运中心。2008 年寿光市的蔬菜种植面积就已达到 640 平方千米，共有冬暖式大棚 40 万个，蔬菜的收入已经占到全市农民人均纯收入的 45.7% 。经过 20 世纪 80 年代以来的快速发展，寿光已经从原来单纯的蔬菜生产区发展为辐射全国范围的蔬菜集散中心，实现了“买全国，卖全国”的产业升级。

2. 数据来源及处理

本节主要通过问卷调查获得一手数据。2015 年 9 月份，通过对寿光市蔬菜产业专家进行一对一的现场问卷调查，最终获得 17 份专家问卷，有效问卷为 17 份。在所选取的专家中，包括寿光市蔬菜协会会长、蔬菜种子公司的经理及技术人员、蔬菜批发商、蔬菜种植基地三元朱村村主任及副主任、蔬菜大棚技术公司经理、寿光蔬菜博览会负责人员以及寿光蔬菜技术培训学校负责人等，基本涵盖了寿光蔬菜产业地方商业环境相关的各个领域。在对这些专家进行问卷调查的同时，也通过访谈了解到了寿光蔬菜产业的多方面信息。

在得到寿光市蔬菜专业化农区地方商业环境的专家调查问卷之后，将数据录入 SPSS 软件。由于问卷的数量较少，专家问卷的质量比较高，处理个别的缺省值，通过 SPSS 软件进行信度分析，我们得到问卷的总体信度为 0.93，表示问卷总体具有较高的信度。处理完样本数据之后，采用均值的方法算出每个分类指标的得分(表 3-7)。

表 3-7　寿光蔬菜专业化农区商业环境因素得分情况

要素	生产要素	相关与支持性产业	企业战略结构和同业竞争	需求条件	外来投资	寿光文化	寿光政府
得分	6.22	6.20	5.74	6.07	5.24	6.38	6.35

3. 评价结果与分析

计算结果显示，在寿光蔬菜专业化农区地方商业环境因素中，对商业环境影响大小的顺序分别是：区域文化＞政府＞生产要素＞相关与支持性产业＞需求条件＞企业战略结构和同业竞争＞外来投资，评价结果形态如图 3-12 所示。其中寿光文化得分为 6.38 分，为最高分，进一步说明区域文化要素对产业竞争力的影响力显著，寿光政府以 0.03 分的微弱差距排在其后，同样具有较强的作用力，表明

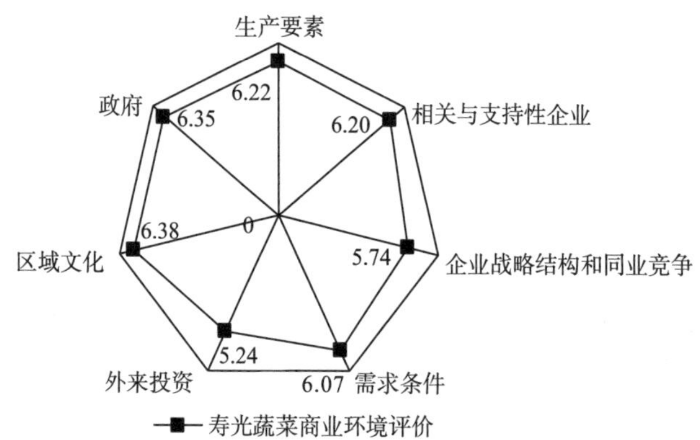

图 3-12　基于假设模型的寿光蔬菜业商业环境评价结果

政府要素被作为直接影响要素的合理性。生产要素和相关与支持性产业以较高的分数排在第三、四位，需求条件与企业战略结构和同业竞争的得分比较接近 6 分，外来投资最低，只有 5.24 分，与模型在安溪茶产业、台湾水果业的评价中有相似的结果。从得分的整体情况来看，评价结果与模型在安溪茶产业中的应用存在较大共性，进一步验证了重构的专业化农区“粮仓模型”在我国专业化农区竞争力分析中的适用性及其良好的解释效力。

1) 寿光蔬菜文化

地方产业文化对产业发展具有深远的影响，是产业形成的重要因素。寿光文化要素得分为 6.38 分，在 7 个要素里面得分最高。寿光蔬菜的种植早在汉朝就已经开始，在蔬菜种植的发展过程中，孕育出了贾思勰等著名的农学家以及众多具有寿光当地特色的优良蔬菜品种。当地的居民不仅掌握了成熟的蔬菜种植技术，还培养了积极走出去的创业精神。寿光悠久的农业文化是当地人民的骄傲，在这种文化之下所产生的蔬菜文化的认可度也非常高，因此蔬菜产业在寿光具有显著的地理根植性(徐丽华和王慧，2014)。寿光当地淳朴的民风培养出了众多勤劳、诚实、直爽、勇敢的菜农和蔬菜商人，他们勇于创新，在国内首先实验了冬暖式大棚，并大规模地推广到全国各地甚至周边国家。当地的蔬菜产业从一开始的“寿光蔬菜销全国”模式发展到现在的“买全国，卖全国”模式，其中菜商良好的信誉和勇于开拓的精神是重要的推动因素。

2) 寿光政府

本节中，寿光政府这一要素得分为 6.35 分，在所有七个要素中排名第 2 位，与寿光文化要素一起构成了分数最高的一级。寿光市蔬菜产业在 20 世纪 90 年代初兴起，与政府的作用就密不可分。三元朱村村民在村干部的带领下，兴建冬暖式大棚，并在政府的推动下，将技术迅速推广到全市，逐渐形成了庞大的产业规模。寿光市政府在调整农业结构、实行标准化生产、加强市场体系建设、开展与推广技术创新和举办蔬菜博览会等方面都做出了重要的贡献。寿光粮经作物之比超过了 7∶3，形成了 5.6 万公顷蔬菜、53 万公顷粮食的农业生产格局。通过实行标准化生产实现了蔬菜产品的品牌化。通过健全监管、标准、生产、检测、品牌创建五个体系建设和加强蔬菜质量安全监管，有效提高了蔬菜的品质，推进了产业的品牌化。为加强市场体系建设和组织引导农民进入市场，寿光市投资 20 多亿元，建成了中国最大的农产品物流园，形成了“买全国，卖全国”的蔬菜集散中心、信息交流中心和价格形成中心。此外，寿光政府还积极推动地方企业与高等院校以及研究院所进行技术合作与交流，针对蔬菜的种植、育种等方面进行技术的研究与创新。

3）生产要素

生产要素得分为6.22分，排在第3位，和相关与支持性产业、需求条件两个要素一起，处在第二梯队。寿光地处鲁中平原，地势平坦，气候属暖温带季风性半湿润气候，有丰富的地下水资源，年光照时数长，特别适宜蔬菜的大规模种植。当地交通发达，有济青高速过境，距离北京、天津、青岛、济南等大城市较近，同时冀鲁豫人口密度大，有着巨大的蔬菜市场需求。寿光市有近120万人口，为劳动密集型的蔬菜种植业提供了大量的劳动力。与中国农业科学院、中国农业大学、山东省农业科学院、山东农业大学等科研单位和高校进行合作，培养了众多的蔬菜产业的技术和管理人才。此外，蔬菜的流通与蔬菜种植同样重要，寿光市已经在8个乡镇建立起了十几个蔬菜专业批发市场，同时发展了有组织的蔬菜运销专业户。兴建的蔬菜批发市场占地46.67公顷，年交易额超过30亿元，已经发展成为亚洲最大的蔬菜综合服务中心。强大的蔬菜集散功能是寿光成为“买全国，卖全国”的“菜都”的重要先决条件，拉动了寿光的蔬菜生产，保证了寿光蔬菜的顺利流通。

4）相关与支持性产业

相关与支持性产业要素得分为6.20分，排在第4位。在蔬菜种植产业大规模兴起之后，蔬菜产业的相关与支持性产业也逐渐得到完善，现在已经形成很大的规模。完善的相关与支持性产业反过来也推动整个蔬菜产业的不断发展。蔬菜相关的种子农药化肥、蔬菜大棚建设、蔬菜会展、蔬菜旅游、蔬菜技术专业培训等产业的规模不但能够满足寿光本地的需求，而且已经大量开拓了区域外的市场，产生了巨大的影响力。以寿光三元朱村的蔬菜技术培训学校为例，至今已经培训了超过一百万人次的来自全国各地的蔬菜专业人才，这些人才为各自地区的蔬菜产业的发展贡献了重要力量。寿光的蔬菜大棚建设队伍把目光放在全国乃至国外市场，承担了国内众多农业高科技示范园区的建设工作，在服务全国的同时，也提升了寿光形象。位于寿光市城区的农资中心集中了数百家蔬菜相关的农资门店，经营蔬菜相关的农药、种子、化肥以及建设大棚所需的塑料薄膜等农资，能满足蔬菜种植业的所有需求。每个乡镇甚至是每个蔬菜种植专业村都有相应的农资供应门店，为菜农的生产活动提供便捷优质的服务。蔬菜科技园目前已经成长为一个集农业高新技术引进、开发与生产、观光与旅游为一体的外向型高新农业示范科技园。依托蔬菜科技产业园，以“绿色、科技、未来”为主题的中国（寿光）国际蔬菜博览会展示了丰硕的经贸成果、创新性的展览模式和丰富的蔬菜文化，大大提高了寿光蔬菜在全国甚至是国际的知名度，已经成为寿光蔬菜走出去的名片。

5) 需求条件

需求条件要素得分为 6.07 分，表明本要素也具有相当的重要性。近年来，冬季蔬菜的需求量与销售量大增，寿光在冬暖式大棚的反季节蔬菜种植方面有着绝对的优势，巨大的反季节蔬菜的需求量是寿光蔬菜一直高速发展的动力，也是寿光蔬菜以后能保持蓬勃发展的重要条件。寿光地处人口众多的山东省，紧邻河北、河南、北京和天津等人口稠密地区，蔬菜的消费市场巨大，而这些地区又缺少大规模的蔬菜种植以及批发基地，上述情况为寿光蔬菜打开市场提供了有利条件。东北三省气候寒冷，不适合蔬菜的种植，也为寿光蔬菜转运东北市场提供了机会。寿光凭借着便利的交通优势，辐射东北、华北、华东的大部分地区，依托庞大的省内外蔬菜消费市场，拉动了寿光蔬菜产业的进一步增长。

6) 企业战略结构和同业竞争

企业战略结构和竞争要素得分为 5.74 分，排在第 6 位，与外来投资这一要素处在最后一个方阵，在寿光市蔬菜产业地方商业环境中属于相对不太重要的要素。寿光蔬菜产业经过多年的发展，成长起一大批蔬菜加工、蔬菜配送和蔬菜种苗企业。寿光市涉及蔬菜产业的企业已经达到 500 多家，其中规模较大、具有一定实力的有寿光蔬菜产业集团以及山东赛维绿色科技有限公司等。这些蔬菜的龙头企业在整个蔬菜产业的发展中起到了重要的作用，一方面带动了蔬菜种植和蔬菜相关产业的发展，另一方面积极开拓了外部的市场。这些龙头企业间既有技术上的合作，又有市场上的竞争，这种势均力敌的竞争使得企业更加注重自身实力的增长，并对企业的战略结构进行合理地调整，最后不仅推动了企业自身的不断发展，也带动了整个寿光蔬菜产业的发展。

7) 外来投资

外来投资要素在寿光蔬菜产业地方商业环境所有的要素中的得分最低，为 5.24 分。可以得出外来投资对寿光蔬菜产业的发展的影响比较小。蔬菜产业属于劳动密集型的农业产业，不像一些资金密集型的制造业和重工业，需要外来资金的强力推动。寿光当地的一些菜农通过前期蔬菜种植过程中的资金积累，已经有能力对蔬菜产业进行进一步的投资。如寿光蔬菜产业的发源地三元朱村，由时任书记王乐义带领村民成立的乐义蔬菜公司，如今已经形成了比较大的规模，涉及蔬菜产业的各个领域。此外，当地人在蔬菜育种、蔬菜大棚的建设、蔬菜相关种子农药化肥方面的投资都具有一定的规模，一些蔬菜大棚建设工程公司甚至已经走出国门。当地政府在资金政策上的支持和当地人比较浓厚的从商、重商的文化，使得本地的蔬菜相关企业都具有较强的实力和较高的活力。外来投资只能在较小的领域内发挥作用，比如寿光蔬菜交易中心内的批发商，有很多来自东北的客商，他们在一定程度上影响了整个蔬菜产业的发展，但是相对本地投资来说，影响比较有限。

3.5　结论与讨论

地方商业环境是决定专业化农区产业集群竞争力的根本性推动力，商业环境的钻石模型受到国内外学者的广泛使用，对产业竞争力分析有着深刻的影响，是重构“粮仓模型”的重要理论基础。安溪县、寿光市、台湾地区在农业发展中逐渐形成了特色鲜明、规模宏大的优势专业化农区，研究其商业环境要素的影响具有一定的代表意义。本章主要通过问卷调查的规范实证统计与一致性检验对安溪茶产业、台湾水果产业及寿光蔬菜产业的集群商业环境进行实证研究，重新归类和更新我国产业集群竞争力指标体系，建构我国专业化农区的集群商业环境因素系统模型——“粮仓模型”，并取得了较为成功的验证。研究表明：

(1)政府要素对安溪茶产业、寿光蔬菜产业的商业环境影响显著，在台湾水果业中作用力较弱。由于台湾地区与大陆的专业化农区区域尺度及农产品市场化程度存在一定差异，地方政府对农产业作用的内容、范围和强度是不同的。从对比结果来看，台湾水果业各商业环境要素得分整体低于安溪茶产业和寿光蔬菜产业，说明当地农学专家对台湾水果产业的感知度较低，可能的原因是台湾的重农氛围减弱了大众对各要素带来积极效应的同意程度，实际上台湾水果业等农业均受到了一定程度上的政策支持。将政府作为间接要素是钻石模型受到批评最多的地方(Stopford et al.，1993；Harris and Watson，1993；Van and De，1994)。体制因素对经济发展的影响很大，钻石模型理论是以发达的市场经济为基础，而我国的市场经济还未发育成熟，政府在其中还是具有不可忽视的直接影响力。张均等(2011)对低碳产业的竞争力的研究发现，政府确非辅助因素，其作用力贯穿于产业发展的各个阶段；Li 等(2014)在运用钻石模型进行海口建筑废弃物的循环工业发展的影响因素研究时，考虑我国实际也将政府要素作为第五个关键要素纳入直接因素中；宁国市和广州市花都区政府的强势作用对产业发展产生的显著影响也解释了“粮仓模型”将地方政府因素作为直接要素的合理性。对于其他发展中国家而言，政府要素对产业竞争力的影响都比发达国家更重要和直接。此前 Öz(1999)通过钻石模型在土耳其重点产业的应用中发现，政府在产业成长过程中发挥了核心作用；Topolansky 等(2013)在对伊朗的开心果产业竞争力进行分析时，也强调了政府要素的重要影响。因而政府要素在专业化农区商业环境评价模型中应被归为直接影响要素。

(2)区域文化要素得分接近，且在寿光蔬菜产业、台湾水果业的商业环境评价中得分最高，在安溪茶产业中仅与位列第一的政府要素得分相差 0.01 分，为我国专业化农区产业集群竞争力主要的影响因素。区域文化作为一个地方的根基，具有缩短企业间的距离、加强地方商业环境的内部凝聚力、增进企业间互动关系和促进合作创新的作用，其突出的影响力并非偶然，而是根植于产业多年发展的沃土中，与政府人员作风、企业家精神、从商重商氛围等密切相关。Bosch 和 Prooijen(1992)曾指出波特理论中对区域文化要素的讨论不足，并强调了区域文化要素在欧洲国家、企业管理中的重要作用，这一结论在对我国水果业、茶产业、蔬菜业、宁国制造业竞争力的分析中也得到了验证，说明区域文化突出的影响力并非偶然，而是适用性广泛的重要影响因素。但由于其是一种潜移默化的隐性资源，并不能对具体价值链环节产生直接的影响，而是通过影响行为主体的思想来间接影响商业环境，或是与其他要素相结合产生间接影响力，因而仍只能作为间接因素融入评价模型。

(3)外来投资指标得分存在一定偏差，其影响力在不同地方产业之间具有明显差异，同时又在台湾水果产业、安溪茶产业和寿光蔬菜产业集群的发展中表现出最低的影响力，反映出农业投资对外来投资影响力的削弱，也充分说明外来投资的影响确实是间接且不稳定的。财政分权程度和整体经济发展水平是各地方政府争夺外资的主要手段(聂海峰和徐现祥，2010)，对于安溪县、寿光市、台湾地区 3 个经济发展水平参差不齐的区域来说，产业集群受外来投资的影响也因此产生差异。

实证检验后构建的专业化农区集群的商业环境“粮仓模型”，一致性验证得出，其在我国专业化农区集群中具有较强的解释力，很好地拓宽了税伟(2006，2009，2011)提出的我国地方产业集群竞争力的一般“粮仓模型”在制造业中的应用，进一步丰富和发展了迈克尔·波特的产业集群商业环境钻石模型理论，有利于“粮仓模型”在我国农业区域专业化发展中应用与推广。

参 考 文 献

陈建中, 陈丽华, 庄莉, 2012. 铁观音——安溪乌龙茶传统制作工艺[M]. 杭州: 浙江人民出版社.

高雪莲, 2010. 上海张江与台湾新竹产业集群创新能力的比较研究——基于钻石模型的案例分析[J]. 科技进步与对策, 27(10): 48-51.

赖文凤, 2007. 两岸水果产业的合作与发展的 SWOT 分析[J]. 台湾研究, (3): 28-32.

李菁, 揭筱纹, 2014. 基于钻石模型的农业产业集群模式体系研究——以甘肃陇南花椒产业为例[J]. 兰州大学学报: 社会科学版, 42(2): 121-126.

李耀新, 乌家培, 1994. 产业结构调整中的生产要素配置原理[J]. 经济学家, (5): 61-74.

林健, 李焕荣, 2002.基于核心能力的企业战略网络——网络经济时代的企业战略管理模式[J]. 首都经济贸易大学学报, (5): 42-45.

刘俊浩, 李加明, 2008. 基于“钻石”模型的农业产业集群要素分析——以山东寿光蔬菜产业集群为例[J]. 农村经济, (1): 47-49.

刘莉, 赵一夫, 2015. 中国台湾地区食物消费变化特征及对大陆的启示[J]. 中国食物与营养, 21(6): 42-46.

马述忠, 吕淼, 2012. 外商直接投资与农业产业安全——基于国内投资与就业挤出效应视角的实证研究[J]. 国际贸易问题，(4): 125-136.

聂海峰, 徐现祥, 2010. 我国 FDI 区位选择中的“第三方效应”——基于空间面板数据的实证研究[J]. 数量经济技术经济研究, (04): 122-136.

税伟, 2006. 区域竞争力的宏、微观理论与实证研究——以安徽省为例[D]. 广州：中山大学.

税伟, 2009. 区域竞争力研究的经济地理学价值[J]. 国土与自然资源研究, (1): 13-15.

税伟, 2010. 区域竞争力的国际争论及启示[J]. 人文地理, (1): 60-65.

税伟, 2011. 钻石模型在中国的检验与重构[J]. 西安交通大学学报(社会科学版), 31(04): 14-20.

税伟, 陈烈, 2009. 产业集群竞争力的钻石系统分析框架与应用路径[J]. 经济问题探索, (4): 33-39.

童海军, 2015. 基于钻石模型的浙江农作物种业核心竞争力分析[J]. 浙江农业科学, 56(5): 596-599.

汪慕恒, 2003. 2002—2003 年台湾的对外贸易与外资投资日本贸易振兴会白皮书[J]. 台湾研究集刊, (4): 72-81.

王小平, 2006. 钻石理论模型述评[J]. 天津商业大学学报, 26(2): 33-36.

武云亮, 2013. 农业产业集群理论与政策: 基于安徽农业实践的考察[M]. 北京：经济科学出版社.

徐丽华, 王慧, 2014. 区域农业产业集群特征与形成机制研究——山东省寿光市蔬菜产业集群为例[J]. 农业经济问题, 35(11): 26-32.

许茂林, 2003. 政府干预与台湾的福利农业[J]. 开放导报, (7): 37-38.

张玓, 林珊, 赵颖婕, 2011. 政府在低碳产业发展中的作用——基于“钻石”模型理论的分析[J]. 学术界, (7): 208-215.

张凤, 2011. 基于钻石模型的产业集群要素分析——以浙江义乌小商品产业集群为例[J]. 山东理工大学学报: 社会科学版, 27(4): 10-13.

张华, 梁进社, 2007. 产业空间集聚及其效应的研究进展[J]. 地理科学进展, 26(2): 14-24.

张慧祯, 2013. 安溪茶产业发展的金融支持探析[J]. 福建茶叶, 35(3): 42-45.

张玉兰, 2012. 台湾农业文化的发展特点及意义[J]. 世界农业, (12): 121-123.

周应恒, 吕超, 周德, 2012. 我国蔬菜主产地形成的影响因素——以山东寿光为例[J]. 地理研究, 31(4): 687-700.

Arash R, 2015. Competitive advantages of shadow banking industry: an analysis using Porter Diamond Model[J]. Business Management and Strategy, 6(2): 15-27.

Bosch F A J V D, Prooijen A A V, 1992. The competitive advantage of European Nations: the impact of national culture-a missing element in Porter's analysis?[J]. European Management Journal, 10(2): 173-177.

Cantwell J A, Mudambi R, 2011. Physical attraction and the geography of knowledge sourcing in multinational enterprises [J]. Global Strategy Journal, 1(1): 206-232.

Cho D S, 1994. A dynamic approach to international competitiveness: the case of Korea[J]. Asia Pacific Business Review, 1 (1) : 17-36.

Cho D S, Moon H C, Kim M Y, 2008. Characterizing international competitiveness in international business research: a MASI approach to national competitiveness[J]. Research in International Business & Finance, 22 (2) : 175-192.

Corniani M, 2005. Market, demand segments and demand bubbles[J]. Symphonya Emerging Issues in Management, (2) : 13-30.

D' cruz J R, 1993. The "double diamond" model of international competitiveness: the Canadian experience[J]. Management International Review, 33 (2) : 17-39.

Dean A, Kretschmer M, 2007. Can ideas be capital? Factors of production in the postindustrial economy: a review and critique[J]. Academy of Management Review, 32 (2) : 573-594.

Dögl C, Holtbrügge D, 2010. Competitive advantage of German renewable energy firms in Russsia – an empirical study based on Porter' s diamond[J]. Journal for East European Management Studies, 15 (1) : 34-58.

Dunning J H, 1993. Internationalizing Porter' s diamond[J]. Management International Review, 33: 7-15.

Emran M S, Shilpi F, 2008. The extent of the market and stages of agricultural specialization[J]. Canadian Journal of Economics/revue Canadienne Déconomique, 45 (3) : 1125–1153.

Fainshmidt S , Judge W Q , Aguilera R V, et al., 2016. Varieties of institutional systems: a contextual taxonomy of understudied countries[J]. Journal of World Business: S1090951616300323.

Fitriati R, Rustanto A, 2013. The mapping of small and medium creative industries in Depok in preparation of regional competitiveness[J]. American Journal of Economics, 3 (1) : 52-61.

Franz T, Peter P, Steffen D, 2011. Open innovation and regional culture—findings from different industrial and regional settings[J]. European Planning Studies, 19 (19) : 1885-1907.

Harris R G, Watson W G, 1993. Three visions of competitiveness: Porter, Reich and Thurow on economic growth and policy[C]//Courchene T J, Purris D D. Productivity, Growth and Canada' s International Competitiveness. Ontario: John Deutsch Institute for the study of Economic Policy.

Hsu H, Liu D, 2009. An international comparison of empirical generalized double diamond model approaches to Chinese Taiwan and Korea[J]. Competitiveness Review An International Business Journal Incorporating Journal of Global Competitiveness, 19 (3) : 160-174.

Khuntonthong P, Chakpitak N, Neubert G, 2013. Analyzing the micro economic environment of agricultural product: applying the "diamond" model to a non–profit organization[J]. Asian Journal of Agriculture and Rural Development, 3 (11) : 813-822.

Lazzarini S G, 2015. Strategizing by the government: can industrial policy create firm-level competitive advantage?[J]. Strategic Management Journal, 36 (1) : 97-112.

Li Y, Chen H, Tian Y, et al., 2014. Analysis of the influence factors and countermeasures of construction waste recycling industry' s development in Haikou[J]. Advanced Materials Research, 1065-1069: 3024-3029.

Moon H C, Rugman A M, Verbeke A, 1995. The generalized double diamond approach to international competitiveness[J]. Research in Global Strategic Management, 5 (95) : 97-114.

Moon H C, Rugman A M, Verbeke A, 1998. A generalized double diamond approach to the global competitiveness of Korea and Singapore[J]. International Business Review, 7(2): 135-150.

Ndou P, Obi A, 2013. An analysis of the competitiveness of the South African citrus industry using the constant market share and Porter' s diamond model approaches[J]. International Journal of Agricultural Management, 2(3): 160-169.

Olczyk M, Kordalska A, 2016. Global competitiveness and economic growth: a one-way or two-way relationship?[J]. Social Science Electronic Publishing, 11(1): 121

Öz Ö, 1999. The competitive advantage of nations: the case of Turkey[M]. New York :Ashgate Publishing Company.

Philip K. 2001. The marketing of nations[M]. Beijing：Huaxia Publishing House.

Porter M E, 1998. Clusters and the new economics of competition[J]. Harvard Business Review, 76(6): 77-90.

Rugman A M, Moon H C, Verbeke A, 1995. The generalized double diamond approach to international competitiveness[J]. Research in Global Strategic Management, 5(95): 97-114.

Stopford J, Strange S, 1993. Rival states, rival firms: competition for world market shares[M]. Cambridge: Cambridge University Press.

Tödtling F , Peter P V R , Drhfer S, 2011. Open innovation and regional culture—findings from different industrial and regional settings[J]. European Planning Studies, 19(11): 1885-1907.

Topolansky F, Triay M G, Mortaz M, 2013. The impact of national policy on the competitiveness of a relevant agribusiness sector for the Iranian economy[J]. International Journal of Management Cases, 15(2): 125-139.

Van D B F A J, De Man A P, 1994. Government' s impact on the business environment and strategic management[J]. Journal of General Management, 19(3): 50-59.

Waverman L, 1995. A critical analysis of Porter's framework on the competitive advantage of nations[J]. IEEE Transactions on Electrical Insulation, 4(4): 365-372.

Yang H S, Nie H F, Xu X X, 2010. The third-province effects in the selection of FDI region[J]. The Journal of Quantitative & Technical Economics, (04): 122-136.

第 4 章　专业化农区嵌入全球价值链的地方商业环境推力因素

改革开放以来，我国凭借人口、土地等初级生产要素优势，大力发展加工贸易业并嵌入全球价值链，逐渐在国际分工中获得竞争优势，部分地区甚至成为“世界工厂”（韩明华和陈汝丹，2014）。但是这种劳动密集比较优势换来的大都是低价值链环节的嵌入，对绝大多数仍处于价值链低端的我国本土企业而言，最重要的是如何提升在全球价值链中的位势，改变低端锁定的不利局面并实现升级发展（唐春晖，2015）。

农业是国民经济中的一个重要产业，随着经济全球化发展，农业与宏观经济的互动性增强，我国农产品市场与国际市场的联动性也不断增强。茶叶一直是我国传统的出口农产品，我国也一直是世界茶叶产销大国，2015 年我国茶叶产量达 228 万吨，居世界第一，且在我国农产品出口总额同比下降的情况下，茶叶出口却实现增长，2015 年中国茶叶出口 32.5 万吨，占全球茶出口的 18%，居世界第二。全球茶叶消费总体呈上升趋势，从 2006 年的 357.3 万吨到 2015 年的 494.4 万吨，增长 38.37%，我国茶企在世界经济浪潮中也不断发展，活跃于全球价值链中，故提高茶企国际竞争力、向价值链高端环节攀升显得尤为重要。本章以福建省安溪县龙头、骨干茶企为研究对象，通过构建和筛选主要地方商业环境要素，采用二元 Logistic 回归模型对茶企嵌入全球价值链的地方商业环境推动机制进行研究，从地方商业环境内在推力视角探讨其对茶企嵌入全球价值链的影响机制，为加强全球化背景下的地方商业环境建设，推动茶企更好通过嵌入全球价值链来参与国际竞争提供参考借鉴。

4.1　理　论　分　析

无论是从未嵌入全球价值链到嵌入全球价值链，还是从低端嵌入向高端嵌入，都伴随着企业的不断升级。国外关于企业升级的研究始于核心竞争力和动态能力（税伟，2010；张辉，2004），即以企业内部拥有和开发的独特资源获得发展的资源基础观（韩明华和陈汝丹，2014；Hampel-Milagrosa et al.，2015），以及将内外部资源进行整合、重构形成动态能力的资源能力观（龚三乐，2009；符正平和彭伟，

2011)。其中资源基础观集中研究企业内部资源的比较优势，而忽略了对企业发展、战略决策和企业绩效具有重要影响的外部环境。企业实现升级、嵌入全球价值链、提升国际竞争力都是在一个特定的地方商业环境中实现的。哈佛大学商学院的波特教授认为，区域竞争力最终取决于企业的生产能力，在宏观的经济、政治、社会和法制环境稳定的情况下，区域竞争力(生产率)的微观经济基础由微观经济的商业环境质量和公司经营与战略的精益性两方面组成，一个公司在一个区位的竞争优势大小和所拥有的技术、技能等受地方商业环境的严重制约(税伟，2006，2010)。此外，我国学者金碚(2003)将企业竞争力总结为关系、资源、能力和知识 4 大类，其中关系便是指企业所处的外部生产要素、基础设施、政府服务等商业环境，强调商业环境在企业竞争力塑造中的重要作用。刘平(2007)在对企业竞争力的作用因素研究中，也发现外部环境是企业竞争力的重要影响要素。地方商业环境是企业发展的根基，企业内部资源固然重要，但内部资源发挥竞争优势还需外部环境的拉动。为推动企业嵌入全球价值链，充分认识其所在区域的商业环境是非常必要的，明确地方商业环境影响企业嵌入全球价值链的主要因素与推动机制，对企业提升竞争力具有重要的现实意义。

商业环境包括生产资料、人力资源等环境要素(Fitriati and Rustanto，2013)，从广义上来说包括在商业运行中产生影响的市场供求状态、商业制度、社会文化和市场秩序等常规因素(林健和李焕荣，2003)。而波特则是从企业个体集合形成的产业“集群特性”来认识和界定地方商业环境的，他认为只有位于特定区位的产业集群内的企业才更有可能在公司经营的精益性方面获得竞争优势，这种优势由微观经济的商业环境所决定(税伟，2006；税伟和陈烈，2009)。波特将区位对竞争优势所产生的效果通过四个直接要素和两个间接要素构建的钻石模型进行模型化表达，认为企业竞争力来自生产要素、相关与支持性产业、企业战略结构和同业竞争、需求条件 4 个关键直接要素，以及政府和机会 2 个间接要素，即商业环境的质量可由钻石模型来表达(Porter 等，2002；税伟和陈烈，2009)。

但是波特的钻石系统模型忽视了国家文化(Bosch and Prooijen，1992)和跨国公司(Dunning，1993)这两个在国家竞争优势中承担了重要角色的要素。税伟在考虑我国实际国情，认真总结、批判借鉴波特教授钻石系统模型的基础上，质疑波特对政府要素的定位，引入区域文化和外来投资两个要素，通对过我国安徽和广东的 4 大地方产业集群的实证研究和一致性检验，构建了包括生产要素、相关与支持性产业、企业战略结构和同业竞争、需求条件、外来投资、政府要素和机会 8 大要素的我国地方产业集群竞争力的一般“粮仓模型”(龚三乐，2009；税伟和陈烈，2009；税伟，2011)。

4.2 研究假设

考虑到我国国情和经济发展阶段，本章采用税伟重构的“粮仓模型”要素来实证分析地方商业环境对茶企嵌入全球价值链的具体影响因素与推动机制。但因需求条件要素反映的是国内外市场需求的成熟度和本地市场的精致性，且茶企嵌入全球价值链的主要环节是销售环节，“需求—销售”的一致性关系也正是茶企嵌入全球价值链的重要表现，因而在此不做需求要素的分析，加之机会要素较难定量，所以本章对生产要素、相关与支持性产业、企业战略结构和同业竞争、外来投资、区域文化、政府要素 6 大要素与企业嵌入全球价值链之间的关系进行探讨，并提出相关研究假设。

1. 生产要素

生产要素主要包括企业所在区域的气候、土壤和水质等自然环境，产品制作工艺、农机具、基础设施等初级生产要素，专业技术、人才资源、市场与物流等专业性服务设施，研究经费和电子商务发展等高级生产要素，对企业发展而言是基础性的资源，是企业嵌入全球价值链能够获得比较优势的重要方面，因而提出研究假设 1。

研究假设 1：生产要素对于企业加入全球价值链具有正向影响，即生产要素质量越高，对企业嵌入全球价值链的促进作用越大。

2. 相关与支持性产业

相关与支持性产业主要包括与企业发展相关的机械制造业、包装制造业、会展业、食品加工业、文化与旅游业等相关产业，以及行业协会、科研机构、教育培训机构、物流业、信息服务业等支持性部门与机构。对一个产业集群而言，相关与支持性产业是集群在产业链上获得竞争优势的重要保证，且在很多产业中，一个企业的潜在优势来自其相关与支持性产业的竞争优势，相关与支持性产业的成熟发展会带动上、下游的创新和国际化(迈克尔·波特，2002)，故提出研究假设 2。

研究假设 2：相关与支持性产业对企业嵌入全球价值链具有正向作用，即一个区域的相关与支持性产业发展得越成熟、越强大，则企业嵌入全球价值链的动力就会越大。

3. 企业战略结构和同业竞争

企业战略结构和同业竞争是指产业集群内企业的数量规模、管理模式、各个企业的产权结构和企业之间组织产品生产的方式等(徐顽强等，2009)，是企业在一个区域集群中的基础、组织和管理形态，以及在本地、国内和国外同业竞争中的表现(税伟和陈烈，2009)。能够加入区域外的价值链并参与竞争的企业，首先在区域内的市场中就有突出的竞争优势，因而良好的企业战略结构和同业竞争有助于企业形成对外具有竞争力的企业制度和生产组织模式，故提出研究假设3。

研究假设3：企业战略结构和同业竞争与企业嵌入全球价值链呈正相关，企业战略、结构越完整，同业之间的良性竞争越激烈，越有助于企业嵌入全球价值链。

4. 外来投资

外来投资能够使发达区域的经济增长在投资地扩散，对地方经济发展具有一定的促进作用，对企业而言，外来投资除了为企业发展提供资金支持，也带动了企业技术、创新、生产、贸易等方面的改变，能够带动、促进企业加入更广阔的市场竞争中，因而研究提出研究假设4。

研究假设4：外来投资与企业嵌入全球价值链之间具有正向关系，外来投资活动越活跃，企业越有机会嵌入全球价值链。

5. 区域文化

区域文化是地方商业环境中最根本的环境，具有明显的地域特色，不仅能为地域经济的发展提供智力支持和精神动力，同时也为各地域之间相互融合创造条件(郭献进和向云发，2010)，对于提高企业间互动关系和促进合作也具有重要的影响。同时，区域文化对于企业家精神的塑造也非常重要，敢于冒险、创新的企业家精神对企业不断参与外部竞争具有直接的促进作用，因而提出研究假设5。

研究假设5：区域文化对企业嵌入全球价值链具有正向作用，一个区域的本地文化越开放、和谐，区域的企业就越有可能加入全球价值链。

6. 政府要素

地方政府可以通过政策制定和制度安排来规范当地市场运作，促进竞争和合作，培育和完善当地的市场环境、政策制度环境、文化创新环境，营造公平竞争和积极自主创新的氛围，对区域总体企业的协调发展是非常必要的，因而提出研究假设6。

研究假设6：政府要素对企业加入全球价值链具有积极的正向促进作用，政府对区域产业发展越支持，相关投入越大，区域内的企业嵌入全球价值链的可能性就越大。

4.3　安溪茶企嵌入全球价值链的地方商业环境推动机制实证分析

1. 二元 Logistic 回归模型构建与变量选择

1）模型构建

Logistic 回归模型是一种广义的线性回归分析模型，常用于数据挖掘、预测和判别，可以有效地检验因变量与影响因素（自变量）之间的相关性（王冀宁等，2003），对变量的要求较少，因变量既可以是二分变量也可以是多元变量，自变量既可以是分类变量也可以是连续变量（吴振强等，2014），因而是应用最广泛的一种回归分析方法，对于本章研究也非常适用。将企业类型分为“是”“否”加入全球价值链进行分析，由于是典型的二分变量，因而采用二元 logistic 回归分析方法建立安溪茶企是否加入全球价值链的影响因素研究模型。

把企业加入全球价值链的概率设为 P，企业未加入全球价值链的概率设为 $1-P$。那么发生比（即加入全球价值链的概率与未加入全球价值链的概率之比）$\Omega = P/(1-P)$，Ω 与 P 呈正向关系。因为 Ω 的取值范围为 $[0,+\infty)$，所以 $\ln\Omega = \ln[P/(1-P)]$。在 Logistic 回归分析中，通常将 $\ln\Omega$ 称为 Logit$P$，即 $\text{Logit}\,P = \ln[P/(1-P)]$。构建企业嵌入全球价值链与地方商业环境影响因素的 Logistic 回归模型（Shui et al.，2012）：

$$\text{Logit}P = \beta_0 + \beta_1 x_1 + \beta_2 x_2 + \cdots + \beta_i x_i \tag{4-1}$$

式中，x_i 为影响企业加入全球价值链的地方商业环境因素；β_i 为地方商业环境影响因素的回归系数；β_0 为常数项；$i=6$。

$$\ln\Omega = \text{Logit}P = \beta_0 + \beta_1 x_1 + \beta_2 x_2 + \cdots + \beta_i x_i \tag{4-2}$$

于是有

$$\Omega = \exp(\beta_0 + \beta_1 x_1 + \beta_2 x_2 + \cdots + \beta_i x_i) \tag{4-3}$$

当解释变量不变而 x_1 变化一个单位时，$\Omega^* = \exp(\beta_0 + \beta_1 x_1 + \beta_2 x_2 + \cdots + \beta_i x_i)$，则 $\dfrac{\Omega^*}{\Omega} = \exp(\beta_1)$，一般化可知，$\dfrac{\Omega^*}{\Omega} = \exp(\beta_i)$，即回归系数为正且其他解释变量保持不变时，$x_i$ 每增加一个单位，将引起发生比 Ω 扩大 $\exp(\beta_i)$ 倍，即加入全球价值链的概率 P 扩大，且扩大倍数与 $\exp(\beta_i)$ 正相关；而当回归系数为负时，则 P 缩小。

2）变量选择

由于我国国土面积辽阔，不少省级区域的面积都相当于西欧一个国家的大小，而且每个省(自治区、直辖市)都有自身的区域特色，都是相对独立的经济体和地域经济社会系统(税伟，2006)，因而企业加入省外(国内)价值链实际上就已经拥有了很大的市场势力，所以在具体分析过程中，将企业是否加入“跨省/全球价值链”作为因变量 y。将省内的市场份额占总市场份额小于 50%的企业归入未加入“跨省/全球价值链”的企业，因变量赋值为 0；其余的企业归入加入“跨省/全球价值链”的企业，因变量赋值为 1。自变量选择生产要素、相关与支柱产业、企业战略结构和同业竞争、外来投资、区域文化、政府要素 6 个地方商业环境变量(表 4-1)。

表 4-1　Logistic 回归模型变量说明

变量名称与代码	变量赋值	均值	方差	影响方向预测	实证结果
因变量					
企业嵌入跨省/全球价值链情况(y)	加入=“1”；未加入=“0”	0.47	0.051		
自变量					
生产要素(x_1)	9 个测度因子得分均值	5.74	0.469	正	—
相关与支持性产业(x_2)	11 个测度因子得分均值	5.51	0.401	正	负
企业战略结构和同业竞争(x_3)	4 个测度因子得分均值	5.68	0.566	正	正
外来投资(x_4)	2 个测度因子得分均值	4.45	1.973	正	负
区域文化(x_5)	4 个测度因子得分均值	6.59	0.260	正	正
政府要素(x_6)	11 个测度因子得分均值	6.61	0.108	正	—

注：各个自变量测度因子得分都为问卷调查实测数据，按满意程度 1～7 打分，1 表示完全不满意，7 表示完全满意，从 1 到 7 满意度不断增加。

2. 数据来源

本章的数据主要通过将各商业环境要素指标化、问题化，设计问卷调查获得。2014 年 7～8 月，研究组对安溪茶产业龙头企业和骨干企业进行了问卷调查，对茶叶种植基地和加工厂进行实地走访调查，获取了主要数据资料。共发放问卷 110 份，回收 92 份，回收率为 83.6%，剔除其中一份无效问卷，最终共 91 份有效问卷，有效率高达 99%。对问卷进行审查、整理、编码后，录入 SPSS 22.0 软件作为 Logistic 回归分析等统计分析的数据源。

参与调查的企业主要为个体与私营企业，企业的年度销售额小于 500 万元的比重最大，达到 22.2%，但大于 8000 万元的也达到了 20%，销售额五级分类中，各级别比重相当，所调查企业的规模分布较均匀；企业成立年数主要集中在 1～7

年和 7～14 年，都属于较年轻的企业；企业技术人员人数主要集中在 10 人以下，这与茶叶采摘、加工的季节性有关，因而企业固定技术人员不同于一般的工业企业。六大茶类中，乌龙茶的生产比重达到了 98.8%，调查的企业中几乎所有企业都涉及了乌龙茶的生产，与“中国乌龙茶之乡”的美称相符(表 4-2)。

表 4-2　调查企业基本特征

项目	类别	比例%	项目	类别	比例%
企业类型	个体与私营企业	93.8	企业技术人员数	≤10 人	57.5
	三资企业	6.2		11～20 人	27.6
企业年度销售额	≤500 万元	22.2		21～30 人	6.9
	500 万～1200 万元	17.8		31～40 人	5.7
	1200 万～2350 万元	20.0		41～50 人	1.1
	2350 万～8000 万元	20.0		51～85 人	1.1
	＞8000 万元	20.0	企业主要生产茶产品类型	绿茶	8.5
企业成立年数	1～7 年	36.8		乌龙茶	98.8
	7～14 年	36.8		红茶	26.8
	14～21 年	16.1		白茶	2.4
	21～28 年	8.0		黄茶	1.2
	28～35 年	2.3		黑茶	3.7

3. 模型计算结果

借助统计软件 SPSS 22.0 中的 Logistic 回归分析模块，采用逐步向后(Wald)的方式将 6 个地方商业环境因素导入 Logistic 回归模型中，最终有相关与支持性产业、企业战略结构和同业竞争、外来投资和区域文化 4 个自变量留在回归模型中，其中企业战略结构和同业竞争与区域文化两个变量为正向指标，而相关与支持性产业、外来投资两个变量为负向指标(表 4-3)。得到 Logistic 回归模型为

$$\text{Logit}\,P=-1.291x_2+1.134x_3-0.326x_4+1.331x_5-6.852 \qquad (4\text{-}4)$$

采用 Hosmer-Lemeshow(HL)检验法进行回归模型整体适配度的检验，HL 测试检验的卡方值为 7.348，未达显著水平(P=0.500>0.05)，通过检验。且 Omnibus 检验的卡方值为 15.550，达到显著水平(P=0.004<0.05)，通过检验。因而模型整体拟合度较高，模型较为理想，自变量可以有效预测因变量，回归结果具有相当的可信性。

表 4-3　显著影响安溪茶企嵌入跨省/全球价值链的地方商业环境要素

变量	回归系数	标准误差	统计量	自由度	显著性	发生比
相关与支持性产业	-1.291	0.547	5.577	1	0.018**	0.275
企业战略结构和同业竞争	1.134	0.469	5.856	1	0.016**	3.108
外来投资	-0.326	0.194	2.816	1	0.093*	0.722
区域文化	1.331	0.692	3.697	1	0.055*	3.784
常数	-6.852	4.424	2.399	1	0.121	0.001
Omnibus 卡方=15.550；P=0.004						
Hosmer-Lemeshow 卡方=7.348；P=0.500						

注：“**”表示通过 0.05 显著性水平，“*”表示通过 0.1 显著性水平；Hosmer-Lemeshow 检验值未达到显著水平表示模型适配度佳。

4.4　显著影响茶企嵌入全球价值链的商业环境因素分析

1. 区域文化

区域文化对于企业嵌入全球价值链具有正向作用，与研究假设一致。区域文化在通过的 4 个变量中，回归系数最大(1.331)，且发生比也最大(3.784)，区域文化每提高 1 个单位，则企业加入全球价值链的可能性就提高 3.784 个单位，说明一个地区的文化对当地企业加入外部更广大区域的竞争具有积极的正向作用。

区域文化是地方经济、社会发展的根基，企业所在区域的社会和谐程度，以及居民的价值取向和行为方式，对企业的制度安排、战略选择、管理模式和空间布局等都会产生重大的影响(范钧，2007)。企业发展的一个重要的推力是企业家，有学者在对中国企业被锁定于全球价值链低端进行成因分析时，揭示了“企业家心智模式不适”这一原因(李美娟，2010；胡大立，2016)。而对企业家精神塑造具有重要影响的则是区域文化，开放、和谐的区域文化会孕育良好的从商氛围，有助于企业家们的发展与良性竞争，从而有助于提高企业的竞争力。安溪目前在全国拥有 20 万销售大军和遍布全国各地的茶企，与闽商敢于冒险、勇于创新、开拓的精神是分不开的，这些企业家精神又与闽南地区浓厚的从商、重商氛围息息相关。

2. 企业战略结构和同业竞争

企业战略结构和同业竞争要素对企业嵌入全球价值链也具有积极的正向作用，与研究假设结果一致。当地方企业战略结构和同业竞争每增加 1 个单位，企业加入全球价值链的可能性就提高 3.108 个单位，因而企业的战略目标、区域内企业的管理模式、企业间良好而又激烈的竞争都对企业加入跨省/全球价值链有积极的推动作用。

企业战略是用来开发核心竞争力、获取竞争优势的一系列综合的、协调的预定和行动(蓝海林，2015)，只有高位的企业战略，才能促进企业升级，推动企业加入全球价值链。企业结构实际上主要体现在企业的生产组织模式中，组织化较高的企业结构，才能在复杂的国际市场上具有较强的应对能力。安溪茶企目前主要有“公司+合作社+农户/基地”“公司+基地+农户”“公司+集体经济组织+农户(大户)”等多种生产组织模式，茶叶生产各个环节紧密相扣，能够实现茶叶种植、加工的定制生产，也能更好实现茶叶质量可追溯管理，还能够在达到严格的产品出口质量安全检验标准的同时符合消费者需求，因而能有效推动安溪茶产业加入全球价值链。同时，成功的产业只有先经过国内市场的竞争，不断进行技术改进与创新，才能在海外市场获得竞争力的延伸(迈克尔·波特，2002)。因此，国内市场竞争对手越多、越强大，竞争越激烈，相应的竞争优势也就会越大(税伟，2011)，也就越有利推动企业嵌入全球价值链，提高企业的国际竞争力。多年来，安溪茶业通过不断的学习、竞争、合作，实现了由传统作坊向现代产业转变，由单一产业向多元经营转变，由数量产值型向质量效益型转变(林成业，2010)。

3. 相关与支持性产业

相关与支持性产业与企业嵌入全球价值链之间呈负相关，研究假设并没有得到调查数据的支持。这种负效应的影响力较小，当相关与支持性产业每增加 1 个单位，企业嵌入全球价值链的可能性仅降低 0.275 个单位。

雄厚的相关与支持性产业是产业集群发展非常核心的竞争力，在波特的国家竞争优势四个关键要素中是至关重要的一个要素，健全的相关与支持性产业是一个产业休戚与共的优势网络(廖瑾，2005)。迈克尔·波特(2002)认为，本国市场拥有一流的下游产业时，它不但对本国上游产业供应商形成帮助，也会带动上游产业向海外发展。但是在本章中，相关与支持性产业对茶企嵌入跨省/全球价值链的促进作用并没有得到调查数据的实证支撑。一方面，对企业而言，嵌入全球价值链更重要的是与区域外部企业的联系，而一个区域的相关与支持性产业发展得越成熟，企业越容易在地方产业集群的规模经济、外部经济、社会资本和集体效率等正效应中获益，企业渴望嵌入全球价值链进行学习、合作和升级的动力可能减弱，导致集群中企业路径依赖，甚至低端锁定在本地封闭生产；另一方面，也可能与当前安溪县相关与支持性产业不够成熟有关，研究组在其他相关研究中也发现相关与支持性产业在安溪县地方商业环境要素中得分靠后(表 4-4)。迈克尔·波特(2002)也指出，即使下游产业未能参与国际竞争，但若上游供应商具有国际竞争力，则它对整个产业竞争力仍然具有正向影响，而目前安溪县的相关与支持性产业并不具备国际竞争优势，因而其对于安溪茶企嵌入跨省/全球价值链的影响还是有限的。

表 4-4　安溪专业化茶区的商业环境因素得分

要素	生产要素	相关与支持性产业	企业战略结构和同业竞争	需求条件	外来投资	安溪茶文化	安溪政府
得分	6.04	5.26	6.00	5.65	4.39	6.48	6.49

4. 外来投资

研究结果显示，外来投资是一个负向指标，指标与研究假设的影响方向相反。王东(2014)经过对产业集聚中本地投资与外来投资进行研究后发现，本地投资与外来投资之间呈正相关，即本地投资的增加也会促进外来投资的增加，但是对于企业而言，其效应就不同于区域或整个产业。闫广瑞(2010)的研究表明，外来投资更多的是对第二产业的投资，对第一产业的投入明显低于第二产业，因而虽然外来投资对于诸如工业、制造业或高新技术产业等有非常积极的促进作用，但是由于对农业的投资较少，因而其影响力也就相对较小。且就安溪茶产业而言，茶叶种植、加工都有自己本地独特的工艺流程，外部投资商也很难对其进行投资。路江涌(2008)在进行外商直接投资对内资企业效率影响的研究中发现，外商直接投资对国有企业呈负面影响，而对私营企业则表现出正面作用。因而也可以近似地理解为，外商直接投资对于地方龙头、骨干企业或者能够加入跨省/全球价值链的企业而言是具有负向效应的，而对于中小企业而言则具有一定的正向效应，能够加入跨省/全球价值链的企业更需要的是市场，因为其已经拥有较强的技术、人力和资金储备，且考虑保护核心技术以保持竞争力，对于外来投资的需求就较小，但中小企业的发展更需要资金的支持。

4.5　结论与讨论

1. 结论

经济全球化背景下，国际分工趋势不断加强，嵌入全球价值链是企业参与国际竞争的重要途径，也是企业实现自身发展、不断提高竞争力的有效途径。而企业嵌入全球价值链的竞争优势又孕育于本地商业环境，地方商业环境是企业发展的根基，与企业嵌入全球价值链密切相关。本章基于钻石模型和重构的我国产业集群竞争力“粮仓模型”，选择生产要素、相关与支持性产业、企业战略结构和同业竞争、外来投资、区域文化和政府要素 6 个变量作为地方商业环境的主要组成要素，并假设 6 个要素对企业嵌入全球价值链都具有正向促进作用，以福建省安溪县龙头、骨干茶企为问卷调查对象，通过二元 Logistic 回归模型进行企业嵌入跨省/全球价值链的地方商业环境推动机制研究，研究结果表明：①区域文化、企业战略结构和同业竞争、相关与支持性产业和外来投资 4 个变量对安溪茶企嵌入跨省/全球价值链具有显著影响；②区域文化、企业战略结构和同业竞争两个变量的实证结果与研究假设一致，与企业嵌入跨省/全球价值链呈正相关关系，而相关与支持性产业和外来投资两个变量的实证结果与研究假设相反；③政府要素对产业竞争优势的形成具有正效益，生产要素则是产业发展的基础竞争力，但政府要素与生产要素的相关假设却并没有通过调查数据的显著性检验，与企业国际竞争力的塑造之间没有显著相关性；④地方商业环境对企业嵌入跨省/全球价值链的影响更多的是通过对企业核心竞争开发、管理等行为产生影响的要素发挥作用，非市场化的政府要素和生产要素的作用不明显，而茶企外部的相关与支持性产业和投资的逆向影响可能与茶业特性、集群化水平有关，仍需进一步检验。

2. 讨论

本章内容评价了影响茶企嵌入跨省/全球价值链的 6 大地方商业环境要素，但是通过模型检验发现对茶企嵌入跨省/全球价值链有显著影响的只有 4 个要素，政府要素和生产要素并未产生显著的影响。政府在产业发展中的宏观规划调控、产业经济政策指导与支持、配套设施建设等方面具有不可忽视的作用（Khuntonthong et al.，2013），不同于发达国家的市场经济环境，就我国国情和经济体制而言，政府在产业发展过程中的调控是非常重要的。税伟（2006，2011）在进行区域产业竞争力影响研究中，也验证了我国政府在产业竞争力塑造中的显著影响力，将政府作为第 5 大关键要素纳入“粮仓模型”中。政府对竞争力的影响中，最容易看见的是政策的作用，政府政策的支持对于强化和加速产业优势的形成具有积极的促进作用（迈克尔·波特，2002）。嵌入全球价值链是企业行为，事实上政府无法干预，政府可以引导，但是这种引导并不一定会转化为企业最终的行动力，政府政策的实施具有较大的普适性，更多的是作为地方商业环境中看不见的一环对其他商业环境进行调控与引导，规范地方商业环境，间接促进企业竞争力的提升，并不直接起促进作用。

生产要素是任何一个产业最上游的竞争条件，对于天然产品或以农业为主的产业更是重要的影响因素。生产要素又分为初级生产要素和高级生产要素，就茶业而言，其并不是一个高新技术投入的行业，虽然茶叶加工技艺具有自己鲜明的独特性，但对茶叶影响较大的仍然还是初级生产要素，而初级生产要素较难形成产业竞争优势，真正重要的竞争优势只有凭借高级生产要素才能形成（迈克尔·波特，2002），因而在安溪县商业环境中，生产要素对于企业嵌入跨省/全球价值链并不具有明显影响力。不可否认，生产要素会对农产品质量产生影响，而产品质量自然是产品获得市场竞争力的重要影响因素，但最终影响企业嵌入全球价值链的还是产品，即茶产品的国际竞争力。

本章在对 6 大商业环境要素进行指标化、问题化问卷设计时，在要素量化评价时难免存在一些偏差，进行问卷调查时调查对象对问题的回答也存在一定的主观性，但无论是调查区域还是调查对象，都是我国国内成功的、嵌入全球价值链的优势产业集群的龙头、骨干企业，且样本也具有一定的数量，对于研究结果仍然具有较强的支撑性，对我国其他区域企业嵌入全球价值链的地方商业环境营造与调控具有一定的参考价值。

参考文献

范钧, 2007. 区域软环境对企业竞争力的作用机制及其评价体系[J]. 科研管理, 28(2): 99-104.

符正平, 彭伟, 2011. 集群企业升级影响因素的实证研究——基于社会网络的视角[J]. 广东社会科学, (5): 55-62.

龚三乐, 2009. 全球价值链内企业升级的外部影响因素浅析[J]. 兰州学刊, (2): 181-183.

郭献进, 向云发, 2010. 论“文化大省”建设与区域发展战略[J]. 西南民族大学学报(人文社科版), 31(5): 238-242.

韩明华, 陈汝丹, 2014. 我国中小制造企业全球价值链升级的影响因素研究——基于浙江的实证分析[J]. 华东经济管理, (9): 23-28.

胡大立, 2016. 我国产业集群全球价值链“低端锁定”战略风险及转型升级路径研究[J]. 科技进步与对策, (3): 66-71.

金碚, 2003. 竞争力经济学[M]. 广州: 广东经济出版社.

蓝海林, 2015. 企业战略管理: 承诺、决策和行动[J]. 管理学报, 12(5): 664-667.

李美娟, 2010. 中国企业突破全球价值链低端锁定的路径选择[J]. 现代经济探讨, (1): 76-79.

廖瑾, 2005. 区域优势与转化研究[D]. 成都：西南财经大学.

林成业, 2010. 安溪茶产业的优势及发展对策[J]. 福建茶叶, 32(5): 36-39.

林健, 李焕荣, 2003. 基于核心能力的企业战略网络——网络经济时代的企业战略管理模式[J]. 中国软科学, (12): 68-72, 80.

刘平, 2007. 企业竞争力的影响因素与决定因素[J]. 科学学与科学技术管理, 28(5): 134-139.

路江涌, 2008. 外商直接投资对内资企业效率的影响和渠道[J]. 经济研究, (6): 95-106.

迈克尔·波特, 2002. 国家竞争优势[M]. 北京: 华夏出版社.

税伟, 2006. 区域竞争力的宏、微观理论与实证研究——以安徽省为例[D]. 广州: 中山大学.

税伟, 2010. 区域竞争力的国际争论及启示[J]. 人文地理, 25(1): 60-65.

税伟, 2011. 钻石模型在中国的检验与重构[J]. 西安交通大学学报: 社会科学版, (4): 14-20.

税伟, 陈烈, 2009. 产业集群竞争力的钻石系统分析框架与应用路径[J]. 经济问题探索, (4): 33-39.

唐春晖, 2015. 内部资源、全球网络联结与本土企业升级[J]. 财经论丛, (3): 74-81.

王东, 2014. 产业集聚中本地投资与外来投资相互关系实证研究[D]. 合肥: 安徽大学.

王冀宁, 李心丹, 盛昭瀚, 2003. 证券投资者交易动因的二元逻辑回归建模的实证研究[J]. 系统工程理论与实践, 23(9): 22-27.

吴振强, 王杨, 李卫, 2014. 采用 Logistic 回归分析时需注意的问题[J]. 中国循环杂志, 29(3): 230-231.

徐顽强, 李华君, 李月, 2009. 基于 GEM 模型的武汉光电子产业集群竞争力研究[J]. 中国科技论坛, (4): 72-77.

闫广瑞, 2010. 贵州省承接外来投资效应研究[D]. 贵阳: 贵州财经学院.

张辉, 2004. 全球价值链理论与我国产业发展研究[J]. 中国工业经济, (5): 38-46.

Bosch F A J V D, Prooijen A A V, 1992. The competitive advantage of European nations: the impact of national culture-a missing element in Porter' s analysis?[J]. European Management Journal, 10(2): 173-177.

Dunning J H, 1993. Internationalizing Porter' s diamond[J]. Management International Review, 33: 7-15.

Fitriati R, Rustanto A, 2013. The mapping of small and medium creative industries in Depok in preparation of regional competitiveness[J]. American Journal of Economics, 3(1): 52-61.

Hampel-Milagrosa A, Loewe M, Reeg C, 2015. The entrepreneur makes a difference: evidence on MSE upgrading factors from Egypt, India, and the Philippines[J]. World Development, 66(C): 118-130.

Khuntonthong P, Chakpitak N, Neubert G, 2013. Analyzing the micro economic environment of agricultural product: applying the "diamond" model to a non-profit organization[J]. Asian Journal of Agriculture and Rural Development, 3(11): 813-822.

Shui W, Xu X Y, Wei Y L, et al., 2012. Influencing factors of community participation in tourism development: a case study of Xingwen World Geopark[J]. Journal of Geography and Regional Planning, 5(7): 207-211.

第5章　专业化农区嵌入全球价值链的集体效率驱动因素

随着国际经济环境日益复杂，众多相同或相关企业、机构为了提高产业竞争力而在特定空间上集聚，形成产业集群。本土企业在此背景下，进行了更加细化的专业分工与协作，引发了知识外溢而导致的外部经济，并相互之间有意识地进行联合行动，共同形成了产业集群的竞争优势（曲红贤和郑瑾，2004；Catini et al.，2015）。Schmitz（1999）认为，产业集聚可产生竞争优势，该优势用集体效率来表示，其中包含外部经济与联合行动。伴随产业集群而来的集体效率是解释区域竞争力来源的重要因素，其包含的外部经济和积极合作的经济效应决定了集群集体效率的高度，两者对于产业集群的发展缺一不可，因此以往研究的重点落在本地化集群内产生集体效率的外部经济和联合行动的共同作用上（Schmitz，1995；曲红贤和郑瑾，2004；刘蓓蕾和钱黎春，2010；龙开元，2010）。然而20世纪末以来，随着经济全球化的深入发展，经济活动不再局限于单个或多个企业、一个国家或数个国家，产业集群开始谋求向国际化发展，并在此过程中，产业价值链得以不断延伸，完全封闭自循环的本地化产业集群已不多见，这就需要我们更多地关注产业集群的外部联系（宋周莺等，2007；Gereffi and Lee，2014）。Gereffi（1999）从全球商品链的角度对产业集群的外部联系进行研究，此后学术界逐渐探索，使其演变成全球价值链这一理论体系。Humphrey 和 Schmitz（2000，2002）对全球价值链的参与者关联进行了研究，指出产业集群的发展受参与者关联的影响。

长期以来，国内外学者共同关注了产业集群发展、区域竞争优势与全球价值链之间的关系。最早把价值链与产业集群关联起来的是美国经济学家迈克尔·波特，他在《国家竞争优势》一书中详述了成功的国家和地区的产业集聚特性与产业价值链结构（迈克尔·波特，2002）。税伟（2006，2010）就如何提高区域产业竞争力，建立产业竞争优势以及产业集群与产业价值链的关联性进行了理论探讨和实证研究。张辉（2006）研究了西班牙传统鞋业的发展历程，分析了制鞋产业如何逐步从区域集中发展到嵌入全球价值链。集体效率作为产业集群最突出的特征，其与价值链之间关联的性质自然也受到学者们的广泛关注，然而目前相关研究主要集中在制造业或传统工业上，很少涉及农业方面，并且局限于一些定性研究，缺乏深入的定量与实证研究，普遍表现为：①缺乏定量地测度集体效率与价值链关联的实证研究；②缺乏将产业集群纳入更宏观的环境中探讨产业集群的集体效率与全球价值链关联的实证研究；③缺乏对集体效率与嵌入全球价值链的因果关系，影响集群嵌入全球价值链的主要因素以及影响机制的研究。王晓波(2009)对产业集群的价值链升级进行研究，指出竞争优势的增强是基于产业集群集体效率的形成以及自有品牌的设计与生产。识别和明确集体效率与产业集群嵌入全球价值链之间的具体关联，才能更好地、有针对性地指导集群价值链升级和集体效率提升。因此，研究集体效率在产业集群嵌入全球价值链的过程中发挥的驱动作用及其驱动机制，对实现集群产业结构升级、指导集群价值链的治理具有重要的理论与实践意义，集体效率与集群嵌入全球价值链之间的具体关联即成为本章探讨的主要内容。

当前全球价值链研究的主要关注点在制造业上，对于专业化农业的关注较少。早期传统的农业呈现明显的封闭式、本地化特征，形成一种交易内部化的短链产业。随着农业现代化、市场化的发展，农业技术不断改进，生产力水平不断提高，农业区域化与专业化生产逐步成为现实。相关产业或企业在空间上集聚，发展形成具有一定格局和规模的专业化农业集群，产生一定的集体效率，形成独特的竞争优势，全球价值链分工体系中农业价值链得以延长(黄佩民，2007)。因此，针对专业化农区进行集体效率与全球价值链的关联研究具有重要的研究意义。安溪县茶产业作为专业化农业的典范，凭借强大的产业竞争力进入了国际市场，成为传统特色农产业面向全球化转型升级的经典案例。因此本章选取安溪县专业化茶区产业集群为研究案例，在构建专业化农区产业集群集体效率的评价指标体系的基础上，构建专业化茶区产业集群集体效率的评价指标体系，并对安溪县专业化茶区集体效率进行了评价分析：运用方差分析方法探讨安溪县专业化茶区嵌入全球价值链与集群的集体效率是否存在关联；运用逻辑回归模型分析集体效率因素对安溪县专业化茶区产业集群嵌入全球价值链的影响，并深入探讨集体效率在专业化农区嵌入全球价值链过程中的主要驱动因素及其驱动机制。为我国专业化农区产业集群实现价值链升级、指导价值链治理提供理论依据与决策参考。

5.1　研究案例与研究假设

1. 研究案例

我国茶产业具有较强的国际竞争优势，与一般制造业存在明显差异，研究专业化茶业具有较强的代表性，因此，本章以安溪县专业化茶区为研究案例。安溪县具有悠久的茶叶文化历史，早在宋代安溪茶叶便是海上丝绸之路的重要商品，经过历史文化积淀和技术改革，目前安溪县茶产业已成为我国具有较强竞争优势的地方特色产业(李咏涛等，2007)。税伟(2010)研究证实区域文化因素可对区域产业的竞争优势产生较大影响。由于茶叶工艺特殊，茶叶加工必须靠近种植基地，故安溪县茶叶种植与加工环节主要在本地完成。围绕种植、加工环节引发相关产业在当地聚集，由此衍生了更多价值链环节，实现了茶业价值链延长，并通过“公司—农户”“公司—合作社—农户”等联合组织形式形成生产网络，产生一定的集体效率。在经济全球化的驱动下，茶业的经济与社会结构发生改变，茶业本地化格局逐渐被打破，集群外部联系日益频繁。目前安溪县茶业集群得到德化陶瓷集群、厦门和深圳包装设计集群、莆田家具集群等产业集群的支持，集群之间的横向联合强化了本地集群的集体效率。由于茶叶成品基本在本地成型，很少存在或者不存在加工与生产环节外包到外部区域的现象，故当地茶企更加关注产品的销售环节，嵌入全球价值链的环节也多体现为销售环节。当前安溪县茶叶销售市场遍布世界各地，在全国建立了众多铁观音茶城，在国外拥有号称“十万茶商”的安溪本地人经营的茶叶专卖店。因此，安溪县茶产业集群的集体效率应当成为本地产业集群嵌入全球价值链驱动机制的重点研究方面。

2. 研究假设

在全球价值链的制造业中，产业的高收益环节一般分布于价值链的两端，发达国家企业通过跨国公司掌握了价值链上的核心技术和销售渠道，控制着价值链上绝大部分的利润，成为价值链的主导者(王玉燕和林汉川，2015)。但就专业化茶业而言，价值链结构和核心收益环节与一般制造业存在明显差异。当前安溪专业化茶区已经具备了茶叶种植、粗制、精制、采购、销售一体化的完整产业价值链结构，形成农户、加工户、合作社、企业中间商以及销售商分工协作、共同发展的经营模式(图 5-1)。

根据安溪县茶产业发展情况和价值链结构，我们认为，安溪县茶企通过产业集群实现集体效率，形成较强的竞争优势，主导全球价值链的世界购买商或销售商就会前来寻求合作。此时集群的集体效率就推动了企业嵌入全球价值链，进一步巩固了集群的竞争优势，实现产品与过程升级，从价值链的低附加值环节逐步攀升至高附加值环节。基于此，提出以下具体假设。

研究假设 1：专业化茶区集群产生的集体效率与集群嵌入全球价值链存在关联性，嵌入全球价值链的企业在集体效率上表现更好。

研究假设 2：专业化茶区集群产生的集体效率对集群嵌入全球价值链起到驱动作用，不同影响指标对集群嵌入全球价值链的驱动程度不同，除一些关键外部经济因素外，集群内外的横向、纵向联合行动因素也起明显驱动作用。

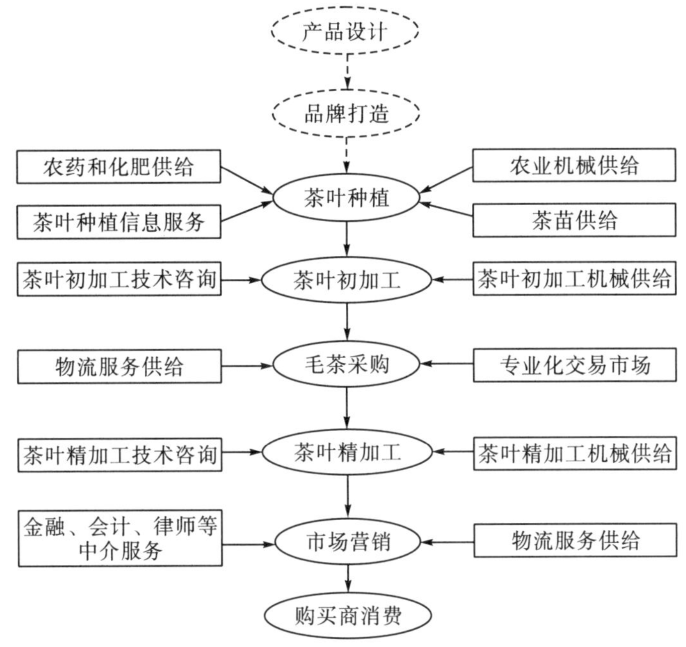

图 5-1　安溪县茶业价值链结构图

注：其中产品设计与品牌打造环节并不是任何茶企都有涉及，参与此环节的大都是龙头、骨干企业

5.2　数据来源与研究方法

1. 数据来源

本章数据主要来源于对安溪县茶产业中以茶叶生产加工及销售为主业的企业进行的问卷调查，调查对象从安溪两千多家茶企中进行筛选，以获得国家地理标志认证与农产品地理标志认证为标准，选取最终的问卷发放对象。完成问卷调查的企业均为安溪县茶产业中的龙头企业和领导企业，对体现安溪县茶产业发展水平具有一定的代表性。筛选调查问卷时主要体现本地企业集体效率情况的内容，包括货币外部经济、技术外部经济、产品的前后向联系、企业间横向双边合作、与政府协会的多边关系 5 个方面以及企业生产的茶叶在省内外的市场份额。问卷主要由各调查企业的企业主管填写，共发放问卷 110 份，回收 92 份，回收率为 83.6%，其中剔除 1 份无效问卷，最终共 91 份有效问卷，有效率达 99%。问卷回收后，进行初审和核实，校正错误，剔除乱填和缺失严重的问卷；之后进行问卷编码、赋值并录入 SPSS 22.0 统计软件，对数据的有效范围和逻辑一致性进行清理，避免在编码和数据录入过程出现差错。

2. 研究方法

1) 专业化农区集群的集体效率评价模型构建

在日益复杂的交易环境下，产业集群网络内的合作关系作用在逐渐减弱。外部参与的企业虽与本土制造商没有直接的社会联系，但它们可以通过积极的合作形成集体效率，从而降低交易成本，提高收益。Nadvi (1999) 进行了巴基斯坦的锡亚科特外科手术器械集群研究，证明了集体合作对于产业集群融入全球化市场产生的积极作用。他将当地的社会联系分为三个维度：特权阶级、家族以及当地的社会网络。随着当地集群的发展，特权阶级和家族的合作关系逐步减弱，而当地制造商和外部参与者的合作却不断加强。聂鸣和蔡铂 (2002) 的研究认为，集体行动的互动机制的形成可以加快信息和技术的传播，减少交易摩擦，推动集体效率的价值演变，促进产业集群的升级。Giuliani 等 (2005) 对拉丁美洲产业集群升级进行研究，对产业集群集体效率的两大组成：外部经济和联合行动进行深入研究，实现集体效率的量化。

我国专业化农区产业集群的发展普遍处于初级阶段，合作营销保障机制的缺失使得产业集聚的优势难以得到充分发挥。实现专业化农区集群的集体效率应继续健全激励机制、交流机制与竞争机制。因此，本章在参考 Giuliani 等 (2005) 的计量模型的基础上，根据专业化农区集群的实际情况，对计量模型做了进一步修改，将外部经济细分为货币外部经济和技术外部经济，增加了基础设施与公共服务、技术交流等指标，进一步细化了集体效率的组成部分：货币外部经济包括生产投入本地可得性、专业化劳动力市场、基础设施与公共服务、信息易得性、市场准入程度；技术外部经济包括技术交流、科研支持；联合行动包括前后向联系、横向双边、多边关系。对专业化农区集群的集体效率各项效能进行量化，以增强模型的准确性。计量模型的计算公式为

$$\mathrm{CEI} = 0.5 \times E + 0.5 \times A \tag{5-1}$$

式中，CEI 代表集体效率指数；E 代表外部经济；A 代表联合行动。

基础设施与公共服务是专业化农区产业集群形成的必要保障。专业化农区产业集群所需配套的完整服务应包括：①农区内金融服务类行业，如银行、信用社、保险公司、租赁公司等金融机构，为集群提供资金支持；②农区内生活服务类行业，如零售、餐饮、医疗卫生、文化休闲及家庭服务等；③农区内中介服务类行业，如会计师事务所、律师事务所、咨询公司、人才服务机构等；④农区所在地的政府服务，如建立社会保障体系、提高办事效率和增强服务意识等。此外，要求农区内配套基础设施范围广泛，不仅应包括交通、通信、电力等基础设施，还应包括专业市场、公用文教机构、产品检测设施、采购中心及物流中心等（谯薇，2011）。

2) 专业化农区集群的集体效率评价指标体系构建

通过对农业企业的调查，了解集群内部的外部经济与企业间的互动行为，在参考龙开元等(2010)构建的产业集群集体效率的评价指标体系的基础上，根据整体性、关联性、有序性、可操作性、定性与定量相结合等原则，构建专业化农区集群的集体效率评价指标体系，实现对专业化农区集群内集体效率的准确测度。将集体效率评价指标体系分解为外部经济和联合行动两个方面，其中外部经济又包括货币外部经济和技术外部经济两大要素，联合行动包括前后向联系、横向双边、多边关系三大要素，共计 14 个指标(图 5-2)。现将具体指标分别简述如下。

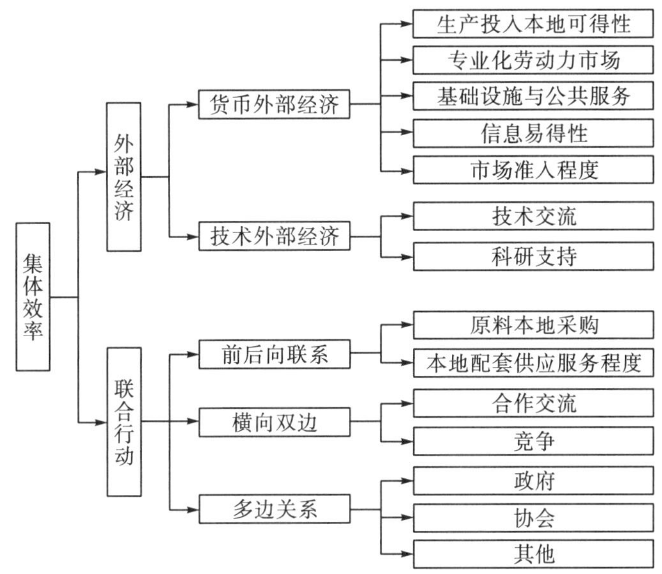

图 5-2　专业化农区集群集体效率的评价指标体系

(1) 外部经济要素。

外部经济是专业化农区集群竞争力形成的源泉与基础，支持着集群其他要素的形成与发展(张小蒂和曾可昕，2012)。货币外部经济更是外部经济组成的核心要素，主要用 5 个指标反映。其中生产投入本地可得性以企业生产原料的本地采购比重(%)表示，具体体现为企业在本地购买原料的金额占全部原料购买总额的比重；专业化劳动力市场以行业技术工作岗位招聘的人数表示，具体体现为一个技术工作岗位招聘时得到的基本符合条件的应聘人数；基础设施与公共服务以本地交通便捷性满意程度、本地公共设施与公共服务满意程度表示，以 5 级李克特量表测得(宋文等，2015)；信息易得性以本地信息(包括本企业主要产品的创新信息、销售信息、采购信息等)获取的容易程度表示；市场准入程度以年度本地新增本行业企业数表示。

技术外部经济是集群竞争力发展的重要支撑，主要以两个指标反映，其中技术交流采用技术模仿与交流容易度表征；科研支持采用专业性教育培训课程可获得性、专业性研究机构支持力度以及科研与教育机构建设力度来表征。

(2)联合行动要素。

联合行动是专业化农区提升集群竞争优势的重要保障和关键措施，既有集群内部供应商、生产制造商、经销商以及购买者之间的垂直联合行动，又有多个生产商之间的水平联合行动(陈娆和蔡根女，2008)。其中前后向联系以向本地所有原料商买入生产原料的总金额占企业销售收入的比率、向本地所有销售商卖出产品的总金额占企业销售收入的比率表示；横向双边以与企业有生产联系、生产同类产品的企业数，本地生产同种产品的竞争企业数表示；多边关系以参与本地政府组织的集体活动(包括集体招商、营销、推广、采购等生产相关活动)的次数、参与协会活动的次数、企业自己组织的集体活动(如年会)的次数表示。

3)二元 Logistic 回归分析法

为了测度集体效率对安溪县专业化茶区集群嵌入全球价值链的影响，对企业类型与集体效率进行逻辑回归分析。由于我国国土面积辽阔，企业加入省外(国内)价值链实际上就已拥有了很高的市场地位，企业加入跨省价值链也可认为实现了价值链的升级。因此本章将调查的企业主要分为“未加入跨省/全球价值链”和“加入跨省/全球价值链”两类，采用二元 Logistic 回归分析方法构建专业化农区集群嵌入全球价值链的集体效率影响因素分析模型进行评估(具体原理详见第 2 章)。在模型设定中，将加入不同价值链的企业作为因变量，其中加入跨省/全球价值链的企业赋值为 1，未加入跨省/全球价值链的企业赋值为 0，将安溪县专业化茶区集群集体效率评价指标体系中的具体指标作为自变量。模型结果显示 P 值为 0.000(小于 0.05)，达到显著水平，表示集体效率体系中的指标至少有一项可以解释企业是否加入跨省/全球价值链；R 方值为 0.783，较近于 1，模型拟合度较好。经过 Hosmer-Lemeshow 检验，结果显示 P 值为 0.477(大于 0.05)，表明整体回归模型适配度良好，拟合值和观测值的吻合程度较高，表明该模型可以有效识别和预测影响安溪县茶企嵌入全球价值链的集体效率因素。

4)方差分析法

本章通过对不同企业类型(分为三类)和安溪县专业化茶区集体效率评价指标之间的方差进行分析，以初步测度嵌入全球价值链与集体效率之间是否存在关联。其中自变量为不同企业类型，因变量为集体效率体系选项。企业类型分类中，企业类型 1 为以省内销售为主的企业，代表“加入省内价值链的企业”；企业类型

2 为以国内销售为主的企业，代表“加入全国价值链的企业”；企业类型 3 为具有出口优势的企业，代表“加入全球价值链的企业”。

5.3 专业化茶区集群的集体效率评价指标体系与案例分析

1. 专业化茶区产业集群集体效率评价方法

1) 构建评价指标体系

通过半结构式访谈和问卷调查的方法，基于前文构建的专业化农区评价指标体系，本节提出更具针对性的安溪县专业化茶区集群集体效率的评价指标体系(表 5-1)。其中体现出相应改变的具体指标类型主要有：①衡量货币外部经济中生产投入本地可得性要素的指标具体包括：本地茶苗、农机、农资等供应量，茶叶加工机械本地供应程度，茶叶包装设计本地供应程度等；②衡量货币外部经济中市场准入程度要素的指标修改为相关企业指标，包括茶饮料食品等深加工水平，茶文化旅游产业发展水平，茶饮配套用具本地开发程度；③衡量技术外部经济中科研支持要素的具体指标为：茶科研与教育机构建设力度等；④基于问卷及访谈结果所显示竞争关系的不确定性表达，删除衡量横向双边关系中竞争的指标；⑤衡量多边关系中政府要素的具体指标包括：政府开展大型茶事活动力度，政府发展茶配套产业力度等；⑥衡量多边关系中协会要素的指标为：参加县茶叶协会等组织活动次数，茶叶协会帮助；⑦衡量多边关系中其他要素的指标为：年度参加重要茶事活动次数。

表 5-1　安溪县专业化茶区集群集体效率的评价指标体系

目标层	准则层	指标层	具体指标
外部经济	货币外部经济	生产投入本地可得性	本地购买原料金额比重
			本地茶苗、农机、农资等供应量
			茶叶加工机械本地供应程度
			茶叶包装设计本地供应程度
		专业化劳动力市场	招聘时得到的基本符合条件的应聘人数
		基础设施与公共服务	本地交通便捷性满意程度
			本地公共设施与公共服务满意程度
			本地交通、电力、通信等基础设施完备程度
			专业性服务设施充足程度
		信息易得性	本地信息获取容易度
		相关企业	茶饮料食品等深加工水平

续表

目标层	准则层	指标层	具体指标
			茶文化旅游产业发展水平
			茶饮配套用具本地开发程度
	技术外部经济	技术交流	技术模仿与交流容易度
		科研支持	专业性教育培训课程可获得性
			专业性研究机构支持力度
			茶科研与教育机构建设力度
联合行动	前后向联系	原料本地采购	生产原料本地采购比重
		本地配套供应服务程度	生产的本地配套、供应与服务程度
	横向双边	合作交流	与同行交流合作协同程度
	多边关系	政府	政府开展大型茶事活动力度
			政府对专业设施建设力度
			政府发展茶配套产业力度
			政府监管市场、开拓外部市场力度
			政府扶持争创品牌力度
		协会	参加县茶叶协会等组织活动次数
			茶叶协会帮助
		其他	年度参加重要茶事活动次数

2）各指标的标准化处理

专业化农区集群集体效率的评价指标体系中每个指标在量纲、表现形式和对集体效率的作用趋向等方面各不相同，故进行无量纲化处理，进而计算各个企业的集体效率综合得分。将所有指标分为五个等级，确定各等级区间与赋值标准，并根据各指标得分进行赋值。

3）各指标权重的确定

本节采用层次分析法确定各项指标的权重。在货币外部经济之下的五个指标层元素中，权重从大到小依次排列为：生产投入本地可得性(0.259)、基础设施与公共服务(0.214)、信息易得性(0.198)、专业化劳动力市场(0.195)、相关企业(0.132)。专业化农业生产不同于其他产业，它对基础生产投入的依赖性较高，因而生产投入的区域特色与优势成为专业化农业发展的极大助力。在科研支持的 3 项具体指标中，专业性研究机构支持力度的权重(0.433)最高，茶科研与教育机构建设力度(0.328)次之，而专业性教育培训课程可获得性(0.239)最低。具体指标权重如表 5-2 所示。

表 5-2 安溪县专业化茶区集群外部经济具体指标与权重

<table>
<tr><th>准则层</th><th>指标层</th><th>权重</th><th>具体指标</th><th>权重</th></tr>
<tr><td rowspan="13">货币外部经济</td><td rowspan="4">生产投入本地可得性</td><td rowspan="4">0.259</td><td>本地购买原料金额比重</td><td>0.322</td></tr>
<tr><td>本地茶苗、农机、农资等供应程度</td><td>0.367</td></tr>
<tr><td>茶叶加工机械本地供应程度</td><td>0.198</td></tr>
<tr><td>茶叶包装设计本地供应程度</td><td>0.113</td></tr>
<tr><td>专业化劳动力市场</td><td>0.195</td><td>招聘时得到的基本符合条件的应聘人数</td><td>1</td></tr>
<tr><td rowspan="4">基础设施与公共服务</td><td rowspan="4">0.214</td><td>本地交通便捷性满意程度</td><td>0.266</td></tr>
<tr><td>本地公共设施与公共服务满意程度</td><td>0.206</td></tr>
<tr><td>本地交通、电力、通信等基础设施完备程度</td><td>0.242</td></tr>
<tr><td>专业性服务设施充足程度</td><td>0.286</td></tr>
<tr><td>信息易得性</td><td>0.198</td><td>本地信息获取容易度</td><td>1</td></tr>
<tr><td rowspan="3">相关企业</td><td rowspan="3">0.132</td><td>茶饮料食品等深加工水平</td><td>0.399</td></tr>
<tr><td>茶文化旅游产业发展水平</td><td>0.348</td></tr>
<tr><td>茶饮配套用具本地开发程度</td><td>0.253</td></tr>
<tr><td rowspan="4">技术外部经济</td><td>技术交流</td><td>0.400</td><td>技术模仿与交流容易度</td><td>1</td></tr>
<tr><td rowspan="3">科研支持</td><td rowspan="3">0.600</td><td>专业性教育培训课程可获得性</td><td>0.239</td></tr>
<tr><td>专业性研究机构支持力度</td><td>0.433</td></tr>
<tr><td>茶科研与教育机构建设力度</td><td>0.328</td></tr>
</table>

在联合行动的三个准则层中，多边关系的权重最大，前后向联系次之，而相比之下横向双边的权重最小。在专业化农区产业集群发展中，政府发挥了极其重要的作用，政府积极引导与扶持行业协会的发展，联合茶叶企业及茶农成立茶叶专业合作组织，采取“合作社—龙头企业—基地农户”的模式，推动农民组织化程度的提高(Lysenkova，2015)。在多边关系准则层中，政府指标层包含了 5 项具体指标，权重由高到低分别排列为：政府监管市场、开拓外部市场力度(0.273)，政府扶持争创品牌力度(0.263)，政府发展茶配套产业力度(0.173)，政府对专业设施建设力度(0.173)，政府开展大型茶事活动力度(0.118)。协会指标层包含了两项具体指标，其中茶叶协会帮助力度的权重(0.567)大于参加县茶叶协会等组织活动次数的权重(0.433)(表 5-3)。

表 5-3　安溪专业化茶区集群联合行动具体指标与权重

准则层	权重	指标层	权重	具体指标	权重
前后向联系	0.38	原料本地采购	0.475	生产原料本地采购比重	1
		本地配套供应服务程度	0.525	生产的本地配套、供应与服务程度	1
横向双边	0.18	合作交流	1	与同行交流合作协同程度	1
多边关系	0.434	政府	0.495	政府开展大型茶事活动力度	0.118
				政府对专业设施建设力度	0.173
				政府发展茶配套产业力度	0.173
				政府监管市场、开拓外部市场力度	0.273
				政府扶持争创品牌力度	0.263
		协会	0.316	参加县茶叶协会等组织活动次数	0.433
				茶叶协会帮助力度	0.567
		其他	0.189	年度参加重要茶事活动次数	1

2. 专业化茶区产业集群集体效率评价结果与分析

对安溪县专业化茶区产业集群进行问卷调查，每个企业发放 1 份问卷，主要由各调查企业的主管进行填写。共发放问卷 110 份，回收 92 份，回收率为 83.6%。然后，对回收的问卷进行初审和核实，校正错误，剔除乱填和缺失严重的问卷，最终共计 88 份有效问卷，有效率达 96%。在进行数据对比与筛选后，基于前文得到的指标权重，计算本次调查的 88 份问卷所覆盖的茶叶企业的集体效率得分(表 5-4)。本章试图对所得的外部经济、联合行动、集体效率评价结果与企业规模(年度销售额)之间的关系进行探讨与分析。

表 5-4　安溪县专业化茶区产业集群企业集体效率得分总表

企业序号	企业规模/万元	集体效率得分	企业序号	企业规模/万元	集体效率得分	企业序号	企业规模/万元	集体效率得分
1	840.00	4.47	31	1500.00	3.53	61	4000.00	4.55
2	1200.00	4.18	32	56.00	4.44	62	2100.00	3.41
3	18000.00	4.36	33	5800.00	4.13	63	9000.00	3.80
4	200.00	3.59	34	8000.00	4.21	64	1650.00	3.56
5	700.00	3.41	35	8625.00	3.81	65	800.00	3.94
6	650.00	4.29	36	3000.00	4.34	66	5122.00	4.06
7	32000.00	4.61	37	500.00	4.62	67	6800.00	4.50
8	820.00	4.27	38	28500.00	4.23	68	300.00	3.78
9	2200.00	3.65	39	480.00	4.44	69	800.00	3.39
10	1980.00	4.09	40	500.00	3.93	70	600.00	3.14
11	880.00	4.49	41	12000.00	3.67	71	500.00	4.52

续表

企业序号	企业规模/万元	集体效率得分	企业序号	企业规模/万元	集体效率得分	企业序号	企业规模/万元	集体效率得分
12	260.00	4.33	42	300.00	2.64	72	800.00	4.05
13	6200.00	4.44	43	1840.00	4.08	73	825.00	4.50
14	28567.12	4.22	44	1760.00	4.07	74	8520.00	3.53
15	1920.00	3.76	45	700.00	4.09	75	2000.00	4.13
16	100.00	4.25	46	500.00	4.47	76	480.00	4.16
17	2300.00	2.93	47	27500.00	4.35	77	3000.00	3.61
18	16800.00	3.92	48	1200.00	3.42	78	1900.00	3.25
19	3800.00	4.52	49	2653.00	3.82	79	1600.00	3.63
20	33500.00	4.02	50	4650.00	3.94	80	12500.00	3.29
21	500.00	4.52	51	2500.00	4.25	81	160.00	4.25
22	5800.00	3.86	52	300.00	4.57	82	280.00	4.41
23	45000.00	3.82	53	10000.00	4.74	83	500.00	3.84
24	400.00	4.64	54	99999.00	4.41	84	1900.00	3.40
25	58000.00	4.42	55	800.00	3.81	85	960.00	4.51
26	20000.00	4.11	56	9000.00	4.44	86	2150.00	3.59
27	8000.00	3.50	57	500.00	3.70	87	3680.00	3.86
28	3800.00	3.55	58	780.00	4.46	88	2350.00	4.05
29	7950.00	3.82	59	545.00	4.08			
30	350.00	4.10	60	32450.00	4.28			

选取年度销售额作为衡量企业规模的指标，根据 88 个企业外部经济得分、联合行动得分和集体效率得分，制作可以体现安溪县专业化茶区产业集群外部经济、联合行动、集体效率与企业规模之间相关性的散点图（图 5-3）。对于绝大多数产业集群来说，企业规模基本呈现金字塔结构，即以中小型企业为主，大型企业占少数，安溪县专业化茶区集群企业年度销售额主要在 1 亿元以下，销售额在 1 亿元以上的企业较少，即企业规模以中小型企业为主，与实际情况相符。

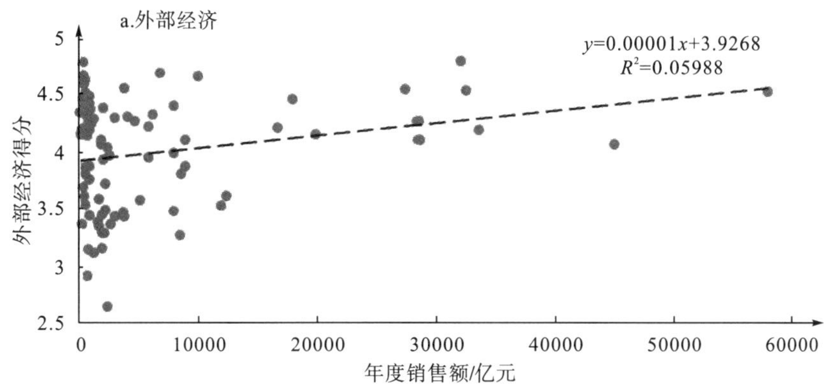

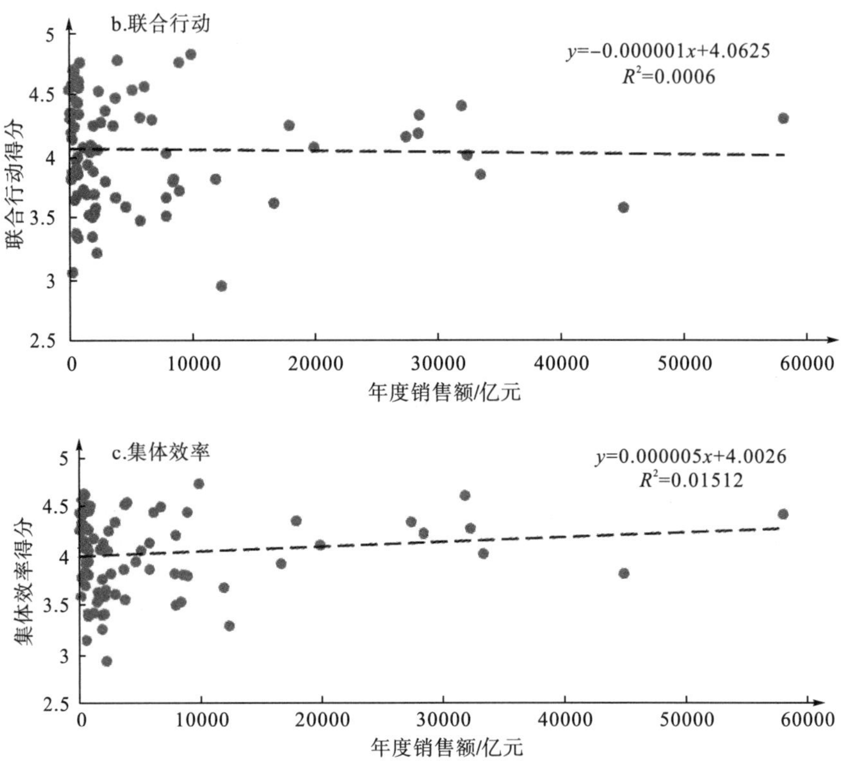

图 5-3　外部经济、联合行动及集体效率与企业规模的关系

结果表明，安溪县专业化茶区产业集群外部经济与企业规模之间总体呈正相关性(图 5-3a)，即企业规模越大，外部经济就越强。在安溪县专业化茶区集群中较大规模的企业掌握了大量生产要素和本地资源，占据了主要外部市场，并且掌控着茶产业的核心技术，享有更专业的基础服务设施、专业性教育和科研机构支持，导致企业规模越大，生产率越高，成本越低；而规模越小的企业分配到的生产要素和资源越少，技术与设施越不完备，外部市场也越薄弱，获得的专业性基础服务设施、专业性教育和科研机构支持亦越少，导致生产率低下，生产成本较高。

安溪县专业化茶区产业集群联合行动与企业规模之间总体呈现的相关性不大，甚至还呈微弱的负相关性(图 5-3b)，即企业规模越大，联合行动就越弱。小规模企业由于生产要素与技术有限，无法独自完成商品的整个价值链流程，生产的茶产品在外部市场上不具备优势，需要更多融入合作交流与竞争，无论是对于多个生产商之间的水平联合行动还是群内供应商、生产制造商、经销商以及购买者之间的垂直联合行动，或对政府协会所给予的协助支持，都显示出较强的依赖性；而规模越大的企业基于自身在生产要素、技术设备以及外部市场等方面的优越性，往往在产品生产、技术支持及产品销售等许多方面体现出较强的独立性，对于与其他企业之间的合作交流或竞争表现出较低的依赖性。

基于联合行动与企业规模的弱相关性，可以发现安溪县专业化茶区集群的集体效率主要体现在企业外部经济上，与企业规模之间总体呈现出与外部经济相似的正相关性。结果表明，安溪县专业化茶区产业集群集体效率与企业规模之间总体呈现正相关性(图 5-3c)，即企业规模越大，集体效率就越强，这与实地调研的定性判断较吻合。

5.4　专业化茶区集群嵌入全球价值链的集体效率影响分析

1. 专业化茶区集群集体效率与嵌入全球价值链的关联性检验

方差分析结果中，通过检验的变量包含招聘时得到的基本符合条件的应聘人数，本地交通便捷性满意程度，茶叶包装设计本地供应程度，茶饮料食品等深加工水平，生产的本地配套、供应与服务程度，年度参加重要茶事活动次数，茶叶协会帮助(表 5-5)，表明嵌入全球价值链与集体效率之间确实存在关联。进一步对结果进行分析，发现集体效率具体评价指标得分结果主要分为两类：出口导向型企业平均得分高于内销导向型企业、内销导向型企业平均得分高于外销导向型企业。具体分析如下。

表 5-5　通过检验的变量汇总表

指标	变量	P 值
外部经济	招聘时得到的基本符合条件的应聘人数	0.004
	本地交通便捷性满意程度	0.042
	茶叶包装设计本地供应程度	0.000
	茶饮料食品等深加工水平	0.004
联合行动	生产的本地配套、供应与服务程度	0.004
	年度参加重要茶事活动次数	0.016
	茶叶协会帮助	0.027

在安溪县专业化茶企类型中，出口导向型企业的本地交通便捷性满意程度明显高于省内和国内企业(图 5-4 中 a 曲线)。出口企业在产品对外输送的过程中往往享受到当地政府较多的支持，便利直通条件良好，对本地交通便捷性满意度最高；而面向省内和国内市场的企业对农产品的交通运输条件要求较为严格，往往

受制于当地交通环境，因而对本地交通便捷性满意度较低。

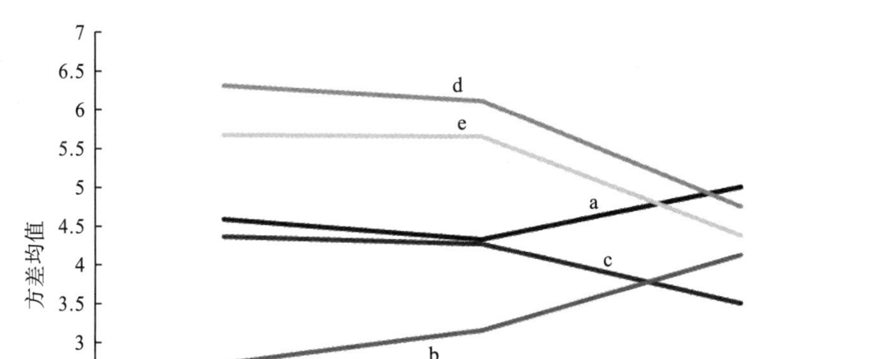

图 5-4 不同层次价值链与集体效率要素的方差分析均值结果

注：a. 本地交通便捷性满意程度；b. 年度参加重要茶事活动次数；c. 生产的本地配套、供应与服务程度；d. 茶叶包装设计本地供应程度；e. 茶叶协会帮助

随着企业实力的增强和价值链的扩张，其年度参加重要茶事活动次数也显著增加(图 5-4 中 b 曲线)。出口导向型企业依靠雄厚的实力、广阔的销售市场以及强大的品牌声誉，在行业内的地位显赫，经常受邀参加重要的茶事活动；而面向省内和国内市场的企业受限于产品质量、销售市场和品牌声誉，受邀参加重要茶事活动的机会、次数相较于出口导向型企业明显更少。

出口导向型企业的生产的本地配套、供应与服务程度相比省内和国内企业明显较低(图 5-4 中 c 曲线)。出口导向型企业对产品的要求最高，为保证其产品的质量，一般将原料的供应、成品的生产及产品的包装设计等整个纵向产业链都在企业内部整合完成，且其实力较强大，具有建立完整生产系统的能力。此外，安溪本地的配套供应商服务水准较低，很难满足出口企业的要求，出口企业的生产链很少需要本地其他公司参与；而省内企业和国内企业并没有足够的实力及动力集成完整的生产链，对本地的配套供应服务依赖程度较高。

出口导向型企业的茶叶包装设计本地供应程度也明显低于省内和国内企业(图 5-4 中 d 曲线)。出口企业虽然在产品的质量安全和标准上有很高的要求，但产品的出口形式一般为大批量的毛茶标准件储运包装，对外包装的风格设计不做更高的要求，一般在企业内部集成，既节约成本，又更具灵活性，因此对包装设计的本地供应程度的依赖性最低；而省内及国内企业的产品销售兼有毛茶与成品茶，尤其是成品茶在营销上不仅要求以质取胜，还要求企业能够在外包装上突出鲜明的地域特色与品牌标识，同时省内企业不具备足够的实力集成较完整的生产链，因此对包装设计的本地供应依赖程度较高。

出口导向型企业接受茶叶协会帮助明显低于省内和国内企业(图 5-4 中 e 曲线)。出口企业由于生产水平较高，产品的国内营销压力较小，茶叶协会的日常协助无法提供企业全球化所需要的重要支持，因此对茶叶协会的依赖性最小；而省内企业实力较弱，生产与销售的许多环节都需要茶叶协会的协助和支持，国内企业销售拓展需求较强，且自身竞争压力较大，所以对茶叶协会的依赖性更大。

2. 专业化茶区集群嵌入全球价值链的集体效率驱动因素分析

1) 专业化茶区集群嵌入全球价值链的集体效率的主要驱动因素

通过逻辑回归模型估算，在众多变量中，最终只有与同行交流合作协同程度，茶叶加工机械本地供应程度，茶饮配套用具本地开发程度，专业性教育培训课程可获得性，专业性研究机构支持力度，茶科研与教育机构建设力度，年度参加重要茶事活动次数，参加县茶叶协会等组织活动次数，政府开展大型茶事活动力度，政府监管市场、开拓外部市场力度 10 个变量留在模型中(表 5-6)，表明该 10 个变量对安溪县茶企嵌入全球价值链具有重要贡献。这 10 个变量反映企业加入跨省/全球价值链与集体效率的相关性大小为茶饮配套用具本地开发程度>政府开展大型茶事活动力度>与同行交流合作协同程度>茶科研与教育机构建设力度>年度参加重要茶事活动次数>专业性教育培训课程可获得性>参加县茶叶协会等组织活动次数>政府监管市场、开拓外部市场力度>专业性研究机构支持力度>茶叶加工机械本地供应程度，其中与同行交流合作协同程度、茶饮配套用具本地开发程度、专业性教育培训课程可获得性、茶科研与教育机构建设力度、年度参加重要茶事活动次数、政府开展大型茶事活动力度 6 个变量与是否加入全球价值链呈正相关性；茶叶加工机械本地供应程度，专业性研究机构支持力度，参加县茶叶协会等组织活动次数，政府监管市场、开拓外部市场力度 4 个变量则与是否加入全球价值链呈负相关性(见表 5-6 的回归系数)。发生比表明，呈正相关性的 6 个变量与呈负相关性的 4 个变量相较在是否加入跨省/全球价值链上影响更大，进而可以表明企业集体效率提升对嵌入跨省/全球价值链的正向影响更大，即对安溪县专业化茶企嵌入全球价值链具有促进、驱动作用。其中主要驱动因素有茶饮配套用具本地开发程度、政府开展大型茶事活动力度、年度参加重要茶事活动次数、专业性教育培训课程可获得性、与同行交流合作协同程度和茶科研与教育机构建设力度。

表 5-6　方程中通过检验的变量汇总表

变量	回归系数	标准误差	统计量	自由度	显著性	发生比
与同行交流合作协同程度	3.530	1.478	5.699	1	0.017	34.110
茶叶加工机械本地供应程度	−6.443	2.735	5.550	1	0.018	0.002
茶饮配套用具本地开发程度	5.712	2.338	5.967	1	0.015	302.564
专业性教育培训课程可获得性	2.854	1.408	4.110	1	0.043	17.362
专业性研究机构支持力度	−5.408	1.834	8.694	1	0.003	0.004
茶科研与教育机构建设力度	3.487	1.451	5.778	1	0.016	32.687
年度参加重要茶事活动次数	2.983	1.290	5.349	1	0.021	19.746
参加县茶叶协会等组织活动次数	−2.089	1.041	4.028	1	0.045	0.124
政府开展大型茶事活动力度	5.473	2.371	5.330	1	0.021	238.078
政府监管市场、开拓外部市场力度	−3.032	1.476	4.220	1	0.040	0.048
常量	25.281	22.748	1.235	1	0.266	9.535E+10

2）专业化茶区集群嵌入全球价值链的集体效率因素的驱动机制

随着安溪县茶企逐渐将销售市场转向省外和国外，其对外部经济中行业技术交流、茶饮配套用具本地开发、专业教育培训及科研教育机构建设的依赖程度逐渐提高，并且在联合行动中企业参加重要茶事活动及政府活动开展对于茶企嵌入全球价值链的重要性也随之增强；另一方面，在安溪县茶企嵌入跨省/全球价值链的过程中，企业内部功能越趋向完整，对茶叶加工机械的本地供应、专业性研究机构、协会组织的依赖性就越弱。

在“走出去”和“自主创新”的双重驱动下，本地茶企可与国外同行企业、大学等建立技术联盟，不断增强技术交流与学习，并且通过收购、并购或直接建立的方式建立海外机构，为茶企更好地嵌入全球价值链起促进、推动作用（王保林和张迺聪，2016）。技术交流与学习的目的是提高企业的生产力水平，茶叶生产力水平的提高自然离不开机械加工水平的提高，在茶产业的整体产业链中，对茶叶加工机械的技术要求较高，本地茶叶加工机械技术水平提高可以有效提高产品质量和工艺，对于茶叶产品走向世界、茶产业嵌入全球价值链起到推动作用。茶饮配套用具作为茶叶的附带产品，本身技术含量较低，对工艺和品质要求较低，与茶叶核心工艺存在较大差别，内销主导的企业为节约成本往往会寻求经济实惠的省外配套用具供应商，而外销主导的企业则为使配套用具与产品营销的定位更加匹配，结合就近选择的便捷性，往往选择本地配套用具供应商，故本地配套用具开发程度越高，体现的产品特色就越强，越能吸引国外的购买商，越能推动企业嵌入全球价值链。对于提高本地配套用具自主研发水平，提升企业创新能力，强化企业的核心竞争力，专业性教育培训和建设科研教育机构是必不可少的（赵林海，

2014）。安溪县茶企在嵌入全球价值链过程中，需要不断提升创新能力，创造或保持核心竞争力，因此对专业教育培训及科研教育机构建设的依赖程度逐渐提高。政府及其他机构开展的重要茶事活动是企业间进行合作交流的重要渠道，对企业保障销售市场、打造品牌优势、维持核心竞争力具有重要意义，随着企业参加重要茶事活动的机会和次数增多，其品牌效应和销售市场得以扩大，越来越多的海外购买者就会接踵而至寻求合作，从而促进企业嵌入全球价值链。

5.5　结论与启示

本章在分析专业化农业的产业特性的基础上，构建专业化农区集体效率的评价指标体系，选取安溪县专业化茶区为案例，运用逻辑回归分析法和方差分析法探讨专业化农区嵌入全球价值链的集体效率的主要驱动因素及其驱动机制。研究发现：

(1) 安溪县专业化茶区集群内企业普遍感受到较强的集群集体效率，并且集群集体效率与企业规模之间总体呈正相关性，即企业规模越大，集体效率就越强。

(2) 出口导向型企业（嵌入全球价值链）在基础设施与公共服务、政府开展茶事活动方面感受到的集体效率更强，而内销导向型企业（未嵌入全球价值链）在本地配套供应服务、协会帮助方面感受到的集体效率更强。

(3) 本地相关与支持产业所产生的外部经济和政企联动主导的联合行动对专业化农区嵌入全球价值链起到明显驱动作用，而传统农业要素重要性相对较弱。

中国茶区可分为西南茶区、华南茶区、江南茶区和江北茶区。不同茶区之间虽然茶叶品种各异，生产工艺与流程也多有不同，但普遍具有“全价利用，跨界开发”的产业协同创新特征（税伟，2006）。因此在产业集群的发展演进与全球分工协作上，国内主要的专业化茶区呈现出不断强化的共同优势。安溪专业化茶区作为华南茶区的龙头代表，其产业集群的发展规律可以成为我国其他专业化茶区的有益参考。从全球价值链的视角出发，专业化农区的特色优势农业均有别于一般制造业，更多地体现了其对种植基地和特殊工艺的地理依赖、加工制造环节的精深延长，以及在研发销售环节上的外化延伸与全球融入。因此，专业化茶区受全球价值链驱动而产生的行为表现与影响可为其他类型专业化农区提供启示与借鉴。

随着当代国际分工动力机制的变化，集体效率中的传统农业要素重要性相对减弱，而外部联系要素重要性相对增强，逐渐演变为集群内企业与外部联系的强弱决定了其在价值链分工中的地位。面对这种变化趋势，专业化农区产业集群要格外重视相关企业间产品合作与技术交流，增强产品设计与质量，提升区域品牌形象；当地政府要积极开展大型农事活动，为特色品牌提供展示平台，扶持具有全国甚至全球影响力的品牌企业，以此提升整个专业化农区的形象；主导企业与供应商要提高能力，加强政企合作，强化集群的品牌效应。

参考文献

陈娆，蔡根女，2008. 基于价格与信用的产业集群竞争优势博弈分析[J]. 中国流通经济，(12)：60-63.

黄佩民，2007. 中国农业现代化的历程和发展创新[J]. 农业现代化研究，28(2)：129-134.

李咏涛，刘学敏，王玉海，2007. 理顺价值链提升茶产业[J]. 中国流通经济，(5)：53-56.

刘蓓蕾，钱黎春，2010. 基于集体效率的产业集群合作营销机制研究[J]. 安徽工业大学学报(社会科学版)，(7)：24-26.

龙开元，2010. 产业集群集体效率及其指标体系：基于企业视角的实证研究[J]. 中国科技论坛，(7)：37-40.

迈克尔·波特，2002. 国家竞争优势[M]. 北京：华夏出版社.

聂鸣，蔡铂，2002. 学习、集群化与区域创新体系[J]. 研究与发展管理，14(5)：16-20.

谯薇，2011. 农业产业集群的形成机理与政策支持研究[J]. 农村经济，(12)：54-57.

曲红贤，郑瑾，2004. 产业集群集体效率的价值演变模型[J]. 科学学与科学技术管理，(8)：63-67.

税伟，2006. 区域竞争力的宏观、微观理论与实证研究——以安徽省为例[D]. 广州：中山大学.

税伟，2010. 区域竞争力的国际争论及启示[J]. 人文地理，(1)：60-65.

宋文，陈英，白志远，等，2015. 村民关联对农地流转及规模经营意愿的影响研究——以甘肃省河西走廊为例[J]. 干旱区资源与环境，(4)：71-77.

宋周莺，刘卫东，刘毅，2007. 产业集群研究进展探讨[J]. 经济地理，27(2)：285-290.

王保林，张逎聪，2016. 本土企业设立海外 R&D 机构决策——能力驱动还是政策驱动?[J]. 科学学研究，(4)：539-547.

王晓波，2009. 企业升级途径之一：产业集群升级[J]. 化工管理，(6)：94-96.

王玉燕，林汉川，2015. 全球价值链嵌入能提升工业转型升级效果吗——基于中国工业面板数据的实证检验[J]. 国际贸易问题，(11)：51-61.

张辉，2006. 全球价值链下西班牙鞋业集群升级研究[J]. 世界经济研究，(1)：84-89.

张小蒂，曾可昕，2012. 基于产业链治理的集群外部经济增进研究——以浙江绍兴纺织集群为例[J]. 中国工业经济，(10)：148-160.

赵林海，2014. 基于价值链视角的创新驱动产业集群升级研究综述及展望[J]. 科技和产业，14(7)：15-17.

Catini R, Karamshuk D, Penner O, et al., 2015. Identifying geographic clusters: a network analytic approach[J]. Research Policy, 44(9): 1749-1762.

Gereffi G, 1999. International trade and industrial upgrading in the apparel commodity chain[J]. Journal of International Economics, 48(1): 37-70.

Gereffi G, Lee J, 2014. Economic and social upgrading in global value chains and industrial clusters: why governance matters[J]. Journal of Business Ethics, 133(1): 25-38.

Giuliani E, Pietrobelli C, Rabellotti R, 2005. Upgrading in global value chains: lessons from Latin American clusters[J]. World Development, 33(4): 549-573.

Humphrey J, Schmitz H, 2000. Governance and upgrading: linking industrial cluster and global value chain research[R]. IDS Working Paper No.120.

Humphrey J, Schmitz H, 2002. Developing country firms in the world economy: governance and upgrading in global value chain[R]. INEF Report No.61. Duisburg: University of Duisburg.

Lysenkova S N, 2015. Modern aspects of concentration and specialization of agricultural production in Bryansk oblast[J]. Studies on Russian Economic Development, 26(2): 165-167.

Nadvi K, 1999. Shifting ties: social networks in the surgical instrument cluster of Sialkot, Pakistan[J]. Development and Change, 30: 141-175.

Schmitz H, 1995. Collective efficiency: growth path for small-scale industry[J]. Journal of Development Studies, 31(4): 529-566.

Schmitz H, 1999. Collective efficiency and increasing returns[J]. Cambridge Journal of Economics, 23(4): 465-483.

第6章　专业化农区嵌入全球价值链的创新驱动因素

创新驱动发展战略对我国形成国际竞争新优势、增强发展的长期动力具有战略意义(张珂鸣，2014)，而对于作为技术创新投入和创新成果产业化主体的企业而言，创新也是其发展的核心竞争力。随着我国居民消费结构的快速升级，消费者将不断对产品和服务提出更高、更新的要求，市场不缺少需求，而缺少满足消费者需求的供给。该趋势与企业自身或产品生命周期轨迹是呈反向关系的，为了保持市场竞争力，延长生命周期中发展与成熟阶段的时间，在价值链中占据优势，持续不断的创新活动必不可少。Porter(1998)认为，区域竞争力的恰当定义应该是生产率，而决定生产率的是创新能力，目前我国正致力于供给侧结构性改革，也即政府通过宏观调控，提高全要素生产率，而这一制度性改革的主要动力在于企业(吴敬琏，2016)，因而企业创新能力对于区域经济发展也具有至关重要的作用。

企业创新能力的某些方面或某些表现可能会对其嵌入全球价值链有重要的驱动作用，而这些方面具体是什么以及如何影响企业嵌入全球价值链正是本章所要研究与探讨的内容。本章以我国茶都、乌龙茶之乡——安溪县的茶企作为研究对象，构建茶企创新能力评价指标体系，运用主成分分析方法验证各个茶企创新能力指标对企业创新能力的影响情况，运用二元 Logistic 回归模型分析这些创新影响因素对企业嵌入跨省/全球价值链的影响，探讨影响安溪茶企嵌入全球价值链的主要创新因素及其影响机制，从创新驱动角度，为我国企业嵌入全球价值链、提升全球价值链上的价值地位和竞争力提供指导与参考。

6.1　理论分析与研究案例

1. 理论分析

在经济全球化背景下，各种生产要素在全球范围内自由流动，我国产业发展的必由之路是进一步扩大对外开放，参与广泛的国际竞争(游士兵和肖加元，2005)。新型国际分工下，各国企业都期望加入全球价值链以获得一定的国际影响力和竞争力，因而企业以全球化的视野谋划和推动创新，并以创新谋求更广大的市场竞争力也是非常必要的。创新贯穿了价值链的各个环节，企业通过对价值链中动态学习机制和创新机制的不断完善，形成技术创新能力(刘昌年等，2015)，从而生产出满足市场需求的差异化产品，并通过不断的技术创新获得价值链治理能力，进而掌控价值链关键环节。

关于企业创新和企业发展、竞争力塑造与提升之间的研究一直都是经济学、管理学领域的热点，目前也已积累了大量研究成果，但这些成果大部分仅就企业而研究，较少将企业置于宏观环境中，考虑创新因素对其国际竞争力塑造的驱动作用，即未将企业创新能力与全球价值链关联起来。而那些目前基于全球价值链视角进行企业创新研究的文献，更多注重的还是企业加入全球价值链后对企业创新能力中技术创新(李平和田朔，2010；刘昌年等，2015；Alonsoa et al.，2016)、创新绩效(王雷和姚洪心，2014)等的影响，企业创新能力的提升被视为企业加入全球价值链的一种结果，而很少有研究关注对提升企业竞争力具有正向作用的创新要素对企业加入全球价值链的影响，即将创新能力作为企业嵌入全球价值链的驱动力的相关研究还较少。虽然也有学者针对我国企业自主创新能力(余道先和刘海云，2008)、技术创新(姚利民和方妙杰，2007)、创新投入(邵其辉和钟昌标，2016)对出口贸易的影响进行了研究，但都主要是基于知识产权保护的视角或研究与开发(R&D)投入的角度进行研究，是就创新能力的某一具体要素对出口贸易影响的实证研究，而并未真正探讨究竟哪些创新能力因素能够影响企业加入全球价值链，对于企业嵌入全球价值链的创新驱动机制的研究还很缺乏。提升企业在全球价值链上的竞争力应该是企业创新所要实现的直接目标或结果(胡永铨和江慧芳，2009)，企业创新能够将企业内部与外部的知识、技术等资源有效作用于价值链的各个环节，从而增强各个环节的价值增值能力，实现企业价值链的升级，因而研究企业创新能力对企业嵌入全球价值链的驱动作用及其驱动机制，对指导企业实现创新驱动升级，由低价值链向高价值链攀升具有重要的现实意义。

中国是全球制造业代工外包基地，主要以代工形式嵌入全球价值链，在这种形势下，我国企业由于缺乏自主创新而形成技术依赖，在全球价值链上处于低端，不具有竞争优势(张小蒂和朱勤，2007)。然而茶业并不同于传统工业或制造业，茶业总体上是一种短链产业，嵌入全球价值链的环节主要是销售环节，很少存在或者不存在类似于工业或制造业的加工、生产环节外包到外部区域的现象，或企业承担了茶业价值链中某一环节的代工生产工作。我国茶业并不是以简单的代工形式嵌入全球价值链，茶叶生产加工的主要关键技术都掌握在我国茶企手中，加入全球价值链的茶企一般以价值链治理者角色嵌入，在全球茶业价值链上拥有一定的话语权。茶产业中的企业创新通过对茶叶加工、产品包装等环节的提升作用推动茶产品出口销售，加入更高层级价值链，因而对企业价值链升级而言是一种重要的推动力，而不仅仅只是高层级价值链嵌入后对企业的一种促进作用。

2. 研究案例

安溪县被称为乌龙茶之乡，是我国铁观音的主产地，也是我国著名的产茶大县。在经历了长时间的快速发展之后，安溪县的茶产业已经形成了较大的规模。2015 年全县直接或间接出口茶叶达 1.6 万吨，安溪铁观音已经成为除绿茶之外我国茶叶出口量最多的品种。全县注册的茶叶公司已经有两千多家，其中不乏已经实现茶产业价值链内部化的大型企业，依托充裕的资本，这些企业建立了具有一定规模的研发团队，再加上与域内外科研院所和大中院校的频繁交流，形成了较强的创新能力。

6.2　茶企创新能力评价指标体系建立与评价模型选择

1. 茶企创新能力评价指标体系构建

创新是企业、产业、城市、区域和国家等竞争力的核心与灵魂(税伟，2006，2010；倪鹏飞等，2011)。创新学派对创新战略、分类、动力、绩效等一系列问题进行了企业竞争力的研究，为企业增强竞争力提供重要的理论指导(胡永铨和江慧芳，2009)。其中关于企业创新能力与企业竞争力和竞争优势之间的关系，国内外有很多学者进行了研究，他们对企业创新能力或技术创新的评价指标体系的构建也进行了大量的讨论和验证。

目前关于企业创新能力评价指标体系的研究主要有基于创新过程的创新和基于系统的创新两种视角。基于创新过程进行企业创新能力评价的学者认为，企业创新是一个多阶段、相互联系和相互影响的完整过程，对企业创新能力的评价需进行创新过程各个阶段能力的评价，也即从创新想法的产生到市场销售这一完整过程中各阶段的评价(李沪生和杨培青，1990)。李沪生和杨培青(1990)还提出了一种通用的技术创新指标体系的框架，其中主要包括对技术创新的目的、潜力和基础，创新的政策环境，创新成果的效益和水平，推广(销售)价值以及投入产出比等。傅家骥(1998)则根据具体企业调查、经验总结和线性过程模型分析，从投入能力、研发能力、创新倾向、创新管理、制造能力以及营销能力 6 个方面进行创新能力研究。基于系统的创新视角进行企业创新能力评价的学者认为，创新能力是一个多要素的互动作用过程(李培楠等，2014)，只有尽可能地把系统的各要素囊括在内，才能构建出合理的指标体系(张国良和陈宏民，2006)，主要从创新投入与产出的角度进行创新能力的评价。崔总合和杨梅(2012)提出从技术、管理、市场和制度 4 个方面来进行创新能力的评估，其中又主要从 R&D 投入、产出和创新组织与管理 3 个方面进行企业技术创新能力评价指标体系的构建。孙立媛和邓三鸿(2012)在总结前人关于创新能力评价指标体系的构建成果后提出从创新意识水平、创新风险控制能力、组织管理创新能力、创新投入能力、创新活动能力、创新产出能力 6 个方面进行企业创新能力评价，前 3 个指标为定性评价指标，后 3 个指标为定量评价指标，是较为全面的评价指标体系。我国 2005 年《中国企业自主创新能力分析报告》也主要从潜在技术创新资源、技术创新活动评价、技术创新产出能力和技术创新环境等方面提出了我国企业自主创新能力评价指标体系。

本章在总结前人研究的基础上，考虑安溪茶企的具体情况和数据可获得性，主要从创新投入和产出方面进行茶企创新能力的评价，即主要侧重产品研发过程中的创新能力，选取可定量化评价的指标进行指标体系的构建，同时为避免评价时局限于企业自身技术创新活动，而忽略了企业与企业之间、企业与其他组织之间的创新互动，也为评估企业之外的社会创新环境对其创新能力的影响，最终从创新投入、创新产出和创新环境 3 个层面进行企业创新能力评价指标体系的构建。其中创新投入又由资金投入、人力投入和咨询投入 3 个方面构成；创新产出主要根据企业最近 3 年获得的发明专利数进行考核；创新环境则主要从技术支持方面进行考核，整个评价指标体系一共由 3 个一级指标、4 个二级指标和 9 个三级指标组成(图 6-1)。

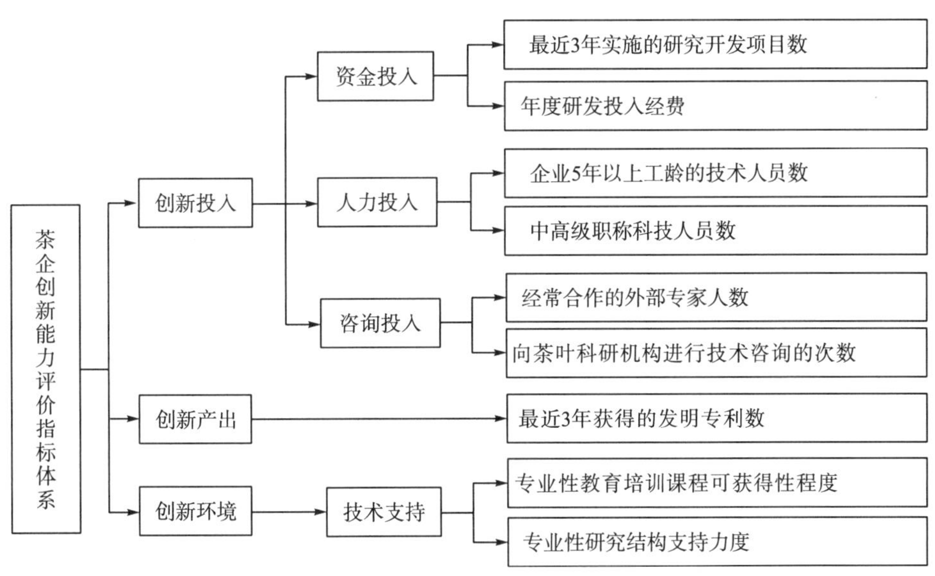

图 6-1　茶企创新能力评价指标体系

2. 主成分分析法

主成分分析法(PCA)是将多个变量通过线性变换，以较少的几个综合指标代替原多个变量的一种多元统计分析方法(税伟等，2005)。在很多情形下，变量之间都存在一定的相关关系，导致信息的重叠，而主成分分析法则能够将重复的变量删去多余的部分，通过降维得到的综合指标能反映原指标所具有的大部分信息，同时指标间又是彼此独立的(张文彤，2004)，其所确定的权重是基于数据分析而得出的指标之间的内在结构关系，不受主观因素的影响(张国良和陈宏民，2006)，因此客观性较强，是一种应用广泛的多变量分析方法。本章运用主成分分析法对 9 个茶企创新能力评价指标进行降维处理，得到各变量的载荷矩阵，观察创新能力各评价指标对于安溪茶企创新能力的重要性，总结影响安溪茶企创新能力的主要因素，为进一步研究评价指标与茶企嵌入跨省/全球价值链之间的关系，进行二元 Logistic 回归分析打下基础。取茶企创新能力评价指标体系的 9 个三级指标作为变量进行主成分分析，KMO(Kaiser-Meyer-Olkin)检验值为 0.839(大于 0.5)，变量间的相关性很强，Bartlett 的球形度检验的近似卡方分布值为 393.871，自由度为 36，显著性概率值为 0.000，小于 0.05(表 6-1)，高度显著，各指标存在较强的相关关系，适合进行主成分分析。

表 6-1　KMO 与 Bartlett 检验结果

KMO 取样适当性量数	Bartlett 的球形度检验		
	近似卡方分布	自由度(*df*)	显著性(sig.)
0.839	393.871	36	0.000

3. 二元 Logistic 回归分析法

1)模型构建

本章主要探讨影响企业嵌入全球价值链的创新因素，由于我国国土辽阔，不少省级区域的面积相当于西欧一个国家的大小，而且每个省(自治区、直辖市)都有自身的区域特色，都是相对独立的经济体和地域经济社会系统，因而企业加入省外(国内)价值链实际上就已经拥有了很大的市场势力，一定程度上实现了价值链的升级，所以将调查的企业主要分为“未加入跨省/全球价值链”和“加入跨省/全球价值链”两类。回归分析能够对各种创新影响因素和企业是否加入跨省/全球价值链之间进行相关显著性分析，并能够通过各种检验，论证回归分析的有效性，由于本章的因变量是典型的二分变量，故采用二元 Logistic 回归分析方法建立安溪茶企有无加入跨省/全球价值链的创新影响因素研究模型。

把企业“加入跨省/全球价值链”(y=1)的概率设为 P，企业“未加入跨省/全球价值链”(y=0)的概率设为 1−P，构建相应的回归模型：

$$P=\frac{\exp(\beta_0+\beta_1x_1+\beta_2x_2+\cdots+\beta_ix_i)}{1+\exp(\beta_0+\beta_1x_1+\beta_2x_2+\cdots+\beta_ix_i)} \tag{6-1}$$

式中，x_i（$i=1, 2, \cdots, 9$）分别表示影响安溪茶企加入跨省/全球价值链的创新因素：年度研发投入经费、企业 5 年以上工龄的技术人员数、中高级职称科技人员数、最近 3 年获得的发明专利数、经常合作的外部专家人数、向茶叶科研机构进行技术咨询的次数、最近 3 年实施的研究开发项目数、专业性教育培训课程可获得性程度、专业性研究机构支持力度；β_0 为常数项；β_i 为影响因素的偏回归系数，表示 x_i 对 y 影响的大小。

2）变量选择与模型检验

二元 Logistic 回归模型设定中，将加入不同价值链的企业作为因变量，其中“未加入跨省/全球价值链”的企业设为 0，“加入跨省/全球价值链”的企业设为 1；将年度研发投入经费、企业 5 年以上工龄的技术人员数、中高级职称科技人员数、最近 3 年获得的发明专利数、经常合作的外部专家人数、向茶叶科研机构进行技术咨询的次数、最近 3 年实施的研究开发项目数、专业性教育培训课程可获得性程度、专业性研究机构支持力度 9 个创新能力评价指标作为自变量，并对除专业性教育培训课程可获得性程度、专业性研究机构支持力度外的 7 个变量进行“分箱化”处理，转变为分类变量（表 6-2）。

进行分析时采用 Wald 统计量对模型回归系数进行检验，取显著性水平为 0.05，当解释变量 Wald 所对应的概率 P 值小于给定的显著性水平时，认为该解释变量的回归系数与零有显著差异，应保留在方程中，反之不能通过显著性检验，应被去除（李洪等，2012）。模型检验结果中−2 倍的对数似然比为 63.070，Cox 和 Snell R^2 为 0.321，Nagelkerke R^2 为 0.432，效果一般，但不影响利用模型进行预测，选择 Hosmer-Lemeshow（HL）指标对模型拟合程度进行检验，结果 HL 指标不显著（0.926，大于 0.05），说明模型具有良好的拟合性，不存在显著的差异。

表 6-2　二元 Logistic 回归模型变量说明

	变量	变量含义与赋值	平均数	方差	最大值
因变量	加入不同价值链的企业（y）	0=“未加入跨省/全球价值链” 1=“加入跨省/全球价值链”	—	—	—
自变量	年度研发投入经费（x_1）	1=“≤5 万元” 2=“6 万～25 万元” 3=“26 万～50 万元” 4=“51 万～200 万元” 5=“≥201 万元”	114.30	31222.01	920.0
	企业 5 年以上工龄的技术人员数（x_2）	1=“0 人” 2=“1～3 人” 3=“4～9 人” 4=“10～50 人”	8.81	82.46	50.0

续表

变量	变量含义与赋值	平均数	方差	最大值
中高级职称科技人员数（x_3）	1=“0 人” 2=“1～2 人” 3=“3～4 人” 4=“≥5 人”	3.02	35.57	50.0
最近 3 年获得的发明专利数（x_4）	1=“0 个” 2=“1～3 个” 3=“4～7 个” 4=“8～21 个”	1.20	3.26	8.0
经常合作的外部专家人数（x_5）	1=“0 人” 2=“1～2 人” 3=“3～4 人” 4=“5～9 人” 5=“10～45 人”	6.36	83.59	45.0
向茶叶科研机构进行技术咨询的次数（x_6）	1=“0 次” 2=“1～2 次” 3=“3～5 次” 4=“6～12 次” 5=“13～50 次”	6.79	53.48	30.0
最近 3 年实施的研究开发项目数（x_7）	1=“0 个” 2=“1 个” 3=“2 个” 4=“3～4 个” 5=“5～10 个”	1.66	5.15	10.0
专业性教育培训课程可获得性程度（x_8）	1～7 分（分值越高，满意度越高）	5.63	1.15	7.0
专业性研究机构支持力度（x_9）	1～7 分（分值越高，满意度越高）	4.85	2.09	7.0

4. 数据来源

本章数据主要通过问卷调查获得。2014 年 7～8 月，研究组在安溪县农村工作委员会办公室、县农业与茶果局、县茶业总公司、县茶叶协会、商会等大力支持下对安溪茶产业龙头企业和骨干企业进行了问卷调查，在茶叶种植基地和加工厂开展实地走访调查，获得本章的主要数据资料。调查问卷以通过安溪县茶业总公司对其授权使用安溪铁观音地理标志和证明商标的全部龙头企业和骨干企业为调查对象，由作为全县 2000 余家茶企代表的安溪茶业总公司协助，按本次问卷的技术要求进行问卷的发放和回收。

问卷主要由各调查企业的企业主管填写，共发放 110 份，回收 92 份，回收率为 83.6%，剔除其中一份无效问卷，最终共 91 份有效问卷，有效率高达 99%。问卷回收后，进行整理、编码、赋值和录入工作，然后利用录入的数据进行主成分分析、Logistic 回归分析等。

问卷调查企业都是安溪县茶产业中的龙头企业和骨干企业，对研究影响企业嵌入全球价值链的创新因素具有代表性。调查的企业主要为个体与私营企业，各企业的年度销售额小于 500 万元的比重最多，达到 22.2%，但大于 8000 万元的也达到了 20%，销售额 5 级分类中，各级别比重相当，所调查企业的规模分布较均匀；企业成立年数主要集中在 1～7 年和 7～14 年，都属于较年轻的企业；企业技术人员数主要集中在 10 人以下，这与茶叶采摘、加工的季节性相关，因而企业固定技术人员不同于一般的工业企业工作人员；6 大茶类中，乌龙茶的生产比重达到了 98.8%，调查的企业几乎所有都涉及了乌龙茶的生产，与“中国乌龙茶之乡”的美称相符(表 6-3)。

表 6-3　调查企业基本特征说明

项目	类别	比例%	项目	类别	比例/%
企业类型	个体与私营企业	93.8	企业技术人员数	≤10 人	57.5
	三资企业	6.2		11～20 人	27.6
企业年度销售额	≤500 万元	22.2		21～30 人	6.9
	500 万～1200 万元	17.8		31～40 人	5.7
	1200 万～2350 万元	20.0		41～50 人	1.2
	2350 万～8000 万元	20.0		51～85 人	1.1
	＞8000 万元	20.0	企业主要生产茶产品类型	绿茶	8.5
企业成立年数	1～7 年	36.8		乌龙茶	98.8
	7～14 年	36.8		红茶	26.8
	14～21 年	16.1		白茶	2.4
	21～28 年	8.0		黄茶	1.2
	28～35 年	2.3		黑茶	3.7

6.3　茶企创新能力评估模型估算结果

1. 安溪茶企创新能力主要影响因素

对茶企创新能力的 9 个评价指标进行主成分分析，前 2 个主因子的特征值大于 1，累计贡献率达 69.60%，表明 2 个主因子包含了 69.60%的原指标信息，经方差最大化旋转后的 2 个主成分的贡献率分别为 54.35%和 15.25%(表 6-4)，其中第一主成分包含了原指标一半多的信息，能够较大程度说明影响茶企创新能力的因素。变量的第一个线性组合可以解释最大的变异量(吴明隆，2010)，通过因子载荷矩阵(表 6-5)可以发现，第一主成分中向茶叶科研机构进行技术咨询的次数

(0.930)、经常合作的外部专家人数(0.898)、企业 5 年以上工龄的技术员人数(0.863)、年度研发投入经费(0.824)、最近 3 年实施的研究开发项目数(0.805)、最近 3 年获得的发明专利数(0.769)、中高级职称科技人员数(0.695)7 个指标有较大的载荷系数；而第二主成分中只有专业性教育培训课程可获得性程度和专业性研究机构支持力度两个变量有较大载荷系数。第一主成分主要是影响企业创新能力的企业内部因素，而第二主成分主要是影响企业创新的外部环境因素，因而对于安溪茶企来说，影响企业创新能力的因素主要还是企业内部资本和创新投入。

表 6-4　特征值及其累计贡献率

成分	初始特征值			平方和负荷量提取		
	总和	方差贡献率/%	累计贡献率/%	总和	方差贡献率/%	累计贡献率/%
年度研发投入经费	4.89	54.35	54.35	4.89	54.35	54.35
企业 5 年以上工龄的技术员人数	1.37	15.25	69.60	1.37	15.25	69.60
中高级职称科技人员数	0.78	8.62	78.22			
最近 3 年获得的发明专利数	0.61	6.75	84.97			
经常合作的外部专家人数	0.44	4.88	89.85			
向茶叶科研机构进行技术咨询的次数	0.37	4.06	93.91			
最近 3 年实施的研究开发项目数	0.27	2.97	96.87			
专业性教育培训课程可获得性程度	0.19	2.10	98.97			
专业性研究机构支持力度	0.09	1.03	100.000			

表 6-5　因子载荷矩阵

变量	主成分	
	1	2
年度研发投入经费	0.824	−0.116
企业 5 年以上工龄的技术员人数	0.863	0.051
中高级职称科技人员数	0.695	−0.396
最近 3 年获得的发明专利数	0.769	0.151
经常合作的外部专家人数	0.898	0.030
向茶叶科研机构进行技术咨询的次数	0.930	0.095
最近 3 年实施的研究开发项目数	0.805	−0.112
专业性教育培训课程可获得性程度	−0.019	0.777
专业性研究机构支持力度	0.272	0.741

2. 安溪茶企嵌入跨省/全球价值链的主要创新影响因素

主成分分析结果显示，9 个茶企创新能力评价指标都对安溪茶企的创新能力具有一定的影响，为揭示这些指标对企业加入跨省/全球价值链的影响，采用二元 Logistic 回归分析进行进一步研究。回归分析结果中，最终只有年度研发投入经费(P=0.008)、经常合作的外部专家人数(P=0.021)、最近 3 年实施的研究开发项目数(P=0.005)三个变量留在模型中，表明这 3 个变量不仅对安溪茶企的创新能力具有重要贡献，对于企业加入跨省/全球价值链也具有重要的推动力(表 6-6)。三个变量对企业是否加入跨省/全球价值链的影响力大小为：最近 3 年实施的研究开发项目数＞年度研发投入经费＞经常合作的专家人数，其中年度研发投入经费和最近 3 年实施的研究开发项目数与企业是否加入跨省/全球价值链之间呈正相关，而经常合作的专家人数则与之呈负相关(表 6-6，β 值)。从发生比(Exp(β))数值(表 6-6)可以看出，当企业年度研发投入经费每增加 1 个单位时，企业加入跨省/全球价值链的可能性将提高 2.596 倍；当茶企最近 3 年实施的研究开发项目数每增加 1 个时，企业加入跨省/全球价值链的可能性提高 2.763 倍；而当企业经常合作的外部专家人数每增加 1 位时，企业加入跨省/全球价值链的可能性下降 39.5%。相较于 2 个正向指标，经常合作的外部专家人数这一负向指标对企业嵌入跨省/全球价值链的概率的影响较小。

表 6-6　显著影响企业加入跨省/全球价值链的创新因素

变量	回归系数 β	标准误差 S.E.	统计量 Wald	自由度 df	显著性水平 sig.	发生比 Exp(β)
年度研发投入经费	0.954	0.357	7.123	1	0.008**	2.596
经常合作的外部专家人数	−0.929	0.402	5.327	1	0.021*	0.395
最近 3 年实施的研究开发项目数	1.016	0.359	8.023	1	0.005**	2.763
常数	−2.638	0.792	11.081	1	0.001	0.072

注：“**”表示在 0.01 水平上显著，“*”表示在 0.05 水平上显著。

6.4　显著影响企业加入跨省/全球价值链的创新因素分析

1. 最近 3 年实施的研究开发项目数

最近 3 年实施的研究开发项目数是显著影响企业加入跨省/全球价值链的 3 个创新指标中影响最大的一个指标，且当企业近 3 年来实施的研究开发项目数越多时，企业加入跨省/全球价值链的可能性就越高。自主研发是企业技术创新的基础和主导力量，对于企业保持技术优势和核心竞争力具有重要作用(蒋开东等，2015)，企业开展的研究开发项目数是企业创新活动活跃程度的重要体现。加入更高层级价值链有助于企业加强对外交流和学习，为满足更大的市场需求，占领价值链的主导权，企业将会进行自主研发，从而直接提升其创新能力。本章研究结果表明，自主研发活动对企业嵌入更高层级价值链也具有显著的反向推动力。对于茶产业而言，研究开发项目的开展可以让茶企业在功能升级、结构升级、专利总数等方面积累一定的优势，从而在国内外购买商之间获得更高的利润。调查企业中最近3年实施项目的平均数为1.66个，最多的企业3年共有10个项目(表6-2)，这些企业总体的研发水平较高。研究开发项目数是创新投入中资金投入的重要组成部分，研究开发项目数越多实际上代表企业科研投入越多，一定程度上也代表了企业规模和创新意识的高度，企业规模越大，创新意识越高且有足够的资金进行研发活动，则越会推动价值链微笑曲线的研发设计端发展，进而提升茶叶品质和价值，生产出能够吸引不同消费者的多样化需求的产品，区别于普通大众茶叶，更有竞争力地进入全球价值链销售网络。

2. 年度研发投入经费

在技术创新活动过程中，研究与开发(R&D)投入必不可少，其规模和强度是衡量企业创新能力的重要指标，也是形成企业核心竞争力的主要途径之一(严焰和池仁勇，2013)。在众多已有的相关研究中，内部研发资金投入与创新绩效之间具有明显的正相关关系。Garner等(2002)的研究表明，企业研发投入通过对企业创新速度的影响间接影响企业创新能力。马文聪等(2013)的研究发现，研发支出不仅对新兴产业的创新绩效具有正向作用，对传统产业也同样产生正效应。在本章中，年度研发投入经费也是一个正向指标，年度研发投入经费与安溪茶企加入跨省/全球价值链之间具有显著的正相关关系，一个企业的年度研发投入经费越多，该企业从省级价值链获得升级进入更高层级价值链的可能性就越高。调查企业中年度研发投入经费的均值为114.3万元，最高的企业达到920万元(表6-2)，研发投入经费主要用于相关茶科研项目的开展和产品设计，创新投入中资金投入的主要内容就是研发经费的投入，较为充分的研发投入不仅是企业进行产品开发与设计的重要支撑，更能在一定程度上促进或激发创新动力，不断推动企业向微笑曲线左端攀升，而活跃的研发创新活动所催生的产品往往在销售环节也更具市场竞争力。另一方面，越高层级价值链上的企业在研发方面的投入也会越多，即拥有的价值链治理能力的大小也会影响企业的研发投入强度(张杰等，2007)，加入高层级价值链对于企业的创新具有正向促进作用。

3. 经常合作的外部专家人数

创新往往要求企业建立并强化社会关系网络来获取多样化的资源(陈劲和李飞宇，2001)，发展的社会联系越多，企业在资源获取、资源配置、市场进入和产权保护等方面的能力越强，企业创新、产品创新和创新绩效的提升空间也越大（李西垚等，2010；Molina-Morales and Martínez-Fernández，2010；Pérez-Luno et al.，2011）。企业合作的外部专家也是企业的一种社会资本，对于企业创新具有正向的促进作用，在主成分分析的载荷矩阵中，经常合作的外部专家人数对企业创新能力的影响力居第二位，具有很大的影响力。不过该指标对企业嵌入跨省/全球价值链却呈显著的负效应。但这并不是意味着合作的外部专家人数越多，则企业就越不能嵌入更高层级价值链，而是该企业是位于越高层级价值链上的企业的可能性就越小。这主要与安溪茶企自身性质相关，茶企不同于一般的制造业或工业，能够嵌入跨省/全球价值链的企业拥有自己独特的茶叶制作加工方法和企业发展的核心技术，而且研究所调查的茶企是安溪县的龙头与骨干企业，这些企业目前已经打破了松散的专家咨询初级模式，建立了自己企业内部稳健的专家队伍，如铁观音集团等企业还建有自己的国家级、省级实验室和研究团队，这种情况下企业为了保护核心技术和保持自身竞争优势，垂直一体化发展的趋势逐渐增强，因而与外部专家的合作也将减少。加入跨省/全球价值链的企业主要为龙头、骨干企业，其与供应商、购买商之间是直接接触，不需要中间商的媒介作用，因而对于产品信息的反馈和市场信息的变化都能够及时且较充分地获得，需要对外咨询或获得外部专家协助的必要性也就降低了。

6.5　结论与启示

企业行为主要是由价值导向的，而创新的主要目的也是获得更多的附加值，这一目的在全球价值链中可以通过多种方式实现，因而创新所要实现的目标实际上是推动企业加入更高层级的价值链，获得更多的附加值和市场竞争力，企业创新与全球价值链之间具有紧密的联系。本章以中国茶都——安溪县的茶企为研究对象，通过构建茶企创新能力评价指标体系，结合问卷调查法、主成分分析法和二元 Logistic 回归模型进行安溪茶企嵌入跨省/全球价值链的创新影响因素研究，研究结果表明：9 个茶企创新能力评价指标都对安溪茶企的创新能力有一定的影响；相较于专业性教育培训课程可获得性程度和专业性研究机构支持力度两个指标，向茶叶科研机构进行技术咨询的次数、经常合作的外部专家人数、企业 5 年以上工龄的技术员人数、年度研发投入经费、最近 3 年实施的研究开发项目数、最近 3 年获得的发明专利数、中高级职称科技人员数 7 个指标对安溪茶企创新能力的影响更大，即企业内部资源和创新投入对企业创新能力的促进作用比外部创新环境对其产生的作用更大。企业内部资源和创新投入各影响因素中年度研发投入经费、最近 3 年实施的研究开发项目数和经常合作的外部专家人数 3 个指标又对企业嵌入跨省/全球价值链有显著影响，且年度研发投入经费、最近 3 年实施的研究开发项目数对企业嵌入跨省/全球价值链呈正向影响，而经常合作的外部专家人数则与之呈负相关，随着企业所嵌入价值链层级的不断提高，企业内部化发展趋势增强，对外咨询交流减少。

影响企业创新能力的因素有很多，但通过创新驱动能够影响企业加入更高层级价值链的因素则主要是企业创新投入方面的指标，企业研发投入经费越多、实施的研究开发项目越多，则企业嵌入跨省/全球价值链的可能性越大，因而在企业发展过程中，应增强创新资金的投入，促进创新研发活动开展，以创新推动价值链微笑曲线的研发设计端发展，从而以更多样化的、符合消费者需求的产品打开全球销售市场，在价值链中占据高地；同时，应加强企业内部人力资本投入和人才团队储备，加入更高层级价值链并在价值链上占据竞争优势，内部一体化发展以保护核心竞争力也是非常必要的。

参 考 文 献

陈劲, 李飞宇, 2001. 社会资本:对技术创新的社会学诠释[J]. 科学学研究, 19(3): 102-107.

崔总合, 杨梅, 2012. 企业技术创新能力评价指标体系构建研究[J]. 科技进步与对策, 29(7): 139-141.

傅家骥, 1998.技术创新学[M]. 北京: 清华大学出版社.

胡永铨, 江慧芳, 2009. 基于全球价值链视角的企业创新体系构建[J]. 科技进步与对策, 26(23): 93-96.

蒋开东, 俞立平, 霍妍, 2015. 企业自主研发与协同创新绩效比较研究——基于面板数据与非期望产出效率的分析[J]. 软科学, 29(2): 68-71.

李洪, 宫兆宁, 赵文吉, 等, 2012. 基于 Logistic 回归模型的北京市水库湿地演变驱动力分析[J]. 地理学报, 67(3):357-367.

李沪生, 杨培青, 1990. 对技术创新效益的社会评价——关于技术创新评价指标的思考[J]. 国际技术经济研究学报, (1): 38-41.

李培楠, 赵兰香, 万劲波, 2014. 创新要素对产业创新绩效的影响——基于中国制造业和高技术产业数据的实证分析[J]. 科学学研究, 32(4): 604-612.

李平, 田朔, 2010. 出口贸易对技术创新影响的研究: 水平溢出与垂直溢出——基于动态面板数据模型的实证分析[J]. 世界经济研究, (2): 44-48+88.

李西垚, 弋亚群, 苏中锋, 2010. 社会关系对企业家精神与创新关系的影响研究[J]. 研究与发展管理, 22(5): 39-45.

刘昌年, 马志强, 张银银, 2015. 全球价值链下中小企业技术创新能力影响因素研究——基于文献分析视角[J]. 科技进步与对策, 32(4): 57-61.

马文聪, 侯羽, 朱桂龙, 2013. 研发投入和人员激励对创新绩效的影响机制[J]. 科学学与科学技术管理, 34(3): 58-68.

倪鹏飞, 白晶, 杨旭, 2011. 城市创新系统的关键因素及其影响机制——基于全球 436 个城市数据的结构化方程模型[J]. 中国工业经济, (2): 16-25.

邵其辉, 钟昌标, 2016. 创新投入对出口贸易的影响——基于知识产权保护的视角[J]. 科技与管理, 18(2): 51-58.

税伟, 2006. 区域竞争力的宏观、微观理论与实证研究——以安徽省为例[D]. 广州: 中山大学.

税伟, 2010. 区域竞争力的国际争论及启示[J]. 人文地理, (1): 60-65.

税伟, 陈烈, 蔡克光, 2005. 主成分分析方法在县域城镇体系空间布局规划中的应用——以广东省龙川县为例[J]. 规划师, 21(9): 83-87.

孙立媛, 邓三鸿, 2012. 企业创新能力构成要素研究与评价指标体系的构建[J]. 西南民族大学学报(人文社会科学版), 12: 230-235.

王雷, 姚洪心, 2014. 全球价值链嵌入对集群企业创新绩效的影响[J]. 科研管理, 35(6): 41-46.

吴敬琏, 2016. 供给侧改革：经济转型重塑中国布局[M]. 北京: 中国文史出版社.

吴明隆, 2010. 问卷统计分析实务[M]. 重庆: 重庆大学出版社.

严焰, 池仁勇, 2013. R&D 投入、技术获取模式与企业创新绩效——基于浙江省高技术企业的实证[J]. 科研管理, 34(5): 48-55.

姚利民, 方妙杰, 2007. 技术创新促进中国出口贸易的实证研究[J]. 国际商务研究, (3): 12-17.

游士兵, 肖加元, 2005. 农业竞争力的测度及实证研究[J]. 中国软科学, (7): 147-152.

余道先, 刘海云, 2008. 我国自主创新能力对出口贸易的影响研究——基于专利授权量的实证[J]. 国际贸易问题, (3): 28-33.

张国良, 陈宏民, 2006. 国内外技术创新能力指数化评价比较分析[J]. 系统管理学报, 15(5): 385-392.

张杰, 刘志彪, 郑江淮, 2007. 中国制造业企业创新活动的关键影响因素研究——基于江苏省制造业企业问卷的分析[J]. 管理世界, (6): 64-74.

张珂鸣, 2014. 创新驱动发展战略背景下我国文化产业发展研究[D]. 济南：山东大学.

张文彤, 2004. SPSS 统计分析基础教程[M]. 北京: 高等教育出版社.

张小蒂, 朱勤, 2007. 论全球价值链中我国企业创新与市场势力构建的良性互动[J]. 中国工业经济, (5): 30-38.

Alonsoa A, Coosemansa T, Perlob P, et al., 2016. GO4SEM recommendations to support innovation links for entering global e-mobility markets[J]. Transportation Research Procedia, 14: 3667-3675.

Garner J L, Nam J, Ottob R E, 2002. Determinants of corporate growth opportunities of emerging firms[J]. Journal of Economics and Business, 54(1): 73-93.

Molina-Morales F X, Martínez-Fernández M T, 2010. Social networks: effects of social capital on firm innovation[J]. Journal of Small Business Management, 48(2): 258-279.

Pérez-Luno A, Medina C C, Lavado A C, et al., 2011. How social capital and knowledge affect innovation[J]. Journal of Business Research, 64(12): 1369-1376.

Porter M E, 1998. The competitive advantage of nations[A]//M E Porter On Competition[C]. Boston: Harvard Business Review: 155-196.

Shui W, Xu X Y, Wei Y L, et al., 2012. Influencing factors of community participation in tourism development: a case study of Xingwen World Geopark[J]. Journal of Geography and Regional Plaming, (7): 207-211.

第 7 章　全球价值链下不同类型购买者的满意度影响因素

在全球价值链驱动力研究中，Gereffi(1999)根据全球价值链中的不同驱动力将其划分为生产者驱动型价值链(producer-driven value chain)和购买者驱动型价值链(buyer-driven value chain)两种类型，生产者驱动型价值链和购买者驱动型价值链所涉及的行业类型和价值链治理者均有较大差异(胡丹婷和汪佩霞，2007)。但是价值链的二元驱动模式在实际的经济活动中并不完全适用，事实上除了生产者驱动模式和购买者驱动模式之外，在许多价值链内部同时具有不同的驱动机制(张辉，2006)。因此，在判断价值链的驱动模式时要充分考虑价值链中的不同环节所扮演的角色。随着全球价值链的不断发展与演变，购买者驱动型的价值链一直在增长(蒙丹，2011)。国内外众多研究表明，对于农业产业来说，购买者一般是其价值链的主要拉动力。购买者根据角色的不同分为不同的类型，从等级方面来说，分为多级批发商和终端消费者；从购买者所在区域来说，分为国内购买者和国际购买者。不同的购买者在价值链中扮演的角色不尽相同，其对产业的拉动力作用效果也不相同。本章分别选取台湾水果大陆中间商、“老干妈”辣酱海外消费者和安溪铁观音毛茶批发商等较为成熟的农业产业集群价值链中的购买者为研究对象，通过构建结构方程模型，研究不同类型的购买者的满意度并进行对比分析，最终用满意度来分析和判别 3 种农业产业集群的价值链治理模式，并对治理模式的升级提出相应建议。

7.1　理论分析、研究案例与研究方法

1. 理论分析

在经济全球化逐步推进的过程中，价值链逐步垂直分解并重组，价值链治理变得尤为重要。20 世纪 90 年代以来，国内外学者对价值链的治理模式进行了深入的探索与研究。Gereffi(1999，2011)提出较为严谨的价值链治理范式，并总结了治理者和被治理者角色的划分方法，他认为一些价值链环节中的参与者有能力影响其他环节的价值创造，成为价值链的治理者，并将价值链治理分为生产者驱动和购买者驱动两种模式，这种观点得到了后续研究学者的普遍赞同(Neilson and

Pritchard，2011）。价值链的治理者主动设计和安排价值链上下游之间的关系，对交易参数有很大的决定权，治理者决定整个价值链的发展与走向，是价值链中重点研究的对象。

然而，价值链的治理模式并不仅仅局限于生产者驱动和购买者驱动。Gibbon(2001)曾提出，在初级产品所形成的全球价值链中，国际中间商才是最终的驱动者。对于价值链治理者的界定，农业不同于生产者驱动的汽车产业，也不同于消费者驱动的零售业(张辉，2006)。作为短链的农业产业，生产者与终端消费者之间存在信息不畅通的情况。价值链中的中间商和零售商直接与消费者接触，了解消费者对产品类型和品质等方面的需求，比缺乏第一手消费者需求信息的生产者拥有更多的主导权，因此掌握了产业价值链的关键治理权(雷昊，2012)。

购买者满意度是研究产业集群购买者驱动力的重要部分，从 Cardozo 以来，西方学术界对顾客满意度的研究已经取得了丰硕成果。在我国，经济的发展以及生活水平的提高改变了民众的质量观和价值观，顾客满意度所受的关注度日益提高。目前满意度的研究对象一般为终端的消费者和参与者，如黄燕玲等(2006)基于 SEM 的饭店顾客满意度测评模型研究摒弃了传统的量化方法，为饭店顾客满意度的研究开辟了新思路。蔡蓉蓉和张维亚(2015)基于结构方程的智慧旅游满意度实证研究，将传统旅游六要素和智慧旅游结合构建了智慧旅游满意度模型 ITSI，得出影响智慧旅游顾客满意度的重要因子并提出相关建议。目前很少对在产业价值链中有重要地位的批发商群体的满意度进行研究(韩耀和杨俊涛，2010)。

2. 研究案例

1) 台湾水果产业

台湾水果产业成功加入全球价值链，其产品出口多个国家，水果产品出口额占台湾农产品总出口额 10%左右。从 2006 年大陆对多种台湾水果实行零关税政策以来，“登陆”的台湾水果数量激增，大陆已经成为台湾水果产业最主要的市场，大陆水果贸易中间商成为价值链的主要驱动者。作为台湾水果购买者的大陆中间商，在价值链治理中如何发挥主体作用、产生何种影响？能否发挥好价值链主体作用并推进台湾水果产业的专业化、健康化发展？这些问题具有重要的研究意义。

2) “老干妈”辣椒制品业

“老干妈”由一个小型的辣椒制品生产企业，凭借抢先建立起来的品牌优势，并购了许多小企业而逐步壮大，并通过一系列打假等法律维权行动，进一步提升了自身的品牌形象。如今，“老干妈”基本上实现了产业价值链的内部化，在保持行业绝对优势地位的同时，也增强了产品质量的可靠性和安全性。近年来，“老干妈”在国外受到了广泛的关注，赢得了不错的口碑，在国外市场吸引了一定数量的购买者。对于“老干妈”的出口渠道，由于企业战略保密等原因，我们不得而知。总体来讲，“老干妈”如何出口到海外市场并不重要，重要的是其终端海外消费者，这些国际买家才是拉动“老干妈”走向国际市场的重要角色。但是据调查，“老干妈”对国外市场的开拓力度不足，面临着出口质量检验和海外消费者挑剔的双重考验。“老干妈”海外消费者的满意度是决定“老干妈”海外战略成功与否的重要因素。而海外消费者的特殊身份也具有较高的研究价值，对于其他加入全球价值链的企业有一定的参考价值。

3) 安溪县茶产业

安溪县是我国产茶大县，茶叶的交易量巨大。除了安溪本地的茶叶市场外，当前安溪县茶叶销售市场遍布世界各个角落。在安溪茶产业价值链中，购买者种类较多，包括毛茶批发商、成品茶叶批发商等各级批发商，还有终端消费者。其中毛茶的批发商是茶叶种植业和茶叶粗加工业的串联者，他们既是购买商，又是供应商，对市场需求的反应灵敏度要远远高于一般的茶叶终端消费者，对茶叶品质的把握也更加精准。毛茶批发商与茶叶种植者直接对话，可以将市场反应和终端消费者对产品的要求及时地反馈给茶叶种植者，从而对茶叶的生产进行调整，以满足不同购买者的需求。作为国内购买者，毛茶批发商对茶叶的挑剔度又大于一般的国外购买者。因此，铁观音毛茶批发商的满意度是研究安溪县茶产业购买者拉力机制的重点研究对象，了解影响毛茶批发商的各种因素有利于茶叶种植者根据批发商及终端消费者的要求及时调整和改进茶园的管理方法以及毛茶生产的方法，从源头上巩固和提升安溪铁观音在全球价值链中的地位。

3. 研究方法

国内外学者在中间商对价值链的驱动和调节作用方面展开了一些研究，研究方法大多依赖统计数据进行分析总结(Biglaiser，1993)，缺少中间商满意度视角的研究。满意度是研究中间商反馈机制的重要方面，本章从中间商的满意度视角展开，所涉及的变量属于比较主观的认识，不容易直接测量，目前解决这一问题的主要方法是构建结构方程模型(李静等，2015)。结构方程模型是一种综合运用多元回归、路径分析和确认型因子分析方法而形成的一种统计数据分析工具，它可以解释一个或多个自变量与一个或多个因变量之间的关系(江金波和赫瑞娜，2015)。根据可测性可以将变量分为测量变量和潜变量两个部分，结构方程模型通过可以直接观测的变量，反映无法直接观测的潜变量，以建立起潜变量之间的因果关系。它是从微观个体出发探讨宏观规律的一种统计方法(钱佳等，2014)，对于潜变量之间的关系，通常以如下方程来表达：

$$\eta = \boldsymbol{B}\eta + X\xi + \zeta \tag{7-1}$$

式中，η 和 ξ 均为潜变量，前者为内生潜变量，后者为外源潜变量；$\boldsymbol{B}$ 表示内生潜变量与内生潜变量之间的关系；$\boldsymbol{X}$ 表示外源潜变量对内生潜变量的影响；ξ 是结构方程的残差项(黄德森和杨朝峰，2011)。

测量变量与潜变量之间的关系可以用以下测量方程来表达：

$$\begin{cases} \boldsymbol{X} = \boldsymbol{M}_x\xi + \delta \\ \boldsymbol{Y} = \boldsymbol{M}_y\eta + \varepsilon \end{cases} \tag{7-2}$$

式中，$\boldsymbol{X}$ 为外源指标构成的向量；$\boldsymbol{M}_x$ 代表外源指标与外源潜变量之间的关系；δ 是外源指标 X 的误差项；$\boldsymbol{Y}$ 为内生指标构成的向量；$\boldsymbol{M}_y$ 表示内生指标与内生潜变量之间的关系；δ 是内生指标 Y 的误差项(叶琴丽和王成，2015)。

与其他模型相比，结构方程模型具有同时处理多个因变量、同时估计因子的结构和因子之间的关系、估计整个模型的拟合程度等优点(毛小岗等，2013)。

在模型拟合度评价方面，本章借鉴整体模型适配度评价指标体系，并参考相关文献，选取部分绝对适配度指标和增值适配度指标，主要对卡方自由度比(CMIN/DF)、近似均方根误差(RMSEA)、拟合良好性指标(GFI)、本特勒-波内特规范拟合指数(NFI)和比较拟合指数(CFI)等指标进行测评(马海刚和耿晔强，2008)。

7.2　研究假设与数据获取

1. 研究假设与指标体系构建

在满意度研究中，国内外学者广泛使用到了结构方程模型，并根据不同的研究对象提出众多概念模型。尽管选择的研究对象涉及众多领域，但一般都为终端的消费者和参与者(汪侠等，2010；段冰，2013；孙佳佳和魏学喜，2013)，模型的结构与得到的结论即使是不同的行业差别也不大。同样作为购买者，价值链环节中的中间商群体的满意度相关研究却很少。在价值链中，中间商和普通消费者虽然都属于价值链中的购买者，但中间商所扮演的角色与普通消费者有很大区别。中间商是生产者与终端消费者之间的纽带，他们利用生产者与消费者之间信息不畅通的缺陷，为卖家和买家之间提供安排购买或销售货物的服务(陈希等，2011)。中间商能直接获取消费者对产品细节上的要求，反馈给生产者(雷昊，2012)。因此中间商满意度的研究必然会与普通消费者有较大的差异。

1)研究假设

作为具有区域特色的农产品，区域品牌形象对购买者的感知和满意度有非常重要的影响。有关区域品牌形象的研究表明，原产地会直接或者间接地影响消费者对产品的认可度，区域品牌形象会在消费市场上对产品产生推动作用(Ittersum et al.，2003)，同时也会影响购买者的满意度(魏文忠和陈梦媛，2010)。牛永革和赵平(2011)通过对上海和天津区域品牌形象的调查研究发现，区域品牌形象与消费者的购买意愿具有显著的正向相关关系。区域品牌形象也对消费者的质量感知有积极的影响，可以增加消费者对产品的购买信心(Johnson and Bruwer，2008)。因此，针对台湾水果、“老干妈”辣酱和安溪铁观音毛茶的区域品牌形象与满意度、感知质量和购买者之间的关系，提出统一的研究假设 H1、H2、H3、H4。

H1：区域品牌形象与购买者的满意度有显著的正向相关关系；

H2：区域品牌形象与购买者的期望有显著的正向相关关系；

H3：区域品牌形象与购买者的感知质量有显著的正向相关关系；

H4：辣酱的区域品牌形象与购买者的感知价值有显著的正向相关关系。

感知价值是购买者进行购买决策时对感知收益和感知付出进行整体评价的综合价值体现(Sanchez-Fernandez and Iniesta-Bonillo，2007)。中间商作为利益的追求者，看中的是收益与回报，产品的质量不是决定其购买行为的主要因素，能否盈利才是影响批发商对产品价值感知的主要因素。而普通消费者的购买行为比较简单，产品的质量会直接影响其对产品价值的感知。因此，本章分别提出如下研究假设。

H5-1：台湾水果大陆中间商的感知质量与感知价值不具有显著的相关关系；

H5-2:“老干妈”辣酱海外消费者的感知质量与感知价值具有显著的相关关系；

H5-3:安溪铁观音毛茶批发商的感知质量与感知价值不具有显著的相关关系。

顾客期望是指顾客在购买产品或服务之前，对产品或者服务客观存在的一种预期(Oliver，1980)。顾客期望作为购买决策发生之前的一种心理预期，会对购买者的决策产生一定的影响。一般来说，顾客期望是一种“满意期望”，其对顾客的总感知质量水平具有决定性的影响(熊凯和王娟，2005)。此外，顾客期望是顾客对购买产品总成本和总价值比较的期望，据此提出以下两个统一的研究假设。

H6：购买者期望与感知质量有显著的正向相关关系；

H7：购买者期望与感知价值有显著的正向相关关系。

感知价值对满意度的影响已经被广泛研究，在以普通消费者为对象的研究中得到的大多数结论都是感知价值对满意度有正向的影响(陆林等，2011)。对于以追求产品的让渡价值为主的中间商(杜群阳和郑小碧，2015)，感知价值是其购买决策的重要影响因素，也是满足其购买需求的前提条件。基于此，提出如下研究假设。

H8：感知价值与满意度有显著的正向相关关系。

在有关满意度研究中，国内外学者普遍认为，满意度是忠诚度最重要的影响因素(王海涛等，2011)。购买者忠诚度是产业可持续发展的核心要素(颜永廷，2009)，提高忠诚度可保持产品销量的稳定增长。在众多对满意度与忠诚度的相关关系研究中，满意度与忠诚度都有正向的相关关系。中间商是价值链信息的掌握者，反应速度快，能够根据自己满意度的高低对交易做出迅速调整，制订进一步的购买决策。因此，提出如下研究假设。

H9：购买者的满意度与忠诚度有较高的正向相关关系。

根据研究假设与对相关文献的研究，本章构建出适用于台湾水果大陆中间商满意度假设模型、“老干妈”辣酱海外消费者中间商满意度假设模型和安溪铁观音毛茶批发商满意度假设模型(图 7-1)。

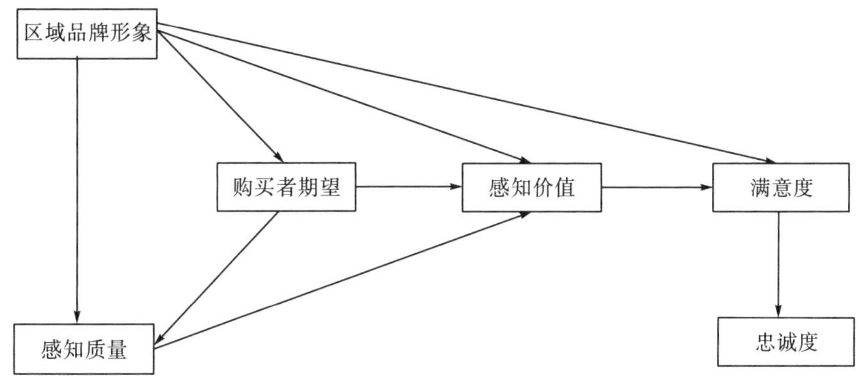

图 7-1　购买者满意度假设模型

2) 指标体系的建立

模型分为 6 个潜变量，根据实地调查掌握的购买者的特点，并参考相关研究的指标体系，设定具体的测量变量，组成购买者满意度的统一指标体系。最终确定 16 个有关购买者满意度的测量题项(表 7-1)。所有指标项均采用李克特 7 级量表，其中，1 代表“非常不赞同”或强度最弱，7 代表“非常赞同”或强度最强(曾国军和孙树芝，2016)。

表 7-1　结构方程模型指标体系

一级指标	二级指标
区域品牌形象	品牌形象
	品牌知名度
感知质量	产品的品质
	产品的特色
	产品的质量安全、放心

续表

一级指标	二级指标
顾客期望	产品的总体质量符合期望
	产品质量安全符合期望
	产品的特色符合期望
感知价值	与其他品牌相比，该产品质量更好
	该产品的购买价格与质量相符
	与其他品牌相比，该产品还有升值空间
	与其他品牌的产品相比，该产品性价比高
满意度	对该产品的总体满意度高
	该产品总体上能满足预期要求
忠诚度	再次购买该产品的可能性
	向其他人推荐该产品的可能性

2. 数据的获取与处理

本章分别选择台湾水果大陆中间商、“老干妈”辣酱国外消费者以及安溪铁观音毛茶批发商为调查对象，对 3 种购买者开展实地与网络相结合的问卷调查工作。台湾水果大陆中间商的问卷调查分为两个部分，一部分通过实地访问和问卷进行调查；另一部分通过社交平台以电子邮件的形式进行网络问卷调查。本次问卷调查总收回有效问卷 113 份，问卷回收率为 34.5%，问卷有效率为 92.6%。“老干妈”辣酱海外消费者的调查采用电子邮件的形式进行，以海外留学生、华人华侨、访问学者为主要调查对象，通过社交平台访谈进行网络问卷调查。调查的区域包括美国、澳大利亚和欧洲的多个国家。一共通过电子邮件发放电子问卷 635 份，收回问卷 108 份，回收率为 17%，鉴于网络问卷和海外消费者区域的特殊性，较低的回收率可以接受。其中有效问卷 94 份，有效率为 87%。安溪铁观音毛茶批发商的问卷调查为实地调查，在安溪铁观音春茶上市的季节，以安溪铁观音毛茶批发市场内的批发商为研究对象，在安溪铁观音毛茶批发市场进行调查。在本次调查中，选取 3 个典型的毛茶交易中心进行问卷调查，分别是中国茶都的毛茶交易中心、安溪特产城和感德镇毛茶交易市场。问卷调查工作一共进行 3 天，由于问卷内容相对简要明了，绝大多数的受访者都可以在短时间之内完成问卷的填写，因此采用问卷即时收回的方法，一共收回 105 份问卷，其中有效问卷 100 份。接受调查的毛茶批发商也分为不同的类型，有茶叶加工厂的采购员、本地茶叶销售门店的经营者以及外地的安溪铁观音连锁店经营者。通过 SPSS 22.0 软件对采集的问卷数据进行录入，由于每个潜变量下的显变量数量较少，并且在设定显变量的时候尽量使每个潜变量之下的显变量能有相近的重要性，因此采用均权相加的方法求得 6 个潜变量的取值。

为了保证研究结论的可信性和有效性，需要对获取的调查数据进行信度检验。采用克伦巴赫 α 系数法对样本进行信度检验，观察问卷各项目内部的一致性。运用 SPSS 软件对调查问卷数据进行信度分析，得到各潜变量的克伦巴赫 α 系数。克伦巴赫 α 系数值大于 0.5 即认为可信度较高，当值大于 0.7 的时候具有非常高的可信度(吴明隆，2010)。因此，通过对调查样本的信度分析可以得出，回收的问卷具有较高的可靠性(表 7-2)。

表 7-2　信度分析克伦巴赫 α 系数值

潜变量	α 系数(台湾水果)	α 系数(“老干妈”辣酱)	α 系数(安溪铁观音毛茶)
区域品牌形象	0.675	0.90	0.558
感知质量	0.811	0.88	0.736
顾客期望	0.649	0.87	0.709
感知价值	0.774	0.86	0.787
满意度	0.775	0.81	0.890
忠诚度	0.620	0.60	0.448

7.3　台湾水果大陆中间商满意度模型

1. 模型的测评

在最初的结构方程模型估计结果中，研究假设 H4 这一路径不具有显著性，考虑到中间商对水果价值感知的特殊性，因此尝试对模型进行修改，删除这一路径。用 AMOS 软件对模型的拟合度进行分析，得到 CMIN/DF 值为 2.036，小于 3；RMSEA 值为 0.074，小于 0.08；NFI、CFI 均大于 0.9，IFI 值为 0.862，略小于 0.9(表 7-3)。概念模型包含较多潜变量，一般认为大多数指标达到标准即可(Bentler and Chou，1987)。因此，各个适配度指标总体上达到模型的适配标准，表明模型与数据的适配效果良好。

表 7-3　概念模型的拟合指标和评价标准

指数名称	评价标准	指数得分
CMIN/DF	0～3	2.036
RMSEA	<0.08	0.074
NFI	>0.9	0.914
IFI	>0.9	0.862
CFI	>0.9	0.927

根据结构方程模型估计结果，除研究假设 H5-1 外，其他研究假设的路径系数均通过了显著性检验(表 7-4)。其中，台湾水果形象对中间商期望的影响程度最大，满意度对忠诚度的影响的标准化路径系数为 0.5，达到了比较高的水平，中间商期望对感知价值的影响度次之(图 7-2)。感知质量与感知价值虽然呈正相关关系，但是路径系数最低，没有达到显著性水平。

表 7-4　概念模型标准化路径系数与显著性检验结果

路径	标准化路径系数	卡方值	是否显著
台湾水果形象对中间商期望的影响	0.72***	11.06	是
台湾水果形象对感知质量的影响	0.41***	4.75	是
中间商期望对感知质量的影响	0.41***	4.66	是
感知质量对感知价值的影响	0.18	1.83	否
中间商期望对感知价值的影响	0.51***	5.06	是
台湾水果形象对满意度的影响	0.24**	2.77	是
感知价值对满意度的影响	0.43***	4.92	是
满意度对忠诚度的影响	0.50***	6.14	是

注：“**”表示 0.05 水平上显著，“***”表示 0.01 水平上显著。

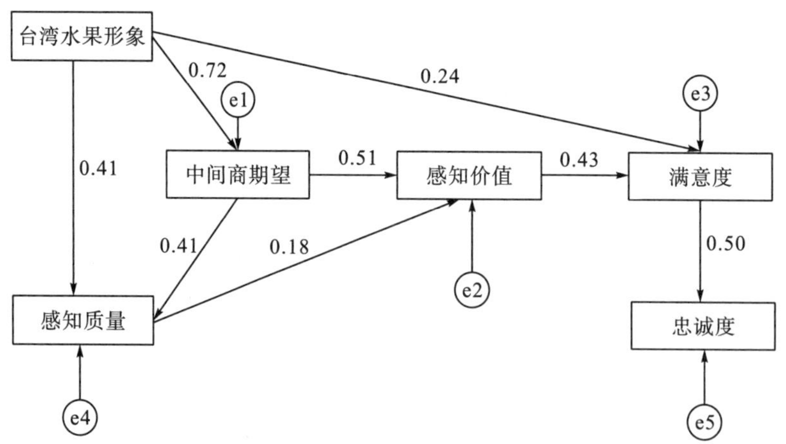

图 7-2　台湾水果大陆中间商满意度标准化路径系数

2. 结果分析

台湾水果形象对满意度影响的标准化路径系数为 0.24，达到 0.05 的统计显著性水平，并且台湾水果形象对满意度有间接的影响，因此可以得出假说 H1 成立。台湾水果形象对中间商期望和感知质量影响的标准化路径系数分别为 0.72 和 0.41，结果显著，研究假设 H2 和 H3 得到了验证。感知质量对感知价值的影响虽然是正向的，但是没有达到显著性水平。在问卷调查的过程中，许多中间商表示“台湾水果的价格太高，普通消费者很少购买”“台湾水果的性价比不太高，赚得少”“台湾水果虽然质量不错但是销量有限”，虽然台湾水果具有较高的品质，但并没有很好满足中间商实现盈利的期望，因此研究假设 H5-1 成立。购买者期望对感知质量和感知价值的影响均为正向，且达到了显著性水平，研究假设 H6、H7 得到了验证。感知价值对满意度的影响、满意度对忠诚度的影响系数分别为 0.43 和 0.50，结果显著，研究假设 H8 和 H9 成立。综上所述，除研究假设 H4 之外，结构方程模型的分析结果支持其余的 8 个研究假设。

7.4　“老干妈”辣酱海外消费者满意度模型

1. 模型的测评与改进

运用 AMOS 软件对所构建的“老干妈”辣酱海外消费者满意度测评模型中各潜变量之间的路径系数进行分析，并对模型中的潜变量的路径系数进行标准化估计，得出结构变量的路径系数图(图 7-3)。

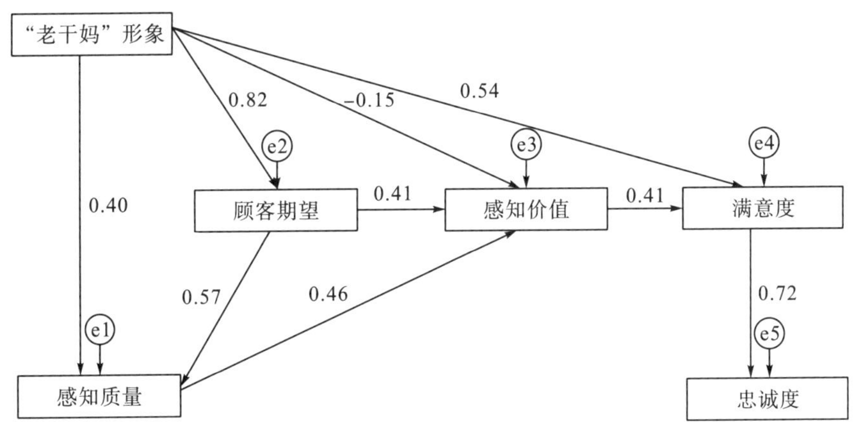

图 7-3　测评模型的标准路径系数

得到模型的路径系数之后(表 7-5)，对模型的显著性和拟合度进行分析和评价，并根据指标得分情况和实际情况对模型进行适当的修正，以提高显著性和拟合度，使模型符合实际情况。

表 7-5　测评模型的路径系数的显著性检验结果

路径	标准化路径系数	卡方值	是否显著
“老干妈”形象对顾客期望的影响	0.82***	13.88	是
“老干妈”形象对感知质量的影响	0.40***	5.78	是
顾客期望对感知质量的影响	0.57***	7.00	是
感知质量对感知价值的影响	0.46*	2.15	是
顾客期望对感知价值的影响	0.41**	2.78	是
“老干妈”形象对感知价值的影响	−0.15	−0.44	否
“老干妈”形象对满意度的影响	0.54***	7.92	是
感知价值对满意度的影响	0.41***	6.12	是
满意度对忠诚度的影响	0.72***	10.23	是

注：“*”表示 0.1 水平上显著，“**”表示 0.05 水平上显著，“***”表示 0.01 水平上显著。

满意度模型的 9 个研究假设中，研究假设 H4 的显著性没有达到要求。尝试去掉研究假设 H4 的路径，重新构建模型进行拟合度分析(表 7-6)；模型的卡方值较大，RMSEA 值偏高，其余的指标都达到了标准，因此需要对模型进行适当的调整，使模型达到更好的拟合度。

表 7-6　模型的拟合度指标评价标准和指标得分

指数名称	评价标准	指标得分
CMIN/DF	0～3	15.400
RMSEA	<0.08	0.060
NFI	>0.9	0.972
TLI	>0.9	0.937
CFI	>0.9	0.982
RFI	>0.9	0.901

通过对模型进行路径的删减、要素的删减以及改变路径的方向等方式进行调整，并同时满足顾客满意度的逻辑结构，最后删除“‘老干妈’形象对顾客期望的影响”这一路径来提高模型的路径系数显著性和拟合度，表 7-7 和表 7-8 分别为改进后的模型的显著性和拟合度。

表 7-7　改进后模型的路径系数的显著性检验

路径	标准化路径系数	卡方值	是否显著
“老干妈”形象对顾客期望的影响	0.58***	13.88	是
“老干妈”形象对感知质量的影响	0.43***	5.78	是
顾客期望对感知质量的影响	0.41***	7.00	是
感知质量对感知价值的影响	0.33*	2.24	是
顾客期望对感知价值的影响	0.41**	2.76	是
“老干妈”形象对满意度的影响	0.53***	7.80	是
感知价值对满意度的影响	0.41***	6.03	是
满意度对忠诚度的影响	0.73***	10.27	是

注：“*”表示 0.1 水平上显著，“**”表示 0.05 水平上显著，“***”表示 0.01 水平上显著。

表 7-8　改进后模型的拟合度指标评价标准和指标得分

指数名称	评价标准	指标得分
CMIN/DF	0～3	15.590
RMSEA	<0.08	0.111
NFI	>0.9	0.971
TLI	>0.9	0.951
CFI	>0.9	0.982

模型经过修改之后，路径系数的显著性和拟合度都有所改善，基本上反映了该满意度模型适合于对“老干妈”辣酱海外消费者满意度的测评。虽然有些指数没有很好地达到要求，但是鉴于实际情况和逻辑的合理性，对模型的改动是有限的。

2. 结果分析

通过模型路径的显著性系数和模型的拟合度分析，结合“老干妈”辣酱海外消费者的特征，选择去掉路径“‘老干妈’形象对顾客期望的影响”后(图 7-4)，拟合度和显著性基本上符合要求。

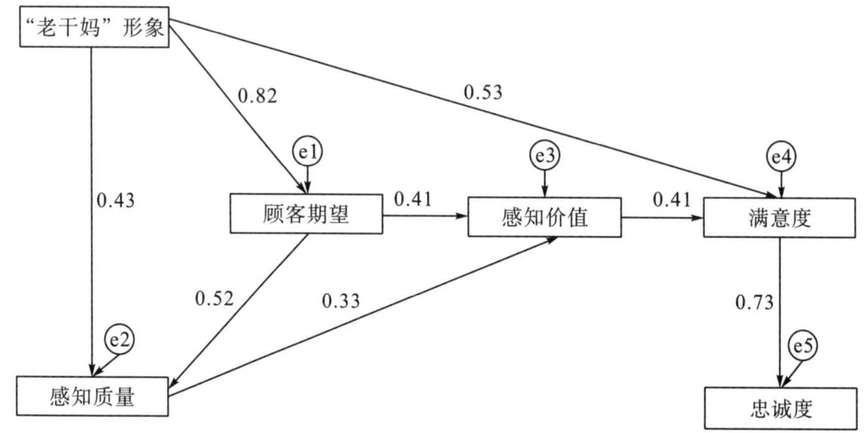

图 7-4　修正后的“老干妈”辣酱海外消费者满意度模型

从表 7-7 可以看出，“老干妈”形象对满意度、感知质量、顾客期望均有显著的正向影响，这进一步表明食品企业品牌形象的重要性，但本章不支持“‘老干妈’形象对感知价值具有显著正向影响”的假设，初步分析是由于海外消费者购买相对理性，产品的实际品质和性价比是他们更加注重的方面。在感知质量对感知价值的影响方面，虽然研究假设成立，但是路径系数为 0.33，属于较低水平。在问卷的访谈中，消费者普遍反映“老干妈”在国外市场的价格偏高，与国外同类品牌相比不具备明显的价格优势，性价比还有提升的空间。满意度对忠诚度影响的路径系数为 0.73，属于较高的水平，这符合一般研究中满意度对忠诚度的影响结果。

综上所述，通过结构方程模型的分析，研究支持 H1、H2、H3、H5、H6、H7、H8、H9 8 个研究假设，不支持研究假设 H4。

7.5　安溪铁观音毛茶批发商满意度模型

1. 模型的测评与改进

运用 AMOS 软件对所构建的毛茶市场顾客满意度测评模型中各潜变量之间的路径系数进行分析，并对模型中的潜变量的路径系数进行标准化估计，可以得出结构变量的路径系数图(图 7-5)。

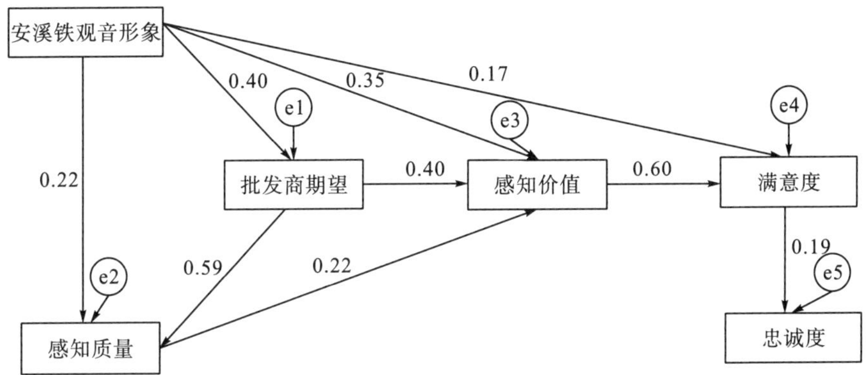

图 7-5　顾客满意度测评模型的标准化路径系数

得到模型的路径系数之后，要对模型的显著性和拟合度进行分析和评价，并根据指标得分情况和实际情况，对模型进行适当修正，以提高显著性和拟合度，使模型符合实际情况。在所有的 9 条路径中，有 3 条路径的路径系数比较低，显著性没有达到要求(表 7-9)，尤其是品牌形象对满意度的影响和满意度对忠诚度的影响度。从显著性方面来说，模型还需要进行进一步调整和修正。

表 7-9　路径系数的显著性检验

路径	标准化路径系数	卡方值	是否显著
品牌形象对顾客期望的影响	0.40***	4.32	是
品牌形象对感知质量的影响	0.22**	2.87	是
顾客期望对感知质量的影响	0.59***	7.61	是
顾客期望对感知价值的影响	0.40***	4.77	是
品牌形象对感知价值的影响	0.35***	5.04	是
感知质量对感知价值的影响	0.22	2.56	否
感知价值对满意度的影响	0.60***	6.75	是
品牌形象对满意度的影响	0.17	1.91	否
满意度对忠诚度的影响	0.19	1.91	否

注：“**”表示 0.05 水平上显著，“***”表示 0.01 水平上显著。

在模型的拟合度中(表 7-10)，有数项指标没有达到评价的标准，因此模型的拟合度未达到要求。模型的构建是建立在美国顾客满意度模型上的，该模型通常以终端消费者个体为调查对象。而研究调查的对象为安溪铁观音毛茶批发商，其本质不同于一般的终端消费者。批发商是一个比较特殊的顾客群体，他们既有一般顾客的特征，也有自己独有的一面。他们的感知价值和满意度还会受到是否能够盈利的影响，这就使得模型的测度方法更加复杂。

表 7-10 模型的拟合度指标评价标准和指标得分

指数名称	评价标准	指标得分
CMIN/DF	0～3	35.763
RMSEA	<0.05	0.082
NFI	>0.9	0.879
TLI	>0.9	0.904
CFI	>0.9	0.894

在模型的修改过程中发现，忠诚度这一潜变量的存在对模型的拟合度和显著性影响都比较大，根据实际情况，决定删除忠诚度。安溪铁观音毛茶批发商是安溪铁观音品牌的忠实拥护者，调查对象中有很多是安溪铁观音连锁店的经营者。他们长期稳定地从事铁观音品牌茶叶的销售。他们对品牌形象、感知价值、感知质量的判断都是基于客观现实的，批发商的购买行为是既定的，短期内并不会有代替品的产生，这些变量基本不会影响到茶商对铁观音的忠诚度。因此，综合考虑，可以将忠诚度这一变量去除。

改正后的模型还是有 3 条路径没有达到显著性要求(表 7-11)，分别是感知质量对感知价值的影响、品牌形象对满意度的影响、满意度对忠诚度的影响。品牌形象对满意度的影响和满意度对忠诚度的影响度分别是 0.15 和 0.16，属于比较低的水平，可以看出安溪铁观音毛茶批发商群体的理性。他们对毛茶的总体质量的感知才是影响他们对毛茶产品整体满意度的主要因素。品牌形象虽然很重要，但是批发商能够排除铁观音品牌的影响力，把总体价值放在最重要的位置，也从侧面反映出了批发商的务实态度。

表 7-11 模型修正之后的显著性检验结果

路径	标准化路径系数	卡方值	是否显著
品牌形象对顾客期望的影响	0.40***	4.32	是
品牌形象对感知质量的影响	0.22**	2.87	是
顾客期望对感知质量的影响	0.59***	7.61	是
顾客期望对感知价值的影响	0.40***	4.77	是
品牌形象对感知价值的影响	0.35***	5.08	是
感知质量对感知价值的影响	0.22	2.56	否
感知价值对满意度的影响	0.50***	4.88	是
品牌形象对满意度的影响	0.15	1.75	否
满意度对忠诚度的影响	0.16	1.80	否

注：“**”表示 0.05 水平上显著，“***”表示 0.01 水平上显著。

模型修正后的拟合度指数中，虽然拟合度中的个别指数没有达标，但是比较符合安溪毛茶市场的实际情况(表 7-12)，因此可以保留这些路径，对安溪铁观音毛茶批发市场做更加全面的反映。

表 7-12　拟合度的评价标准及修改模型后的取值

指数名称	评价标准	指标得分
CMIN/DF	0～3	8.350
RMSEA	<0.05	0.032
NFI	>0.9	0.969
IFI	>0.9	0.972
CFI	>0.9	0.971

2. 结果分析

根据安溪铁观音毛茶批发市场的实际情况和对安溪铁观音毛茶批发商访问调查所掌握的情况，再结合模型测评的结果，做出修正后的满意度模型(图 7-6)。

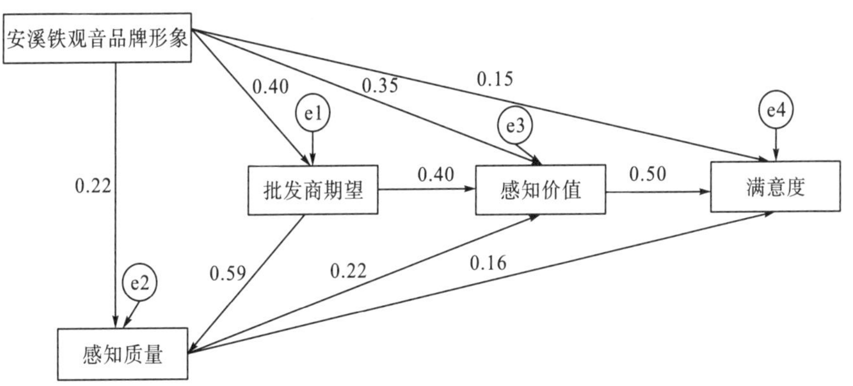

图 7-6　修正后的安溪铁观音毛茶市场顾客满意度模型

通过改进的模型路径图和标准化路径系数可知，研究假设 H8 不成立，其余研究假设均成立。安溪铁观音毛茶市场的顾客满意度模型有以下特点：①满意度受感知价值的影响最大，路径系数达到了 0.50，是所有的路径系数中比较高的；②感知价值受感知质量的影响处在中低水平，路径系数为 0.22；③批发商期望对感知价值影响度为 0.40，对感知质量的影响度为 0.59，都属较高的水平；④品牌形象对批发商期望的影响为 0.40，属于较高水平。综上所述，除研究假设 H8 之外，结构方程模型的分析结果支持 H1、H2、H3、H4、H5、H6、H7、H9 8 个研究假设。

7.6　结论与讨论

本章分别选择台湾水果大陆中间商、“老干妈”辣酱海外消费者以及安溪铁观音毛茶批发商为研究对象，通过研究这 3 种不同类型的购买者的满意度，分析不同类型的购买者对价值链的治理作用。研究结果表明：①台湾水果大陆中间商的满意度主要受品牌形象和感知价值两个因素的影响，其对价值的感知受其对质量的感知的影响不明显，中间商的忠诚度受满意度较大的直接影响，并且大部分中间商对台湾水果的满意度和忠诚度都比较高；②“老干妈”辣酱的品牌形象和购买者的感知价值都对海外消费者的满意度影响很大；③安溪铁观音毛茶批发商的满意度受感知价值的直接影响最大，其忠诚度受满意度的影响不显著。

本章中的 3 种购买者均在价值链中扮演了重要的治理角色，但是治理的方式与机制不同。台湾水果大陆中间商与安溪铁观音毛茶批发商均为价值链中的中间商，本章结果表明，中间商在台湾水果进入大陆市场的初期阶段扮演了价值链治理者的角色，并在一定程度上成功驱动了价值链发展。以中间商的反馈机制为基础的价值链驱动机制具有信息流通方便、响应迅速的特征，一定程度上满足了短链生鲜农产品的交易需求。随着台湾水果业价值链的进一步发展以及大陆市场的逐渐成熟，当前以中间商为主要驱动力的价值链治理模式面临着挑战。铁观音毛茶批发商主要是通过自身的经验以及普通消费者的反映等信息反馈给茶叶种植者，来提高茶叶种植和毛茶加工的水平，从而提升整个价值链的水平。以中间商为主要治理者的农业产业集群在初期都得到了快速的发展，但是中间商角色本身的特点会在一定程度上阻碍价值链的健康发展，比如中间商对中间利润的过分追求会在一定程度上影响生产者和普通消费者的利益，提高交易成本。在食品安全问题日益严峻的情况下，中间商对产品的检测主要还依赖于第三方，存在一定的风险。“老干妈”辣酱海外价值链主要是由海外消费者驱动，“有华人的地方就有老干妈”这句话充分说明了海外消费者对“老干妈”辣酱加入全球价值链的拉力。通过海外消费者，“老干妈”可以获取更加客观的评价，从而进行产品的改进，“老干妈”辣酱在海外市场的成功也会在一定程度上提升其在国内市场的品牌形象，进一步巩固其在国内市场的发展，从而实现良性循环。

参 考 文 献

蔡蓉蓉，张维亚，2015. 基于结构方程的智慧旅游满意度实证研究[J]. 资源开发与市场，31(3)：378-384.

陈希，彭羽，沈玉良，2011. 贸易中间商培育与我国外贸发展方式的转变[J]. 国际贸易，(2)：10-13.

杜群阳, 郑小碧, 2015. 职业中间商空间嵌入与国际贸易模式演进[J]. 中国工业经济, (1): 65-77.

段冰, 2013. 基于结构方程的顾客满意度测评模型[J]. 统计与决策, (12): 48-50.

韩耀, 杨俊涛, 2010. 论批发商主导型农产品供应链联盟[J]. 北京工商大学学报(社会科学版), (3): 27-31.

胡丹婷, 汪佩霞, 2007. 全球价值链下的中国服装产业升级[J]. 纺织学报, 28(12): 131-134.

黄德森, 杨朝峰, 2011. 基于结构方程模型的动漫产业影响因素分析[J]. 中国软科学, (5): 148-153.

黄燕玲, 黄震方, 袁林旺, 2006. 基于 SEM 的饭店顾客满意度测评模型研究[J]. 旅游学刊, 21(11): 54-60.

江金波, 赫瑞娜, 2015. 基于结构方程模型的城市旅游形象影响路径研究——以西安市为例[J]. 人文地理, 30(3): 130-136.

雷昊, 2012. 全球价值链治理[M]. 北京: 中国人民大学出版社.

李静, Philip L P, 吴必虎, 等, 2015. 雾霾对来京旅游者风险感知及旅游体验的影响——基于结构方程模型的中外旅游者对比研究[J]. 旅游学刊, 10: 48-59.

陆林, 刘莹莹, 吕丽, 2011. 旅游地旅游者忠诚度机制模型及实证研究——以黄山风景区为例[J]. 自然资源学报, (9): 1475-1483.

马海刚, 耿晔强, 2008. 中部地区乡镇企业绩效的影响因素分析——基于结构方程模型的实证研究[J]. 中国农村经济, (5): 56-64.

毛小岗, 宋金平, 冯徽徽, 等, 2013. 基于结构方程模型的城市公园居民游憩满意度[J]. 地理研究, 32(1): 166-178.

蒙丹, 2011. 全球价值链驱动机制演变趋势及启示[J]. 发展研究, 2: 9-12.

牛永革, 赵平, 2011. 基于消费者视角的产业集群品牌效应研究[J]. 管理科学, 2: 42-54.

钱佳, 汪德根, 牛玉, 2014. 城市居民使用市内公共自行车的满意度影响因素分析——以苏州市为例[J]. 地理研究, 33(2): 358-371.

全世文, 曾寅初, 朱勇, 2015. 我国食品安全监管者激励失灵的原因——基于委托代理理论的解释[J]. 经济管理, (4): 159-167.

孙佳佳, 霍学喜, 2013. 进口苹果消费行为及其影响因素——基于结构方程模型的实证分析[J]. 中国农村经济, (3): 58-69.

王海涛, 王凯, 王勇, 2011. 猪肉品牌连锁店顾客忠诚度评价及其影响因素实证研究——基于南京市消费者的问卷调查[J]. 中国农业科学, 45(3): 598-606.

汪侠, 甄峰, 吴小根, 等, 2010. 旅游开发的居民满意度驱动因素[J]. 地理研究, 29(5): 841-851.

王海忠, 2002. 市场全球化下的中国品牌建设之路[J]. 管理评论, (1): 44-46.

王克岭, 罗斌, 吴东, 等, 2013. 全球价值链治理模式演进的影响因素研究[J]. 产业经济研究, (4): 14-20.

魏文忠, 陈梦媛, 2010. 零售品牌形象与顾客满意度, 忠诚度研究[J]. 商业研究, (9): 137-140.

吴明隆, 2010. 结构方程模型: AMOS 的操作与应用[M]. 重庆: 重庆大学出版社.

熊凯, 王娟, 2005. 服务企业顾客期望管理[J]. 当代财经, (1): 62-65.

徐登科, 赵桂春, 2012. 基于结构方程的汽车顾客满意度研究——以株洲宏骏 4S 汽车专卖店为例[J]. 中外企业家, (12): 35-36.

颜永廷, 2009. 零售业客户忠诚度与营销策略分析[J]. 商业研究, (8): 211-213.

叶琴丽,王成, 2015. 基于结构方程模型的集聚农户共生认知及影响因素分析:以重庆市为例[J]. 中国土地科学, (4):

82-89.

曾国军, 孙树芝, 2016. 跨地方饮食品牌重塑的理论模型与实证分析[J]. 地理学报, 2: 338-351.

张放, 2013. 近年台湾水果生产与贸易动态[J]. 中国果业信息, 30(9): 25-37.

张辉, 2006. 全球价值链动力机制与产业发展策略[J]. 中国工业经济, (1): 40-48.

Bair J, Gereffi G, 1998. Interfirm networks and regional divisions of labor: employment and upgrading in the apparel commodity chain[M]. Genève: International Institute for Labour Studies.

Bentler P M, Chou C P, 1987. Practical issues in structural modeling[J]. Sociological Methods &Research, 16(1): 78-117.

Biglaiser G, 1993. Middlemen as experts[J]. The RAND Journal of Economics, 24(1): 212-223.

Crestanello P, Tattara G, 2011. Industrial clusters and the governance of the global value chain: the Romania-Veneto network in footwear and clothing[J]. Regional Studies, 45(2): 187-203.

Gereffi G, 1999. International trade and upgrading in the apparel commodity chain[J]. Journal of International Economics, 48(1): 37-70.

Gereffi G, 2011. Global value chains and international competition[J]. The Antitrust Bulletin, 56(1): 37-56.

Gibbon P, 2001. Upgrading primary production: a global commodity chain approach[J]. World Development, 29(2): 345-363.

Haakonsson S J, 2009. The changing governance structures of the global pharmaceutical value chain[J]. Competition & Change, 13(1): 75-95.

Ittersum K V, Candel M J J M, Meulenberg M T G, 2003. The influence of the image of a product's region of origin on product evaluation[J]. Journal of Business Research, 56(3): 215-226.

Johnson R, Bruwer J, 2008. The balancing act between regionality and American Viticultural Areas (AVAs)[J]. Journal of Wine Research, 18(3): 163-172.

Neilson J, Pritchard B, 2011. Value chain struggles: institutions and governance in the plantation districts of South India[M]. Hoboken : John Wiley & Sons.

Oliver R L, 1980. A cognitive model of the antecedents and consequences of satisfaction decisions[C]// Journal of Marketing Research.

Sanchez-Fernandez R, Iniesta-Bonillo M A, 2007. The concept of perceived value: a systematic review of the research[J]. Marketing Theory, 7(4): 427-451.

第8章　全球价值链下专业化农区产业集群的空间聚散机制

随着我国农业区域化、专业化发展趋势不断加强，明确专业化农业区域产业集群的空间聚散机制，对优化农业产业空间布局尤为重要。在经济全球化的背景下，全球价值链中的各个价值环节在空间上呈现“大区域离散小地域聚集”(张辉，2005)的趋势，这种各价值链“片段”的地理集聚特征使得许多地方产业集群成为嵌入全球价值链的一个从属组分和“区段”(税伟，2009a)。在全球经济一体化日益深化的今天，产业集群不断与全球价值链关联，价值链完整且完全封闭自循环的本地化产业集群已不多见。但不同产业的属性、结构、专业化水平及价值链长短导致其在空间上的地理集聚范围、形态和空间结构有差异，其中典型的制造业集群和复合了第一、二、三产业的专业化农业区域产业集群在空间分布上有较大差异。

嵌入全球价值链的地方制造业集群的价值链环节空间分布研究成果为优势农业价值链空间分布研究提供了重要的理论基础和参考借鉴。但农业价值链与制造业价值链相比有很大不同，农业产业纵向价值链的初始种植环节往往是大范围的面状区域，专业化农业发展区域的优势特色农业在不断延长的加工制造环节仍因需要临近“地理标志”属性的种植基地、依赖特殊加工技艺的本地传承以及对原料的易得性和新鲜度的要求而呈“本地化”分布，研发与销售这两个纵向创造价值最高的环节则相对容易在外分布，此外，优势特色农业的横向价值链的相关和配套产业也有别于制造业分布特征。为研究嵌入全球价值链的我国专业化农业发展区域的优势特色农业集群的价值链空间分布特征与机理，本章以我国茶叶产量第一大县——福建省安溪县为例，采集和利用安溪县统计数据并结合实地调查和网络地图数据，通过计算 Hoover 地方化系数、空间自相关分析、核密度估计以及 GIS 空间表达等方法对安溪县茶产业价值链环节的空间分布特征进行研究，解析形成这种空间格局的影响因素，从而为我国其他专业化农区集群的价值链空间布局优化和引导提供参考。

8.1　理 论 分 析

1. 农业区位论

产业空间格局是经济要素在空间上的相互作用与要素间的相互关系，以及反映这种关系的集聚规模、集聚形态以及空间联系，是经济地理学研究和区域分析的基本视角与中心议题(Kolars，1969)。自 20 世纪以来，农业区位论、工业区位论、劳动地域分工理论、增长极理论、中心地理论、核心-边缘理论以及圈层结构理论等一些经典的区域空间经济理论，在区域产业空间结构研究中得到广泛应用，并不断被检验(税伟，2009b)。其中，杜能的农业区位模型是在“孤立国”的基础上提出的，认为地理区位是影响农业生产的主要因子(约翰 • 冯 • 杜能，1997)。

杜能农业区位模型能够帮助理解因距离城市远近而造成农作物空间分布模式、农业土地利用及农场规模的变化，特别是在那些农业在经济中占统治地位的专业化农业区域(Clark et al.，2000)。如地理教授 Muller(1973)以美国为研究对象，基于杜能的农业区位模型，将美国东海岸的大都市圈看作超级城市，在国家尺度上提出了农业空间分布模式的假设，通过实证发现现实的美国农业区域布局与假设的空间布局模式具有一致性。其他不同尺度的杜能圈层空间结构在美国威斯康星州、美国大平原、欧洲和全球尺度也不断被发现，这种宏观的杜能圈层结构的动态演变过程如何受到交通这一核心要素的影响也得以在区域和国家尺度验证(Wheeler et al.，1998)。我国学者也基于杜能的农业区位论进行了不少应用，如农业区划布局和农业规划实践(陆大道，1988；李小建，2006；税伟等，2011)；查振祥和甘立平(1995)对农业的空间布局进行研究发现，随着市场经济逐渐占据主导地位，中国城郊农区将会形成以中心城镇为市场的“杜能圈”结构；叶长卫和李雪松(2002)认为，杜能模式对我国农业发展具有重要指导意义；华熙成(1982)通过对 20 世纪 80 年代上海郊区农业的区位模式的研究发现，上海市郊区农业呈环状分布。但是，有学者认为在工业和后工业经济占主导地位的情况下，决定城市周边农业土地利用的基本要素与城市本身的扩张有关，如果城市化力量占主导地位，土地利用集约化程度通常会随着与城市距离的增加而增加，而不是减少(阿瑟 • 格蒂斯等，2013)。如 Sinclair(1967)认为，杜能农业区位论在很多发达地区已经过时，并且提出了“农业集约化程度随着距城市的距离增大而增强”这一与杜能理论相反的观点；Jones(1976)用线性规划的方法在美国对农业区位论进行验证后发现，随着时间的变化，杜能农业区位论的适用性以及合理性在降低。当然，杜能农业区位论是在理想的系列假设条件下的空间模型，其研究假设本身就饱受质疑和争论，现实中确实也很难找到理想的杜能农业空间布局模式。但杜能农业区位论的市场距离与土地利用强度关系的经典论证不断吸引着人们去检验、延展并寻求新的发现，以更好指导农业生产布局实践。如 Griffin(1973)在乌拉圭对杜能农业区位论进行了验证，他认为农业区位论可以当作一种分析土地利用强度的方法。

2. 产业地理空间集聚理论

产业的空间分布规律的探索既源自斯密的绝对成本说、李嘉图的比较成本理论、穆勒的相互需求理论和 H-O 资源禀赋理论等国际劳动地域分工理论，也可以追溯到杜能的农业区位论、韦伯的工业区位论以及克里斯特勒的中心地理论等古典区位理论。在注意到产业的地理空间集聚现象后，Markusen（1996）通过对美国、巴西等国家典型产业区的空间组织结构进行分析，提出了马歇尔式产业区、轮轴式产业区、卫星平台式产业区和国家力量依赖型产业区 4 种产业区模式，发现了当代产业集群空间组织形式的多样性，这些产业区类型及其混合型式在全世界范围受到了广泛的讨论和验证（Gray，1996；古继宝和吴赵龙，2007；姜明辉等，2013）。

最早把价值链与产业的地理集聚关联起来的人，首推哈佛大学的迈克尔·波特，他在《国家竞争优势》一书中详解了成功的国家和地区的产业价值链结构、产业的地理集聚特性和决定产业集群竞争优势的地方依赖——商业环境质量的钻石模型（迈克尔·波特，2002；税伟，2010）。但遗憾的是，波特笔下的国家和地方尺度的产业集群很少与外部发生联系，缺乏将产业价值链置于全球格局之中的详细阐释和机理解析。而克鲁格曼则根据价值链理论以及产业分工理论，提出了“价值链区域分工”概念，并探讨了价值链环节的空间配置问题（Krugman，1995）。现今，不少国内外学者对产业价值链的空间分布研究还主要集中在制造业以及信息产业等行业：在制造业方面，汽车产业作为资金密集型的产业具有较长的价值链，其价值链的空间特征得到了较多关注（张来春，2007；李少星和顾朝林，2010；徐小燕等，2014）；信息产业等高科技产业具有高风险、高附加值、高技能和劳动密集等特点，其运输的便利性使其区位的选择具有较大伸缩性（魏心镇和王缉慈，1993），这种特点使其价值链环节的空间分布成为众多学者研究的重点对象（樊杰等，2009；毕秀晶等，2011；卢明华和李丽等，2012）。

8.2　研究案例、研究方法与数据来源

1. 研究案例

安溪县是中国最大的乌龙茶产地，也是中国茶叶产量第一县，其悠久的茶叶种植历史可以追溯到一千多年前。在宋代的时候，安溪的茶叶就沿着海上丝绸之路走出了国门。近三十年来，技术的进步、市场的扩大以及政策的支持促进了茶产业的快速发展。目前安溪县已经形成了以广大茶叶种植农户为基础、数十家大型茶业公司为龙头和数千家中小型茶业公司为重要组成的茶叶生产加工销售链，并带动了一定规模的茶叶加工机械、茶叶包装、茶饮器具等相关与支持性产业，安溪县内部已经形成了比较完整的茶产业价值链，并且已经成功地加入了全球价值链，产品出口到日本和欧美多个国家。

2. 研究方法

1）空间自相关分析

空间自相关分析可用来衡量某种属性在整个区域上的相互关联特征及其在空间上是否存在集聚，反映观测变量在整个研究区域内空间分布的整体趋势（林锦耀和黎夏，2014），常用 Moran' s I 指数和 Geary' s C 指数来衡量（邵一希等，2010）。本研究采用最常用的 Moran' s I 指数来衡量安溪县各乡镇茶叶种植专业化程度在空间上的分布规律，其计算公式如下：

$$I=\frac{\sum_{i=1}^{n}\sum_{j=1}^{n}M_{ij}\left(X_i-\bar{X}\right)\left(X_j-\bar{X}\right)}{\sum_{i=1}^{n}\sum_{j=1}^{n}M_{ij}\frac{1}{n}\sum_{i=1}^{n}\left(X_i-\bar{X}\right)^2}(i,j=1,2,\cdots,n) \tag{8-1}$$

式中，I 表示安溪县茶叶种植专业化程度的全局 Moran' s I 指数；n 表示安溪县的乡镇数；X_i 和 X_j 分别表示乡镇 i 与乡镇 j 的茶叶种植专业化程度值；$\bar{X}$ 表示各个乡镇茶叶种植专业化程度的平均值；M_{ij} 表示研究范围内乡镇 i 与乡镇 j 的空间连接矩阵中的一个元素。其中，正值表明空间正相关，值越大相关性越强（即高值-高值相邻、低值-低值相邻）；负值表明空间负相关，值越小相关性越强（即高值-低值相邻、低值-高值相邻）；值为 0 的时候表明在空间上不具有相关性。

2）地理加权回归模型和普通最小二乘法

地理加权回归（GWR）模型是在空间变异系数回归模型基础上利用“局部光滑”思想提出的，不但扩展了传统的回归框架，将样点数据的地理位置嵌入到回归参数之中，也更能够反映参数在不同空间的空间非平稳性，使变量间的关系可以随空间位置的变化而变化（王雅楠等，2016），模型的结构如下：

$$y_i=\beta_0\left(u_i,v_i\right)+\sum_{k=1}^{p}\beta_k\left(u_i,v_i\right)x_{ik}+\varepsilon_i \tag{8-2}$$

式中，y_i 是指乡镇 i 的茶叶种植专业化程度变化的拟合值；i 是乡镇数；k 是自变量的记数；x_{ik} 第 k 个自变量在乡镇 i 的值；$\left(u_i,v_i\right)$ 是乡镇 i 的地理中心坐标；$\beta_k\left(u_i,v_i\right)$ 是连续函数 $\beta_k\left(u,v\right)$ 在乡镇 i 的值；ε_i 是乡镇 i 的随机误差项。

GWR 模型在诊断方面较弱，因此在地理加权回归之前要进行普通最小二乘法（ordinary least square, OLS）线性回归确保模型的准确性（宫宁等，2016）。OLS 的基本原则是最优拟合直线应使各点到直线的距离的和最小，其回归方程如下：

$$y=\beta_0+\sum_{k=1}^{p}\beta_k x_k+\varepsilon \tag{8-3}$$

式中，y 是茶叶种植专业化程度的拟合值；β_0 是线性回归方程的截距；β_k 是第 k

个自变量的回归系数；k 是乡镇的个数；ε 是随机误差项。

3) Hoover 地方化系数

Hoover 地方化系数，也被称为区位基尼系数，可以衡量特定产业在研究区域内的集聚水平，其计算公式为(臧新和李菡，2011)

$$H = 2\sum_{j=1}^{n}\left(s_j \times \sum_{k=1}^{j} s_{ij}\right) - 1 \tag{8-4}$$

式中，H 是乡镇 j 的 Hoover 地方化系数；s_j 是安溪县茶叶种植面积在全县种植业中所占的比例；s_{ij} 是乡镇 j 的茶叶种植面积在全县种植业中所占的比例。

4) 经济重心

区域经济重心的原理与传统的力学中的重心相似，是指在区域的空间范围内的一个点，该点的各方向上的力量达到平衡状态(林思宇等，2014)。其计算公式为

$$\begin{cases} \bar{X} = \dfrac{\sum_{i=1}^{n} M_i X_i}{\sum_{i=1}^{n} M_i} \\ \bar{Y} = \dfrac{\sum_{i=1}^{n} M_i Y_i}{\sum_{i=1}^{n} M_i} \end{cases} \tag{8-5}$$

式中，$\left(\bar{X},\bar{Y}\right)$ 是安溪县茶叶种植的经济重心的坐标；M_i 是乡镇 i 的茶叶产量；$\left(X_i,Y_i\right)$ 是乡镇 i 的几何重心的坐标；n 是乡镇的个数。

5) 核密度估计

核密度估计法是通过复杂的距离衰减测度局部密度变化，来探索实物空间分布的热点区域(王远飞和何洪林，2007)。本章运用核密度估计对安溪县茶产业部分价值链环节的空间集聚进行分析。核密度估计以样本点为圆心，进行圆形区域的搜寻，靠搜索半径产生圆，圆心处的栅格单元密度值最高，离开圆心越远，密度越低。核密度估计法具体计算公式如下(丛海彬等，2015)：

$$F_n(x) = \sum_{i=1}^{n} K\left(\frac{x - x_i}{h_n}\right) \bigg/ nh_n \tag{8-6}$$

式中，$F_n\left(x\right)$ 为核密度估计值；n 为样本数；h_n 为搜索半径；K 为核函数；$x - x_i$ 为估计点 x 到样本点 x_i 的距离。

3. 数据来源

本章的样本空间单元为安溪县所辖的24个乡镇，数据主要分为两部分，一部分是有关茶叶种植的社会和自然属性数据；另一部分是茶产业价值链相关数据。在茶叶种植方面，社会属性数据主要包括农民人均纯收入、农业从业人口比重、人均GDP、农业机械总动力、道路等，其中道路数据由安溪县交通图矢量化而来，其他社会属性数据则主要来源于2013年的《安溪统计年鉴》。自然属性数据包括平均高程、平均坡度和年均降水量等数据，主要通过3S技术提取获得，其中平均高程和平均坡度图层由30m分辨率的DEM数据提取，年均降水量指标由气象站点数据通过ArcGIS空间插值方法得到(表8-1)。

表8-1　数据类型、来源及处理方法

数据类型	数据来源	处理方法
农民人均纯收入 农业从业人口比重 人均GDP 农业机械总动力	《安溪统计年鉴》(2013年)	统计分析
道路	《安溪县旅游交通图》	矢量化以及空间分析
平均高程 平均坡度	30 m分辨率数字高程模型(DEM)数据	ArcGIS坡度分析
年均降水量	气象站点数据	空间插值法

安溪县茶产业价值链部分，主要包括统计数据和空间数据两方面。在统计数据方面，根据《安溪统计年鉴》(2013年)选取1998年、2005年和2012年的各乡镇茶叶产量和茶叶种植面积数据，统计2012年安溪县内主营业务收入在5000万元以上的41家茶叶加工厂。在空间数据方面，通过企业网站查询所统计的茶叶加工厂的地址并利用谷歌地图查询各个加工厂的坐标，最终确定了35家茶叶加工厂的空间位置；通过实地走访与谷歌地图查询相结合的方式，确定了900多家茶叶销售门店以及20多家茶叶包装和茶饮器具销售门店的空间位置，利用ArcGIS软件对所得到的空间数据进行数字化，建立空间数据库(表8-2)。

表8-2　数据类型及数据来源

价值链环节	数据类型	数据来源
茶叶种植	统计数据	《安溪统计年鉴》(2013年)
茶叶加工	统计数据及空间数据	《安溪统计年鉴》(2013年)、谷歌地图
茶叶销售 相关与配套产业	空间数据	谷歌地图、实地调查

8.3　安溪县茶产业价值链片段的空间分布规律

1. 安溪县茶产业价值链结构

通过对安溪县茶产业的实地调查，并参考波特对美国加州葡萄酒集群价值链的研究，本章对安溪县茶产业价值链结构进行了分解(图 8-1)。安溪县茶产业的主要价值链分为纵向的茶苗繁育环节、茶叶种植环节、茶叶加工环节、茶叶销售环节以及横向的相关与配套产业。相关与配套产业在茶叶种植环节提供了农资、农机供给和生态防治技术服务，在茶叶加工环节提供了茶叶加工机械制造、茶叶包装和茶饮器具等供给服务，在茶叶销售环节提供了广告、茶叶会展等服务。在公私机构方面，主管安溪茶产业的政府部门为安溪县茶果局和安溪县茶叶管理委员会办公室等，相关的科研和教育机构包括大学、职业技术学院、质检中心以及国家重点实验室等，为整个茶产业价值链提供了人才培养、技术支持等服务。此外，在安溪县内外还有一些产业集群支持了本地茶产业的发展，如本地的茶叶旅游、茶食品集群，德化的陶瓷集群、厦门和深圳的茶叶包装设计集群以及莆田的家具集群等。

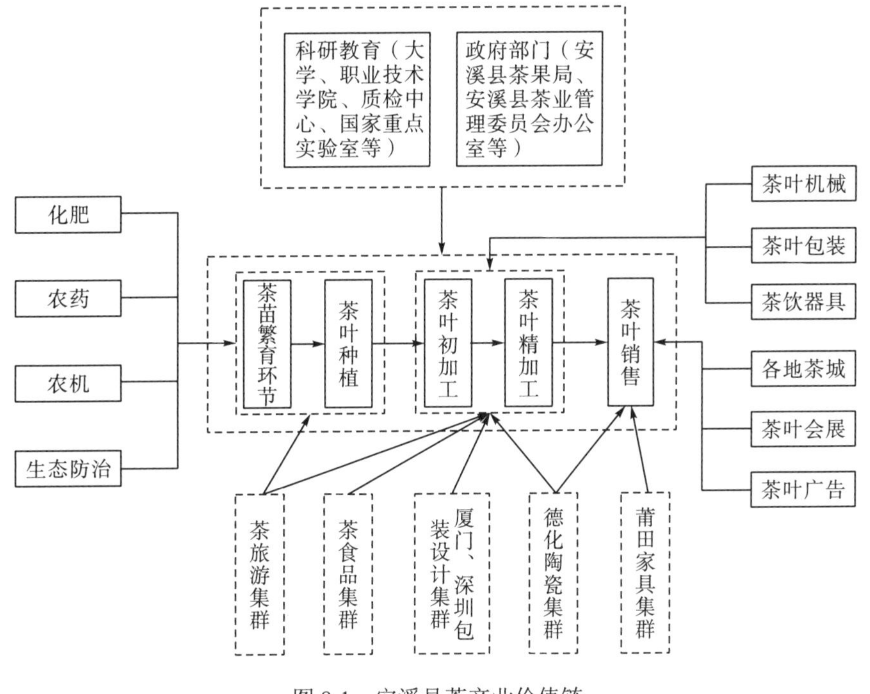

图 8-1　安溪县茶产业价值链

资料来源：参照波特的加州葡萄酒产业集群模式绘制

2. 安溪县各乡镇茶叶种植专业化空间格局分析

1) 安溪县专业化茶叶种植呈现类杜能模型的圈层结构

为揭示安溪县茶叶种植专业化的空间格局，首先需对各乡镇的茶叶种植专业化程度进行测度，而测算地区专业化和地理集聚程度的指标很多，包括赫芬达尔系数、Hoover 地方化系数、区位基尼系数、Moran's *I* 指数、区位商、产业集中率、产业空间集聚指数、产业结构差异系数以及地区专业化系数等(樊福卓，2007)，其中，区位商是最常用的计算产业地理集聚程度的指标之一，因而本章采用区位商来表征各乡镇种植专业化程度。考虑到茶叶作为特色农作物，不同于大宗粮食作物和果蔬类作物，也不能简单采用制造业区位商计算方法，故先计算茶叶种植面积和茶叶产量两种指标的区位商，再按等权合成综合区位商来更精确地衡量各乡镇茶叶种植的专业化程度。

通过计算安溪县各乡镇的茶叶种植业的综合区位商，发现安溪县茶叶种植的专业化程度差异较大，大致呈现出“西高东低”的空间分布特征(图 8-2)，与地形上的县域东部“外安溪”的平坝浅丘、县域西部“内安溪”的山地丘陵的空间特征大致吻合。以县城为中心，茶叶种植专业化的程度由近及远呈现出“低—中—高”扇形的圈层结构。这种圈层结构在形状上类似于杜能农业区位模型中的基于中心市场距离差异的农业圈层化的空间分布结构(图 8-3)，在围绕县城之外呈扇形布局的服务城市型农业和商品化谷物种植业外，就是高度专业化的茶叶种植。下面将进一步分析这种专业化茶叶种植空间分异的影响因素和机制。

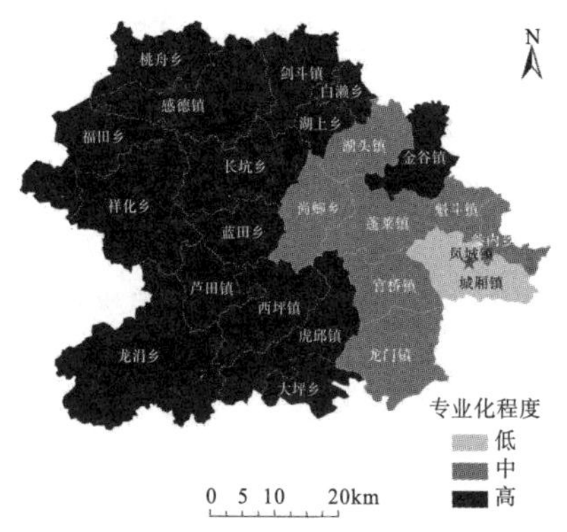

图 8-2　安溪县各乡镇茶叶种植专业化程度

资料来源：《安溪统计年鉴》(2013 年)

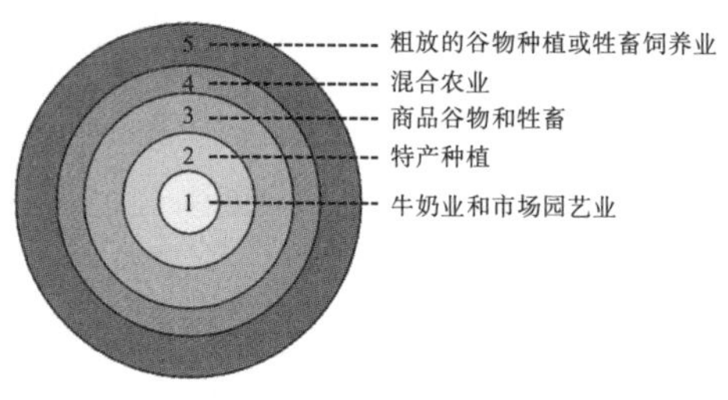

图 8-3　杜能区位模型的圈层结构

资料来源：阿瑟·格蒂斯等(2013)

2) 安溪县茶叶种植呈显著的空间正相关特征

通过对 1998 年、2005 年和 2012 年的安溪县各乡镇的茶叶产量(毛茶)数据进行全域空间自相关分析，其 Moran's I 指数分别为 0.402、0.376 和 0.381，2005 年的集聚度和 2012 年的集聚度非常相近，且低于 1998 年的茶叶种植的集聚度，表明安溪县茶叶种植的面积和范围随时间在进一步扩大，但 3 个年份的 Moran's I 指数都大于 0，因而安溪县的茶叶产量在空间上一直具有较高的集聚性，且这种茶叶种植集中分布在安溪县西部广大地区的“内安溪”区域。

3) 安溪县茶叶种植经济重心发生移动

基于安溪县各乡镇茶叶产量分别计算 1998 年、2005 年和 2012 年的经济重心，并用 ArcGIS 软件进行空间展示，结果发现，安溪县茶叶种植的经济重心自 1998 年以来逐步由西南部向北部移动(图 8-4)。茶叶种植的经济重心及其迁移表明，安溪县茶叶种植的空间格局在发生有规律性的变化，北部的乡镇在茶叶种植中的重要性越来越大。

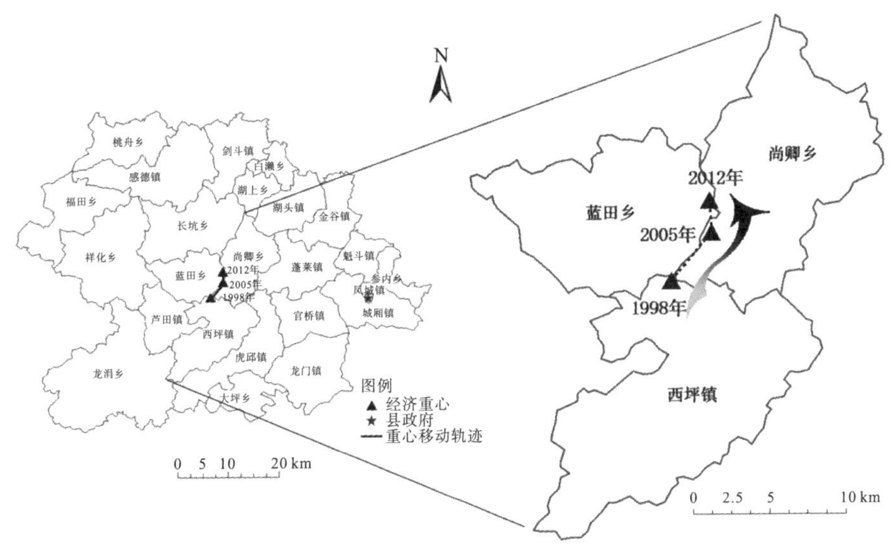

图 8-4　1998～2012 年安溪县茶叶种植经济重心变化轨迹

3. 茶叶加工环节

茶叶加工环节包括茶叶的初加工和精加工，是茶叶由鲜叶到成品的关键环节。安溪县目前拥有大量茶叶加工厂，包括小型的农户所有的茶叶初加工作坊、中小企业所有的中等规模茶叶加工厂以及龙头企业所有的以精加工为主的大型茶叶加工厂，其中 2012 年产值达到 5000 万元以上的茶叶加工厂就达到 41 家。

使用 ArcGIS 软件中的核密度估计模块对茶叶加工厂的分布密度进行估计，结果表明，安溪县域内的主要茶叶加工厂的空间分布具有明显的等级差异。其中县城的分布密度最高，其次是虎邱镇和西坪镇这两个镇，祥华乡、感德镇、剑斗镇和长坑乡次之，其余各乡镇均无大型茶叶加工厂的分布(图 8-5)。县城内茶叶加工所需的相关基础配套设施建设得最好，交通、物流、通信等条件也都更完善，因而县城是茶叶加工厂的主要聚集区。西坪镇和虎邱镇两个乡镇的茶叶种植专业化水平较高，茶叶种植历史悠久并且交通便利，已经形成了多个较大规模的茶叶种植基地，吸引了较多的大型茶叶加工厂的聚集，茶叶加工厂分布密度仅低于县城，而明显高于其他乡镇。

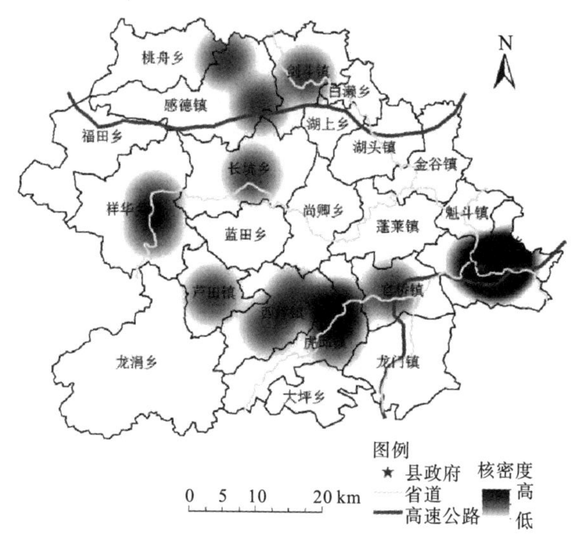

图 8-5　安溪县主要茶叶加工厂的核密度

数据来源：《安溪县旅游交通图》

4. 茶叶销售环节

安溪县的茶叶销售环节处在价值链的顶端，可以被分为两部分，一部分是安溪县本地的茶叶销售门店，另一部分是从安溪县走出去的号称“十万茶商”的安溪本地人经营的茶叶专卖店。由于安溪之外的茶叶销售门店分布在全国各地，数据获取难度大，因此本书只介绍安溪县内的茶叶销售门店的空间集聚特征。在电商飞速发展、实体门店受到前所未有冲击的情况下，安溪县茶叶销售门店仍然是安溪铁观音成品茶叶的主要销售渠道。目前，茶多网实行线上线下统一发展的政策，只有拥有实体店的商家，才能在茶多网注册。作为面向终端消费者的体验式消费，消费者只有通过亲身鉴赏，才能确定产品的品质，得益于这种消费的特殊性，安溪县形成了庞大的销售门店系统。

使用 ArcGIS 软件中的核密度分析模块对茶叶门店的分布密度进行核密度估计，可以得到茶叶销售门店的空间集聚特征：以中国茶都、安溪特产城和中国茶博汇三个茶业综合服务中心为核心呈面状分布，中国茶都和安溪特产城之间呈带状分布，县城其他区域零星分布着集聚密度较低的茶叶门店(图 8-6)。其中，中国茶都是安溪政府规划的第一代茶叶综合服务中心，是目前国内规模最大的集茶业贸易、信息交流、茶文化研究、旅游、科研于一体的茶业综合服务中心，对安溪茶产业的发展壮大起到了积极的推进作用，并带动了相关产业的发展。安溪特产城是安溪县的第二代茶叶综合服务中心，它北邻安溪火车站，南接中国茶都，交通比较发达，具有明显的区位优势。安溪特产城和中国茶都之间的永安路，作为连接两个茶叶综合服务中心的主要道路，也分布着为数众多的茶叶销售门店，使两个茶叶综合服务中心之间没有间断，形成了几乎连续的茶叶销售门店区。中国茶博汇是安溪县规划的最新一代茶叶综合服务中心，功能更加齐全，设施更加完善，拥有体量宏大的茶叶会展中心，吸引了为数众多的茶叶销售门店。

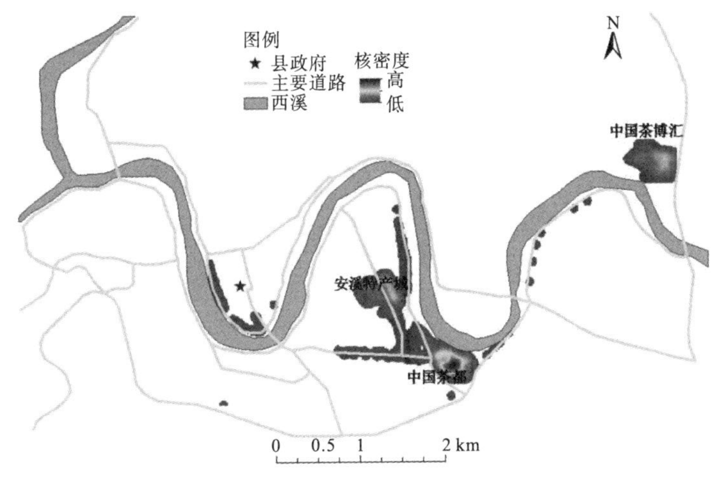

图 8-6　安溪县茶叶销售门店的核密度

资料来源：《安溪县城区图》和谷歌地图

5. 相关与支持性产业

1) 茶饮配套、包装制造业

茶几、茶柜、茶室屏风、茶杯等茶饮器具和相关配套设备制造业与茶叶包装制造业，并不全都在安溪县域内，其中茶饮配套中的茶几、茶椅等茶室家具供应商主要来自莆田和福州的木质家具制造厂商；茶杯等茶饮器具则主要来自临县的德化陶瓷产业集群供应商；茶叶包装则主要在印刷业更为发达的厦门、深圳等地进行设计与生产。这两个产业在安溪县主要以门店形式进行展示与销售，通过ArcGIS软件对这两个产业销售门店的空间分布情况进行核密度计算，可以看出茶饮器具和茶叶包装门店主要分布在中国茶都、安溪特产城和中国茶博汇(图 8-7)，其中中国茶都和安溪特产城区域范围内的分布密度最大，主要集中在大同路与永安路交叉路口处。茶配套产品主要分布在中国茶都和安溪特产城这两个安溪县主要的茶业综合服务中心，是以市场为导向的空间布局选择，茶叶交易平台为茶饮配套和包装提供了最广泛和直接的市场，在主要的茶叶交易中心进行门店设置，也能最便捷地发挥其对茶产业的服务功能。此外，大同路是横穿安溪县的主干道之一，因而交通区位也是其空间布局的一个重要影响因素。

2)茶机械制造业

茶机械主要包括茶叶种植环节使用的农机具和茶叶加工环节时使用的挑梗机、色选机、烘焙机、包装机等机械设备，其中农机具的本地化生产较少，主要通过外部采购，再由各乡镇农资合作社等组织向农户提供；茶叶加工机械设备本地化生产程度高，其服务能力覆盖全县，甚至辐射东南亚等产茶国家。安溪县茶叶机械厂主要分布在凤城镇的吾都工业区和美法工业区内(图 8-7)，作为安溪政府重点规划项目，这两个工业区内聚集了数量众多的茶叶机械厂，是安溪茶叶机械的核心区。

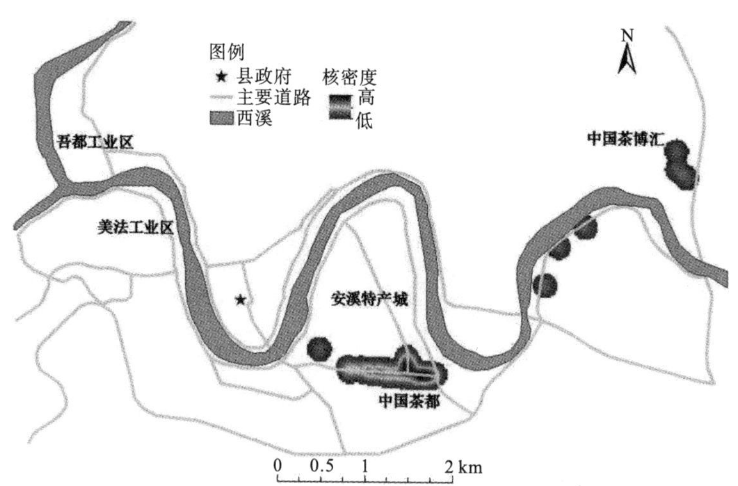

图 8-7 安溪县茶饮器具和包装门店的核密度

资料来源：《安溪县城区图》

3) 公私机构

安溪县的公私机构是茶产业的支持与中介机构，主要包括农业茶果局、安溪县茶叶管理委员会办公室、安溪茶业总公司、茶叶协会、同业公会等茶业管理机构组织，福建农林大学安溪茶学院、安溪茶业职业技术学校、国家茶叶检测重点实验室(福建)和国家茶叶质量监督检验中心(福建)等。这些机构都主要分布在安溪县城内，依托县城丰富的交通、财政、教育等资源，服务于整个安溪县茶产业价值链。

4) 其他相关产业

茶产业的发展还带动了会展业、旅游业和茶衍生产品生产制造业的发展，安溪县会展业主要集中在中国茶都、中国茶博汇等区域，除专门的会展中心外，部分龙头、骨干企业在企业总部也设置了相关的茶文化、茶制造生产展示平台；相关茶生态旅游、茶文化旅游、茶庄园观光主要依托茶叶种植基地、茶叶发源地和县域内的自然景观等发展；与茶叶相关的衍生产品诸如茶饮料、茶糕点、保健品、洗浴品、化妆品等主要依托相关科研机构进行研发和相关元素的提取，因而这些行业也主要依托相关科研平台和生产条件分布在县城以及厦门、深圳等部分龙头企业的研发中心所在地。

6. 茶产业价值链空间格局形成的原因分析

1) 价值链治理作用

价值链治理是指一个产业价值链中协调整个价值链活动的各环节之间的组织关系与安排(雷昊等，2012)。价值链治理者作为价值链上的权力主导者、治理主体，主动设计和安排了产业价值链的上下游环节之间的关系问题，具体决定哪些价值链活动放在企业内部完成，哪些价值创造活动外包给外部企业来完成(丛海彬等，2015)。随着全球化和区域经济一体化程度的不断深化，产业价值链各个环节的参与者的角色也在不断演变，“单极化”的生产者或购买者驱动的价值链在不断弱化，“多元化治理”主体博弈共存已成主流，其中行业龙头和骨干企业、政府、行业协会和商会等成为价值链治理的多元化主体和治理者。

在农业的产业化发展中，龙头企业承担着重要的职责，包括引导本地产业发展以及开拓外部市场等(雷昊等，2012)，是价值链的重要治理者。安溪县茶企中的龙头、骨干企业出于食品安全和社会责任需要，价值链环节有逐步内部一体化的趋向，除展示门店等布局在会展中心外，大多在城郊独立布局。安溪县龙头、骨干企业对于茶叶种植标准、加工标准等的制定拥有一定话语权，其对于茶叶种植基地、加工基地、销售市场的选择一定程度上也会吸引中小企业在该区域的聚集，以获得技术、管理等方面的学习机会。政府对产业集群竞争力具有重要的影响(税伟，2011)，政府机构、协会和商会等作为安溪县茶产业价值链的治理者之一，为了更好掌握茶叶种植、加工和销售标准和制定参数，集聚在县城以占领信息高地和实现频繁互动。

2)商业中心地空间体系

地理学家克里斯特勒创立了在每个六边形市场区的中心都会有一个中心地的理论，解释了作为中心市场的城镇的聚集规模和空间区位(阿瑟·格蒂斯等，2013)。在中心地理论中，城市的中心功能和服务功能可以决定中心城市的等级和服务范围(杨吾扬和梁进社，1997)。中心地都需要与之匹配的腹地来支撑，中心地等级的高低与其腹地市场规模大小是一致的(Gregory et al.，2009)。在本研究中，安溪县城是安溪县的高等级中心地，相对于乡镇来说，县城内的商业环境较好，交通便利，各种涉茶资源和产业依托便利的交通条件，服务范围可以覆盖整个县域。作为次一级的中心地，西坪镇和虎邱镇茶业发展起步较早，茶产业的成熟度较高，具有一定的产业优势，并依托本地区优质的茶叶原料来源和相对发达的交通，培育了众多大型的茶叶加工厂，形成了仅次于县城的中心地，服务范围大大超过了本乡镇，积极带动了周边乡镇的茶产业发展，并在一定程度上促进了该区域茶产业价值链的集聚。祥华、感德、剑斗等乡镇是较低等级的中心地，这些乡镇自身的茶叶种植专业化水平较高，并且拥有比较便利的交通和扎实的产业基础，建立起了一定规模的茶叶加工厂，服务范围可以覆盖到周边茶叶种植专业化水平不高或者是交通不太发达的乡镇，形成了小范围内的茶产业的集聚。

3)各个价值链环节自身特性

Aranya(2008)认为，除了外部环境对企业区位决策具有重要影响之外，身处价值链具体环节的企业自身特点也是重要的区位决定因素。茶叶种植环节、加工环节和销售环节均为纵向价值链，而相关与配套产业为横向价值链，各个环节自身的特性也会影响到其在空间上的分布。

茶叶种植主要受海拔、气温、降水量等自然条件的影响，安溪县在地形上呈现出“西高东低”的特点，西部地区主要是山地和丘陵地貌，东部地区主要是浅丘平坝地貌，西部地区的自然环境更加适合茶叶的种植，因此安溪县西部地区的茶叶种植的集聚程度要高于东部地区。在茶叶加工环节，由于茶叶原料的新鲜程度会影响茶叶成品的质量，这种加工工艺上的特殊要求，决定着茶叶加工厂的选址要充分考虑获得茶叶鲜叶的便利性，因此茶叶加工厂在选址的时候着重选择可以便利地获得茶叶鲜叶的县城和茶叶种植专业化水平较高的乡镇。在茶叶销售环节，销售门店的选择主要受到市场环境的影响，茶叶的销售主要以批发的形式为主，销售对象主要是在全国各地从事茶叶销售的安溪本地人以及外地的茶商，交通、餐饮服务以及金融服务对茶叶销售门店的布局具有重要影响，因此茶叶销售门店大都分布在县城中的中国茶都、安溪特产城和中国茶博汇等交通发达、配套设施齐全的区域。

相关与配套产业属于横向价值链，其在空间上的分布主要受与其相关的纵向价值链环节空间分布的影响，如茶叶种植所需的农资主要分散在各个乡镇以及中心村；茶叶包装和茶配套门店受茶叶销售环节的影响而主要分布在中国茶都和安溪特产城附近；茶叶加工机械由于需要服务于本地茶叶加工环节和全国各地的茶产业集群，且机械制造厂占地面积大，会产生各种环境污染，因此选择了交通方便但与中心城区又有一定距离的远郊工业区；公私机构一般服务于整个纵向价值链，而且其对服务设施的要求较高，因此主要分布在县城内。

8.4　安溪县各乡镇茶叶种植专业化水平的影响因素分析

1. 变量的选取

种植业的空间格局是多个因子综合作用的产物，农作物种植区位的选择应考虑自然条件、交通条件和市场需求变化等因子的影响(张文忠，1995)。针对种植业空间分布的影响因素，一些学者基于不同的作物进行了研究。信桂新等(2015)分析了农业装备、气候条件、市场条件和农业要素四种要素对种植业变化的影响；封志明等(2013)认为，橡胶种植受到地形因素的制约；孙鹤和高亮(2014)认为，运输成本、自然要素以及土地要素是影响种植业区域分工的主要因素。结合茶叶专业化种植空间分异特征，从自然和社会经济耦合的视角分析和筛选茶叶专业化种植空间格局的影响因素，并根据数据的可获得性选取了包括农民人均纯收入(NPS)、农业从业人口(NRK)、人均国民生产总值(PGDP)、农业机械总动力(NJD)和距交通道路的距离(DLJL)5 个社会经济要素指标，自然要素则选取了平均高程(PGC)、平均坡度(PPD)、年均降水量(PJY)3 个指标作为自变量。而因变量则选择由综合区位商测度的各乡镇茶叶种植专业化程度，探讨安溪县各乡镇茶叶种植专业化水平的影响因素。考虑到茶叶种植的便利程度主要受乡村道路的影响，因此只选择安溪县的乡道以及县道进行矢量化，并使用 ArcGIS 中的距离分析工具，计算各乡镇内每个像元距交通道路的距离，再取平均值作为每个乡镇距交通道路的距离。在自然要素方面，以 30m 分辨率的 DEM 数据为基础，计算出每个乡镇的平均高程和平均坡度；年均降水量的数据由 7 个气象站点的数据通过 ArcGIS 的空间插值方法得到。将这 8 个变量通过 SPSS 软件进行皮尔逊相关性分析，通过皮尔逊相关性检验，最终只有农民人均纯收入(NPS)、农业从业人口(NRK)、距交通道路的距离(DLJL)、平均高程(PGC)、平均坡度(PPD)、年均降水量(PJY)等 6 个变量通过显著性检验。

2. 模型建立及测评

1) OLS 模型

为了探测 OLS 模型在本书中的适用性和解释力，以 2012 年安溪县各乡镇的茶叶种植专业化程度为因变量，采用上述 6 个自变量构建 OLS 模型，以分析自变量对因变量的影响程度。将 6 个变量全部纳入 OLS 模型，其中平均高程、平均坡度、年均降水量 3 个变量存在多重共线性，农业从业人口未达到显著性水平。若将平均坡度和年均降水量这两个变量去掉，可以解决多重共线性问题，再将农业从业人口改为农业从业人口比重(RKB)，模型可通过显著性检验(表 8-3)。

表 8-3　OLS 模型参数估计及检验结果

指标	数值
农民人均纯收入	0.071*
农业从业人口比重	0.092**
平均高程	0.830***
距交通道路距离	−0.490*
常数项	9.433
修正 R^2	0.595

注："*"表示在 0.05 的水平上显著；"**"表示在 0.01 的水平上显著；"***"表示在 0.001 的水平上显著。

通过比较模型中各自变量的标准化系数可以发现，对因变量的影响大小依次为平均高程、距交通道路距离、农业从业人口比重和农民人均纯收入。在其他条件都不变的情况下，平均高程每增加一个标准化单位，茶叶种植专业化程度增加 0.830 个单位；距交通道路距离每增加一个标准化单位，茶叶种植专业化程度减少 0.490 个单位；农民人均纯收入每增加一个标准化单位，茶叶种植专业化程度就会增加 0.071 个单位；农业从业人口比重每增加一个标准化单位，茶叶种植专业化程度增加 0.092 个单位。根据以上分析结果，可以进一步发现，自然要素对茶叶种植专业化的影响程度大于社会经济要素。

2) GWR 模型

在 OLS 模型筛选出影响茶叶种植专业化程度的指标的基础上，设乡镇 i 的地理中心坐标为 (u_i, v_i)，构建如下的 GWR 模型：

$$\mathrm{ZYH} = \beta_0(u_i,v_i) + \sum_{j=i}^{k} \beta_1(u_i,v_i) x_{ij}(\mathrm{NPS}) + \sum_{j=i}^{k} \beta_2(u_i,v_i) x_{ij}(\mathrm{RKB}) + \sum_{j=i}^{k} \beta_3(u_i,v_i) x_{ij}(\mathrm{PGC}) + \sum_{j=i}^{k} \beta_4(u_i,v_i) x_{ij}(\mathrm{DLJL}) + \varepsilon_i \tag{8-7}$$

式中各变量含义同式(8-6)。

回归系数的计算在 ArcGIS10.0 软件中应用地理加权回归工具实现，其中模型带宽的计算运用 AICc 的方法。GWR 模型显示，模型的拟合优度为 0.624，相比 OLS 模型的 0.595 有一定的提高，说明 GWR 模型拟合结果要明显优于 OLS 模型的结果(表 8-3 和表 8-4)。

表 8-4　GWR 模型参数估计及检验结果

模型参数	数值
带宽	0.503
残差平方和	3228734.773
有效数	6.687
自由度	431.847
AICc	372.223
R^2	0.717
修正 R^2	0.624

地理加权回归模型的结果中，每一个乡镇都有特定的回归系数。对各因素的回归系数进行统计，得到平均值、最大值、最小值、上四分位值、下四分位值和中位值(表 8-5)。统计结果表明，除了距交通道路的距离之外，其他的要素在空间上均比较稳定，并且都是正的。这说明农民人均纯收入、农业从业人口比重、平均高程对安溪县茶叶种植专业化的影响都是正向的，距交通道路的距离的回归系数为负，并且波动比较大，说明其对茶叶种植专业化影响不稳定。

表 8-5　GWR 模型回归系数描述性统计分析

因素	平均值	最大值	最小值	上四分位值	下四分位值	中位值
农民人均纯收入	0.032	0.0397	0.0279	0.0299	0.0347	0.0326
农业从业人口比重	0.054	0.073	0.042	0.046	0.062	0.054
平均高程	0.247	0.286	0.208	0.228	0.265	0.249
距交通道路距离	−0.076	0.035	−0.246	−0.161	−0.101	−0.060
常数项	26.850	28.877	24.522	25.845	28.046	26.782

各乡镇局部回归模型的标准化残差值的范围在[-1.41，3.19]，其中 95%以上在[-2.58，2.58]，因此 GWR 模型的标准化残差值在 5%的显著性水平下是随机分布的。从标准化残差的空间分布图可以看出(图 8-8)，只有 1 个乡镇的局部回归模型未通过残差检验。进一步对残差进行空间自相关性的检验，得到 Moran's I 指数为 0.016，表明残差在空间上基本是随机分布的，模型整体的效果好。

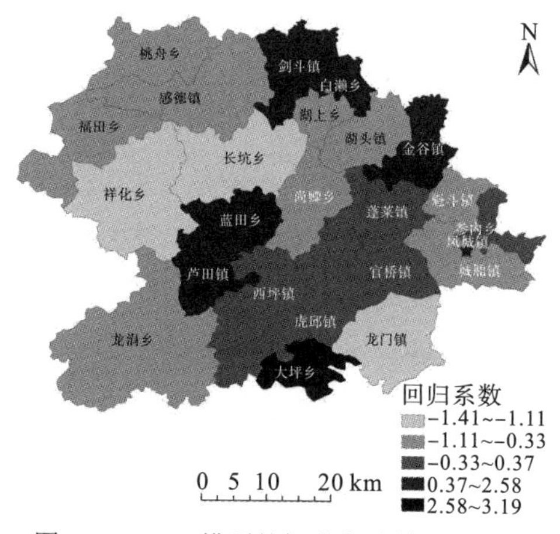

图 8-8　GWR 模型的标准化残差空间分布

3. 结果分析

1) 平均高程对茶叶种植专业化程度的影响

安溪县各乡镇的平均高程对茶叶种植专业化程度的影响均呈正效应，即平均高程越高的区域，其茶叶种植专业化程度也相对越高。地理加权回归模型的平均高程回归系数主要呈现出“南高北低”的空间分布特征(图 8-9)，其中最大值在南部的大坪乡，最小值在西北部的桃舟乡。安溪县各乡镇平均高程的空间分布总体上呈现出“西北高，东南低”的特征(图 8-10)，说明在平均高程较高的北部乡镇，平均高程对茶叶种植专业化程度的影响较小，而在平均高程较低的南部乡镇，平均高程对茶叶种植专业化程度的影响更大，也说明海拔较低更有利于茶叶的栽培管理、采摘、机械化和设施化，进而更有利于提升茶叶种植的专业化水平。因此高山出好茶是相较于平原、丘陵茶园而言的，并不是海拔越高，茶叶种植质量就越好(罗杰等，2009)，海拔对茶树生长具有一定的适宜范围(梁轶等，2011)，超过一定的海拔则茶树生长发育将受阻，且出于水土保持与生态环境保护的角度，茶叶种植海拔也并非越高越好，安溪县目前也对“茶叶上山”进行了一定程度的控制，因而较高的海拔对茶叶种植专业化的影响较小。

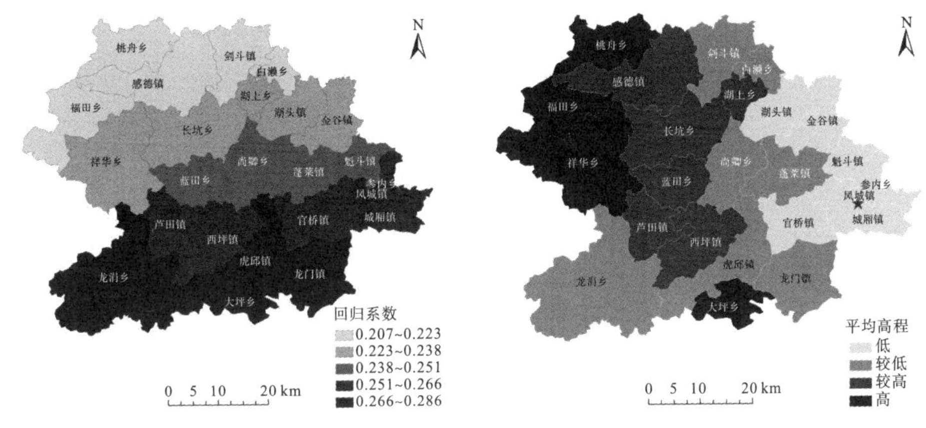

图 8-9　GWR 模型平均高程回归系数空间分布　　图 8-10　平均高程空间分异

平均高程与茶叶种植专业化程度的正向关联反映了自然环境或自然要素对茶叶种植专业化的积极促进作用。该结果能弥补杜能农业区位论对自然环境讨论的不足，即某些地区集约地发展农业不仅仅受农业区距中心市场的距离的影响，还会较大程度受在杜能模型中被均一化假设处理的自然环境条件的影响。在通过 OLS 模型检验的各要素中，平均高程对茶叶种植专业化程度的影响的显著性是最高的(表 8-3)，茶叶是一种特色作物，相较于社会经济要素，自然环境条件更能影响其集约生产，因而该结果也验证了阿瑟·格蒂斯(2013)等在研究中所提出的“在特定的环境条件下，往往是气候条件，使得某些远离市场的地区集约地发展成为某种农业区”的观点。

2) 农民人均纯收入对茶叶种植专业化程度的影响

GWR 模型的农民人均纯收入回归系数呈现出“南高北低”的空间分布特征(图 8-11)，说明安溪县南部乡镇的农民人均纯收入对茶叶种植专业化程度的影响相对于北部乡镇更大，其中最大值出现在南部的大坪乡，最小值出现在东北部的白濑乡。各乡镇的回归系数都为正值，说明各乡镇的农民人均纯收入与茶叶种植专业化程度之间都呈正相关关系。但是该结果并不能简单地理解为“一个乡镇的农民人均纯收入越高，则茶叶种植专业化程度就越高”，因为凤城镇、城厢镇等乡镇的农民人均纯收入在县域内都属于较高水平(图 8-12)，但其茶叶种植专业化程度却很低，白濑乡、湖上乡与福田乡等乡镇的茶叶种植专业化程度很高(图 8-2)，但其农民人均纯收入很低(图 8-12)，所以也不是专业化程度越高的茶区越能从茶叶专业化种植的投资—生产—收入的正循环中获益。

结果显示农民人均纯收入与茶叶种植专业化程度之间呈正相关关系，总体上表明农民的收入水平对于茶叶种植的专业化具有正向推动作用，空间上也反映出收入越高的地区推动作用也越大，但这只能反映我们研究的较高收入水平区域对茶叶专业化有更大促进作用，却无法详细、准确下结论说较低收入区域对茶叶专业化发展的作用较小，可以理解为原本茶叶种植专业化程度较高区域，这种农民收入水平的促进作用会较弱。因农民人均纯收入与消费支出构成都是多元的，纯收入不仅限于农民通过茶叶种植的所得，农民家庭支出也不仅限于茶叶种植投入，因而该指标受重复数据获取和详细分解限制，还有一定的不确定性，有待进一步研究。

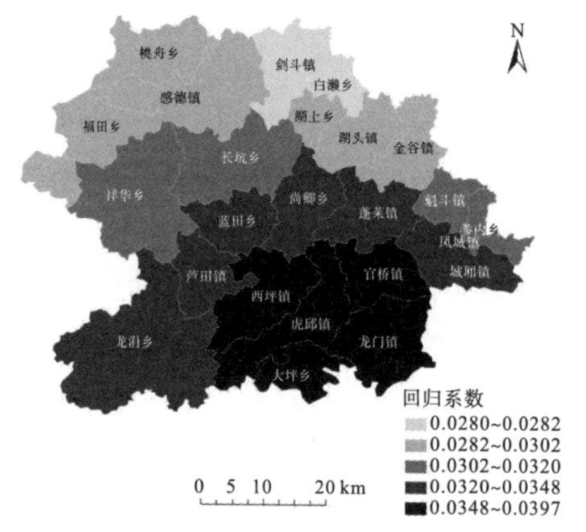

图 8-11　GWR 模型农民人均纯收入回归系数空间分布

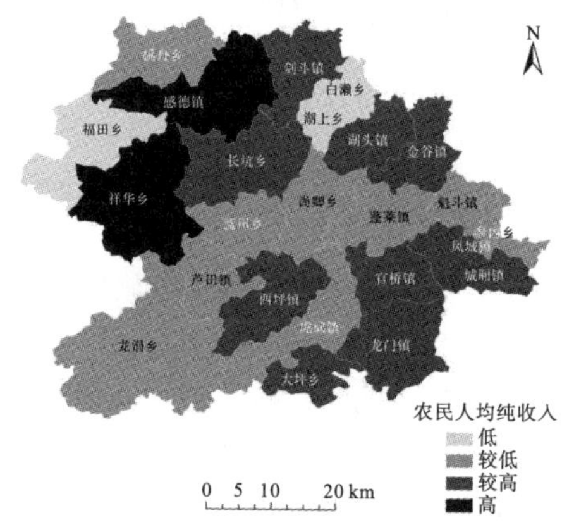

图 8-12　农民人均纯收入空间分异

数据来源：《安溪统计年鉴》(2013 年)

3) 农业从业人口比重对茶叶种植专业化程度的影响

安溪县各乡镇的农业从业人口比重与茶叶种植专业化程度之间都呈正相关关系，且回归系数在空间上呈现出“北高南低”的空间分布特征(图 8-13)，而安溪县农业从业人口比重的空间分布总体上呈现出“南高北低”的特征(图 8-14)。说明农业从业人口比重较低的北部乡镇，其农业从业人口比重对茶叶种植专业化程度的影响较大；而农业从业人口比重较高的南部乡镇，农业从业人口比重对茶叶种植专业化程度的影响却相对较小，其中最大值出现在西北部的桃舟乡，最小值出现在东南部的大坪乡。

结果表明，农业从业人口比重较高的区域，其茶叶种植专业化水平也高，而农业人口比重较低的地区则反之。这主要是因为茶叶种植不同于一般农作物的种植，无论是由于机械设备使用时地形的限制还是出于茶叶品质的考虑，其对劳动力的依赖程度远大于机械设备，加之安溪县西北部乡镇的平均高程较高(图 8-10)，因而茶叶种植对劳动力集约化程度的要求更大，农业从业人口比重对茶叶种植专业化程度的影响就更大。一定程度上说明茶叶种植是一项劳动密集型的集约化商品农业，其整个生产过程的机械化程度较低，手工劳动仍为茶叶种植的主要方式。

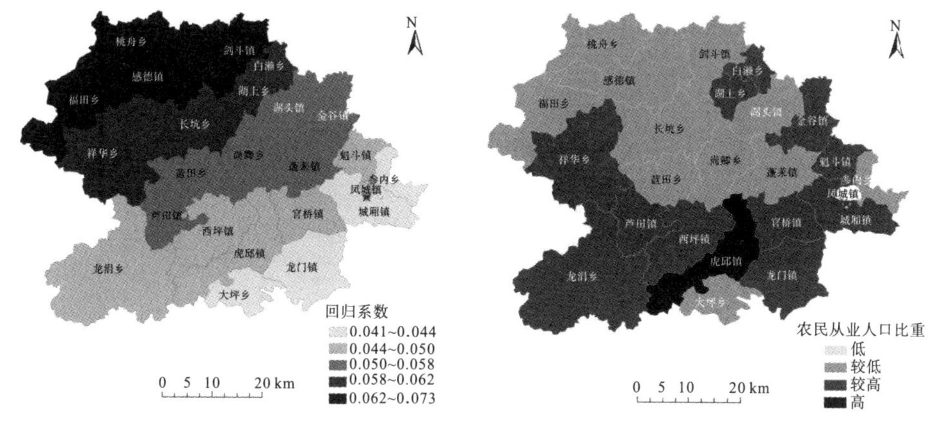

图 8-13　GWR 模型农业从业人口比重回归系数空间分布

图 8-14　农业从业人口比重空间分异

数据来源：《安溪统计年鉴》(2013 年)

4) 距交通道路距离对茶叶种植专业化程度的影响

各乡镇的茶叶种植距交通道路距离的平均值反映了茶叶种植依赖的基础设施水平和种茶的便利程度，若一个乡镇该值越低，表明该乡镇的路网越发达。通过 GWR 模型算出的各乡镇距交通道路距离回归系数为负值，因而安溪县各乡镇距交通道路距离与茶叶种植专业化程度之间总体上呈负相关关系，即茶叶种植距离交通道路越近，则其专业化程度越高，反之则越低。进一步说明交通通达性、便利性对专业化茶叶种植非常重要。从回归系数的空间分布来看，主要呈现由西南到东北逐渐增大的趋势(图 8-15)，而安溪县的交通便利性呈现“北低南高”的空间特征(图 8-16)，这表明交通道路便利性程度能有效提高当地茶叶种植的专业化水平。

本章中采用的交通因素是密切影响茶叶种植便利性的县道以及乡道等低级别道路，与杜能农业区位模型中“农用地距中心城市市场的距离”这一核心要素的表征具有相似性，即交通越不便利(茶叶种植距交通道路距离的平均值越大)的农区其距离中心城市的距离也越大。但在信息与通信技术(ICT)如此发达的今天，ICT 已大大减小了交通距离的约束，那么交通对农业区位的重要作用也降低了吗？农业区位还会主要受市场距离的影响吗？此处本章结果与杜能的农业区位模型有不一致的地方，至少表明茶叶高度专业化、集约化种植并没有呈现杜能农业区位模型的市场距离影响的方式。不容忽视的是，本章结果也显示距交通道路距离是一个相对不稳定的因素，其对茶叶种植专业化程度的影响还同时受到平均高程的影响。

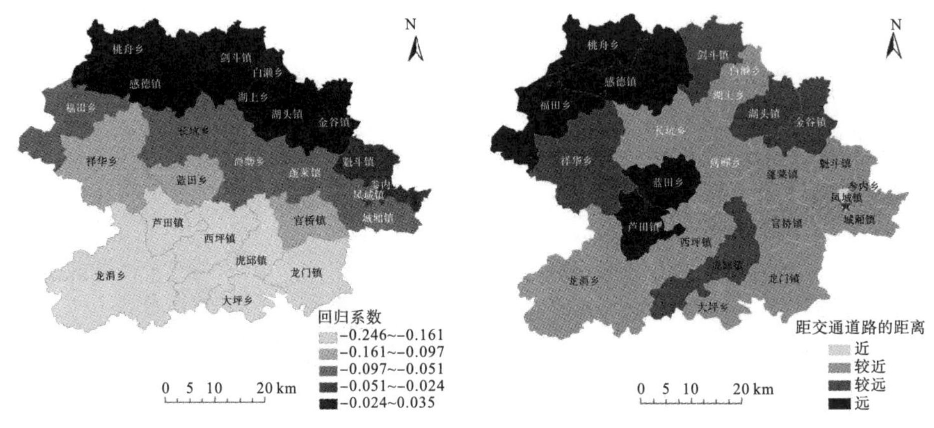

图 8-15　GWR 模型距交通道路距离回归系数空间分布

图 8-16　距交通道路距离空间分异

数据来源：《安溪县旅游交通图》

8.5　结论与讨论

本章从安溪县茶产业价值链片段的空间分布规律和安溪县茶叶种植专业化空间格局及其影响因素两个方面入手，通过空间自相关分析、GWR 模型、专业化指数、核密度估计等方法对安溪县专业化茶业区域产业集群的空间聚散机制进行分析，结果表明：①安溪县各乡镇茶叶种植专业化程度呈现比较明显的空间自相关，并且以县城为中心，由近及远呈现出“低—中—高”的类似杜能区位模型的圈层空间结构；②不同于杜能区位模型中市场距离决定农区空间位置与集约化生产，市场距离影响要素无法很好地解释茶叶专业化种植的类杜能的圈层空间格局，茶叶种植专业化程度受自然环境要素的影响较社会要素更大，且劳动力投入与农户收入对其也具有重要影响；③茶叶种植专业化程度与各乡镇的农民人均纯收入、农业从业人口比重以及平均高程之间呈正相关，而与距交通道路距离总体上呈负相关；④茶产业价值链环节在空间上存在一定的地域分工特征，总体上形成了以县城为高等级生产、服务中心，茶叶种植专业化程度较高的一些乡镇为低等级生产、服务中心的空间等级体系，县城茶业服务人口的首位度高；⑤茶叶种植环节呈现类“杜能农业环”式分布在远离安溪县城的西部山地丘陵区域，依托种植的茶叶加工环节与茶叶种植环节在空间上具有较强的地理相关性，茶叶销售环节主要围绕在安溪县城内的中国茶都、安溪特产城和中国茶博汇三个核心及几个重要的中心镇周围；⑥茶业相关与配套产业主要分布在县城，茶饮器具及茶叶包装门店主要依托三个核心茶叶交易市场分布，茶叶加工机械厂分布在政府规划的美法工业区和吾都工业区内，相关组织与机构等集中在安溪县城及近郊，包装设计、木家具、食品加工、陶瓷等关联产业集群主要分布在安溪周边县市，域外的安溪铁观音销售网则广布于我国有饮茶习惯的大中城市甚至欧美发达国家；⑦影响茶业价值链环节空间分布的原因主要来自价值链治理、中心地服务范围以及各个价值链环节自身的特点等方面。

在专业化农业区域产业集群中，种植环节是整个价值链的根本，也是产业价值链空间分布的基础。专业化农业区域的产业集群的空间布局应该充分考虑农产品运输、保鲜和加工工艺等特殊条件，围绕种植环节展开。在进行种植环节的空间选择时，应该充分考虑自然环境、交通基础设施以及当地农民的经济条件等因素。政府作为农业产业价值链的主要治理者，应在产业集群的空间布局中发挥引导作用，做好产业等级体系，尤其是在相关与支持性产业的建设中，应给予充分的支持，如规划相应的产业园区等。政府在进行产业集群价值链的空间布局时，还要考虑各个价值链环节之间的相互关系，尽量使各个相关环节在空间上有机结合。

参考文献

阿瑟·格蒂斯, 朱迪丝·格蒂斯, 杰尔姆·D·费尔曼, 2013. 地理学与生活[M]. 黄润华, 韩慕康, 孙颖, 译. 上海: 世界图书上海出版公司.

毕秀晶, 汪明峰, 李健, 等, 2011. 上海大都市区软件产业空间集聚与郊区化[J]. 地理学报, 66(12): 1682-1694.

丛海彬, 邹德玲, 蒋天颖, 2015. 浙江省区域创新平台空间分布特征及其影响因素[J]. 经济地理, (1): 112-118.

樊福卓, 2007. 地区专业化的度量[J]. 经济研究, (9): 71-83.

樊杰, 王宏远, 陶岸君, 等, 2009. 工业企业区位与城镇体系布局的空间耦合分析——洛阳市大型工业企业区位选择因素的案例剖析[J]. 地理学报, 64(2): 131-141.

封志明, 刘晓娜, 姜鲁光, 等, 2013. 中老缅交界地区橡胶种植的时空格局及其地形因素分析[J]. 地理学报, 68(10): 1432-1446.

宫宁, 牛振国, 齐伟, 等, 2016. 中国湿地变化的驱动力分析[J]. 遥感学报, 20(2): 172-183.

古继宝, 吴赵龙, 2007. 三类集群的转化关系分析及其对我国集群发展的启示[J]. 科学学与科学技术管理, 28(2): 69-75.

华熙成, 1982. 上海市郊区农业区位模式及农业生产问题的探讨[J]. 经济地理, (3): 175-181.

姜明辉, 夏天, 2013. 轮轴式产业集群外部联系的动态变化分析[J]. 经济地理, 33(5): 84-88.

雷昊, 刘青林, 谭力文, 2012. 全球价值链治理[M]. 北京: 中国人民大学出版社.

李少星, 顾朝林, 2010. 长江三角洲产业链地域分工的实证研究——以汽车制造产业为例[J]. 地理研究, (12): 2132-2142.

李小建, 2006. 经济地理学[M]. 北京:高等教育出版社.

梁轶, 柏秦凤, 李星敏, 等, 2011. 基于 GIS 的陕南茶树气候生态适宜性区划[J]. 中国农学通报, 27(13): 79-85.

林锦耀, 黎夏, 2014. 基于空间自相关的东莞市主体功能区划分[J]. 地理研究, 2: 349-357.

林思宇, 王良健, 马中, 2014. 1990 年以来湖南人口与经济重心及其演化[J]. 经济地理, 34(10): 31-38.

陆大道, 1988. 区位论及区域研究方法[M]. 北京:科学出版社.

卢明华, 李丽, 2012. 北京电子信息产业及其价值链空间分布特征研究[J]. 地理研究, 31(10): 1861-1871.

罗杰, 金立鑫, 韩吟文, 等, 2009. 四川省蒙山茶区海拔与茶叶品质关系[J]. 西南师范大学学报(自然科学版), 34(4): 122-127.

迈克尔 · 波特, 2002. 国家竞争优势[M]. 北京: 华夏出版社.

邵一希, 李满春, 陈振杰, 等, 2010. 地理加权回归在区域土地利用格局模拟中的应用[J]. 地理科学, 30(1): 92-97.

税伟, 2009a. 区域竞争力研究的经济地理学价值[J]. 国土与自然资源研究, (1): 13-15.

税伟, 2009b. 区域制造业竞争力的评价模型、指标体系构建与应用: 基于比较优势与竞争优势动态平衡的视角[J]. 工业技术经济, 28(3): 68-72.

税伟, 2010. 区域竞争力的国际争论及启示[J]. 人文地理, 25(1): 60-65.

税伟, 2011. 钻石模型在中国的检验与重构[J]. 西安交通大学学报, 31(4): 14-20.

税伟, 汪树群, 刘复友, 等, 2011. "三农问题"的新"三化"途径探讨[J]. 农学学报, (10): 65-68.

孙鹤, 高亮, 2014. 种植业区域分工的原因、效率与证据研究——以云南省种植业为例[J]. 云南农业大学学报(社会科学版), (2): 27-31.

王雅楠, 赵涛, 2016. 基于 GWR 模型中国碳排放空间差异研究[J]. 中国人口 · 资源与环境, 26(2): 27-34.

王远飞, 何洪林, 2007. 空间数据分析方法[M]. 北京：科学出版社.

魏心镇, 王缉慈, 1993. 新的产业空间: 高技术产业开发区的发展与布局[M]. 北京: 北京大学出版社.

信桂新, 魏朝富, 杨朝现, 等, 2015. 1978—2011 年重庆市种植业变化及其政策启示[J]. 资源科学, 9: 1834-1847.

徐小燕, 卢明华, 王茂军, 2014. 北京市汽车产业价值链地域分工研究[J]. 经济地理, 34(2): 86-92.

杨吾扬, 梁进社, 1997. 高等经济地理学[M]. 北京: 北京大学出版社.

叶长卫, 李雪松, 2002. 浅谈杜能农业区位论对我国农业发展的作用与启示[J]. 华中农业大学学报(社会科学版), (4): 1-4.

约翰 · 冯 · 杜能, 1997. 孤立国同农业和国民经济的关系[M]. 吴衡康译. 北京: 商务印书馆.

臧新, 李菡, 2011. 垂直专业化与产业集聚的互动关系——基于中国制造行业样本的实证研究[J]. 中国工业经济, (08): 57-67.

查振祥, 甘立平, 1995. 我国农业经济区位的演变、问题和未来模式[J]. 农业现代化研究, (4): 213-215.

张辉, 2005. 全球价值链下地方产业集群升级模式研究[J]. 中国工业经济, (9): 11-18.

张来春, 2007. 长三角城市群汽车产品价值链分工研究[J]. 上海经济研究, (11): 43-52.

张文忠, 1995. 经济区位理论的研究——以农业区位论为例[D]. 吉林: 东北师范大学.

Aranya R, 2008. Location theory in reverse? Location for global production in the IT industry of Bangalore[J]. Environment & Planning, 40(2): 446-463.

Arora A, Gambardella A, 2005. The globalization of the software industry: perspectives and opportunities for developed and developing countries[J]. Innovation Policy and The Economy, 5(1): 1-32.

Clark G, Feldman M, Gertler M, 2000. The oxford handbook of economic geography[M]. Oxford and New York: Oxford Press.

Gray M, Golob E, Markusen A, 1996. Big firms, long arms, wide shoulders: the 'Hub-and-Spoke' industrial district in the seattle region[J]. Regional Studies, 30(7): 651-666.

Gregory D, Johnston R, Pratt G, 2009. The dictionary of human geography[M]. New Jersey: John Wiley & Sons.

Griffin E, 1973. Testing the Von Thünen theory in Uruguay[J]. Geographical Review, 500-516.

Jones R C, 1976. Testing macro-Thünen models by linear programming[J]. The Professional Geographer, 28(4): 353-361.

Kolars J, 1969. Locational analysis in human geography[J]. Tijdschrift Voor Economische En Sociale Geografie, 68(3): 363-367.

Krugman P, Srinivasan T N, 1995. Growing world trade: causes and consequences[J]. Brookings Papers on Economic Activity, 26(1): 327-377.

Markusen A, 1996. Sticky places in slippery space: a typology of industrial districts[J]. Economic Geography, 72(3): 293-313.

Muller P O, 1973. Trend surfaces of American agricultural patterns: a macro-Thünian analysis[J]. Economic Geography, 49(3): 228-242.

Sinclair R, 1967. Von Thünen and urban sprawl[J]. Annals of the association of American geographers, 57(1): 72-87.

Wheeler J O, Muller P O, Grant Ian Thrall, et al., 1998. Economic geography[M]. Hoboken : John Wiley & Sons.

第 9 章　专业化农区的生态效应

农业生态系统不仅是一种典型的经济—自然—社会复合型生态系统，更是人类生存最基本的生态系统，其可持续发展对区域地方社会经济发展具有举足轻重的影响。随着我国农业产业信息化、现代化工作的不断推进，关注农业生产活动的生态效应对农业经济可持续发展至关重要。规模化、专业化农业经济活动会带来怎样的农业生态效应？对农业生态系统具有怎样的影响？对农业产业集群经济发展背后专业化种植所带来的生态效应的思考，本章主要运用能值理论分析方法，以我国专业化产茶大县安溪县为例，通过构建安溪县专业化茶叶种植农业生态系统能值投入、产出指标体系，以及基于能值投入、产出结果进行计算的能值评价指标体系，定量分析专业化茶叶种植农业生态系统的结构功能特征和生态经济效益之间的协调性及可持续发展情况，探究不同专业化茶叶种植水平间农业生态系统是否存在差异；并通过对安溪县各乡镇分别进行茶叶种植不同专业化水平、农田不同种植结构和不同海拔的等级划分，以乡镇为单位进行不同区划的农业生态系统服务功能价值评价，探究专业化茶叶种植在带来经济效益的同时是否也对农业生态系统造成了较大的压力。通过相关结果，为安溪县以专业化茶叶种植为主的农业生态系统的可持续发展提供相关管控措施实施的依据，也为我国其他产茶区域，甚至其他专业化农区的农业经济的发展提供参考借鉴，同时也进一步丰富能值法在农业领域评价中的应用。

9.1　理 论 分 析

农业生产最重要的目标是从农田生态系统获得粮食、纤维和燃料等产品，在生产这些产品的过程中，农田生态系统除了发挥供给功能外，还提供调节、文化和支持服务(谢高地等，2013)。但农业经济活动与农业生态环境之间一直存在着一定的博弈关系，Foley 等(2005)认为，农业的发展是以不断侵占自然生态系统为代价的，局部地区的土地利用变化带来了社会和经济效益，但可能导致局地甚至全球尺度的生态退化。农业生态系统在为人类社会提供粮食资源和纤维资源、水资源、土壤肥力保持以及美学自然景观等有益服务之外，也可能产生栖息地面积减少、养分流失、物种多样性减少等负服务(Zhang，2007)。由于人类较重视经济效益而忽视农业生态系统的可持续发展，以及对生态系统服务功能认识的局限性，农业生产长期以来是以消耗环境的服务价值为代价进而获得产品服务功能最大输出的非持续型方式发展，这种发展方式最终带来区域农业生态系统的一系列环境发展问题，使其系统服务功能不断弱化甚至丧失(王静等，2015)。Tilman 等(2002)在集约化农业研究中发现，集约化农业主要以供给服务为主，其他生态系统提供的供给服务则很少，有些甚至是负值，而且集约化的农业措施影响了农业生态系统提供部分生态服务的能力，长期来看甚至能抵消它们生产大量粮食和纤维的能力。然而经济发展又是不可避免的问题，因此明晰区域农业经济活动所产生的生态效应，找到经济发展与生态环境可持续发展之间的平衡点是一个重要的工作。

农业产业价值链包括种植—加工—销售三个主要环节。在种植环节中，人为投入的化肥、农药等外部资源对农业生态环境将会产生一定的负面影响，而农业生态环境的好坏直接影响上游种植环节，从而影响加工、销售环节的效益。专业化农区农业经济活动在专业化、规模化生产过程中，不可更新资源的投入更是必不可少的，因而在关注专业化农区经济发展的同时，农产品所根植的农业生态环境也是不可忽略的关键问题，保持农业生态系统的可持续发展才能保证农业经济的可持续发展。

9.2　研究区域区划

2000～2014 年，安溪县茶叶产量不断增加，茶叶种植面积总体不断扩大(图 9-1)，2014 年茶叶产量达到 54175 吨，占全国茶叶产量的 2.6%，茶叶种植面积达到 40000 公顷，占全国茶叶种植面积的 1.5%。整个县域已经成为我国茶叶种植专业化区域，从 2009 年起，已连续 6 年位于全国重点产茶县首位。

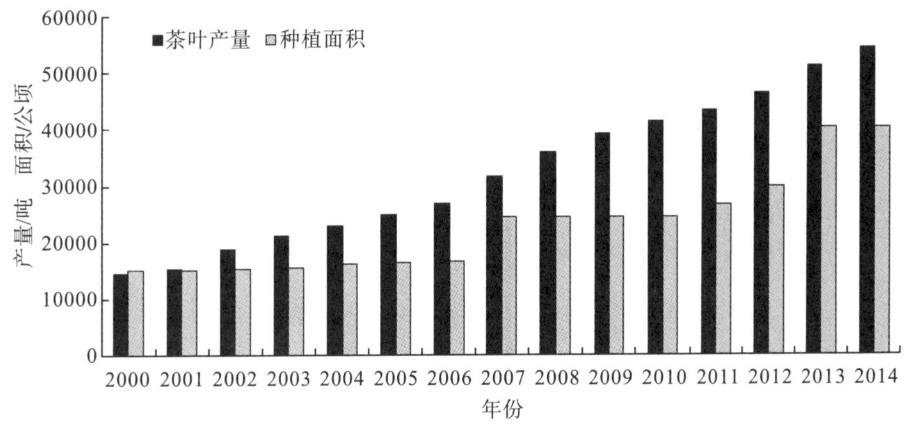

图 9-1　安溪县 2000～2014 年茶叶产量与茶园种植面积情况

数据参考来源：《安溪统计年鉴》(2013 年)、《安溪年鉴》(2014 年)

由于本章以乡镇为单位进行定量化分析，为方便结果分析和规律特征的总结，现将安溪县24个乡镇按照不同茶叶种植专业化水平、不同农业种植结构以及县域不同地貌类型等分别进行不同等级的划分。主要通过以上三种不同情景的设置，从不同角度进行安溪县专业化茶叶种植影响下的农业生态系统服务功能价值评估与分析。具体情景设置和数据处理如下。

1. 各乡镇不同茶叶种植专业化水平划分

茶叶种植专业化程度影响种植规模与茶园管理水平，对农业供给、支持、调节功能都可能产生影响，因而通过各乡镇茶叶种植专业化水平的等级划分，进一步分析不同专业化茶叶种植水平间农业生态系统服务功能是否存在差异。首先通过计算 Hoover 地方化系数并绘制 Hoover 地方化曲线，发现安溪县茶叶种植的 Hoover 地方化曲线呈弯曲状(图 9-2)，说明其专业化水平较高，存在地理集中的现象，可进一步分析各乡镇之间茶叶种植专业化程度的空间分异。在此基础上，主要根据2012年末各乡镇实有茶叶种植面积情况、区位商和集中化系数进行不同茶叶种植专业化水平的划分(表 9-1)，并综合计算结果，最终确定安溪县各乡镇茶叶种植的专业化程度级别，共分为高度专业化、较高专业化、中等专业化、较低专业化茶叶种植和非茶叶种植五个等级(图 9-3)，其中非茶叶种植乡镇主要作为对照组进行设置。需要说明的是，在进行区位商和集中化系数的计算时，由于数据资料的限制，主要利用茶叶与农作物产量进行计算，而非产值。

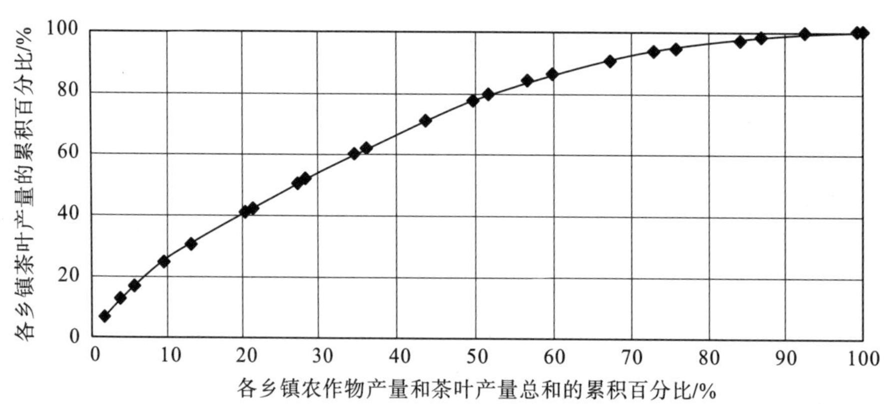

图 9-2　安溪县茶叶种植的 Hoover 地方化曲线

表 9-1　安溪县各乡镇专业化茶叶种植等级划分依据与结果

乡镇	2012年末茶叶实有面积/公顷	集中系数	区位商	专业化等级
大坪乡	1473.13	4.22	3.65	高度专业化茶叶种植
芦田镇	1087.33	2.76	2.21	

续表

乡镇	2012 年末茶叶实有面积/公顷	集中系数	区位商	专业化等级
蓝田乡	1613.87	2.41	2.71	高度专业化茶叶种植
感德镇	2353.33	1.56	2.06	
西坪镇	2688.33	2.08	1.44	
祥华乡	2127.33	2.22	1.14	较高专业化茶叶种植
福田乡	328.53	1.55	1.39	
虎邱镇	2 145.60	1.78	1.39	
长坑乡	2 571.33	1.09	1.29	
剑斗镇	1809.40	1.41	1.61	
龙涓乡	3383.73	1.40	1.16	中等专业化茶叶种植
白濑乡	534.00	1.39	1.41	
桃舟乡	660.00	1.86	1.27	
龙门镇	866.33	0.49	0.52	较低专业化茶叶种植
尚卿乡	514.87	0.54	0.63	
蓬莱镇	1302.67	0.63	0.58	
金谷镇	1175.33	0.95	0.90	
湖上乡	661.00	0.93	1.09	
凤城镇	0.00	0.00	0.00	非茶叶种植
湖头镇	493.53	0.18	0.24	
官桥镇	733.33	0.39	0.34	
城厢镇	135.73	0.08	0.08	
参内乡	272.20	0.33	0.31	
魁斗镇	228.60	0.43	0.36	

注：区位商是各乡镇茶叶产量占农作物产量比例与全县茶叶产量占农作物比例的比值。

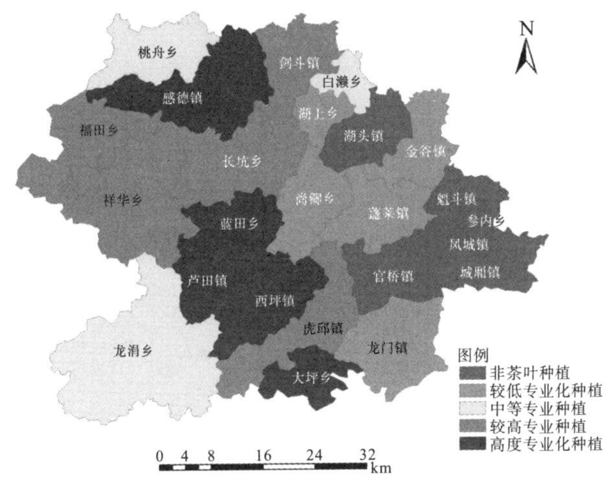

图 9-3　安溪县茶叶种植专业化水平分级

2. 各乡镇不同农业种植结构划分

不同农业种植结构其实也从另一个角度反映了茶叶种植的专业化程度，对验证茶叶对农业系统供给能力的影响，探究茶叶种植对系统稳定性、调节能力的影响具有重要意义。安溪县各乡镇都种植的作物主要包括稻谷、薯类、花生、蔬菜、茶叶和水果，由于宏观统计数据难以确定各乡镇具体的种植模式，本章仅根据所获得的各种种植作物的种植面积数据，通过各种作物种植面积占总作物种植面积的比重(表 9-2)，简单划分各乡镇的种植结构，共分为以茶为主种植结构(A)、茶-稻种植结构(B)、茶-果种植结构(C)、茶-稻-蔬种植结构(D)、茶-稻-蔬-薯种植结构(E)和其他非茶种植结构(F) 6 种结构(图 9-4)。研究不同种植结构下茶叶种植的生态效应时，其中非茶种植结构作为对照组处理。

表 9-2　安溪县各乡镇种植结构分类(%)

乡镇名	稻谷种植面积占比(*R*)	薯类种植面积占比(*Y*)	花生种植面积占比(*P*)	蔬菜种植面积占比(*V*)	茶叶种植面积占比(*T*)	水果种植面积占比(*F*)
凤城镇	10.82	7.18	0.00	35.51	0.00	46.48
蓬莱镇	23.04	7.99	0.72	22.35	27.11	18.80
湖头镇	28.04	7.95	6.81	27.92	13.14	16.15
官桥镇	26.04	9.97	4.21	31.98	23.14	4.66
剑斗镇	12.98	13.61	0.00	10.85	48.60	13.96
城厢镇	32.83	15.53	0.63	21.31	4.73	24.98
金谷镇	17.87	9.21	0.00	12.48	31.89	28.55
龙门镇	34.48	6.80	2.19	19.04	25.68	11.82
虎邱镇	19.61	11.71	0.00	13.20	43.67	11.80
芦田镇	10.99	8.50	0.00	14.64	47.94	17.93
感德镇	12.57	8.94	0.00	9.85	53.77	14.87
魁斗镇	18.61	16.38	0.00	28.01	16.28	20.72
西坪镇	11.39	9.55	0.00	17.29	47.77	14.00
参内乡	21.51	11.10	1.07	23.08	15.63	27.62
白濑乡	5.84	12.85	0.00	12.00	51.98	17.33
湖上乡	8.96	19.37	0.00	18.38	41.89	11.41
尚卿乡	19.06	19.45	0.98	22.29	25.21	13.01
大坪乡	5.23	4.88	0.00	8.20	71.36	10.32
龙涓乡	17.18	15.41	0.00	12.16	45.20	10.05
长坑乡	17.60	15.00	0.00	14.50	45.03	7.87
蓝田乡	12.24	16.99	0.00	4.56	60.95	5.26

续表

乡镇名	稻谷种植面积占比(*R*)	薯类种植面积占比(*Y*)	花生种植面积占比(*P*)	蔬菜种植面积占比(*V*)	茶叶种植面积占比(*T*)	水果种植面积占比(*F*)
祥华乡	21.88	11.37	0.00	16.40	49.23	1.11
桃舟乡	22.06	15.99	0.00	15.82	41.22	4.91
福田乡	21.97	11.89	0.00	18.52	42.45	5.17

注：当 $T<25\%$时，该乡镇为非茶叶种植结构，作为对照组处理；当 $T>25\%$，$R>20\%$，且 $T+R>60\%$时，该乡镇为茶-稻种植结构；当 $T>25\%$，$F>25\%$时，该乡镇为茶-果种植结构；当 $T>25\%$，$R>20\%$，$V>20\%$时，该乡镇为茶-稻-蔬种植结构；当 $T>25\%$，$V>20\%$，$Y>15\%$时，该乡镇为茶-蔬-薯种植结构；当 $T>40\%$且 $R<20\%$时，该乡镇为以茶为主种植结构。

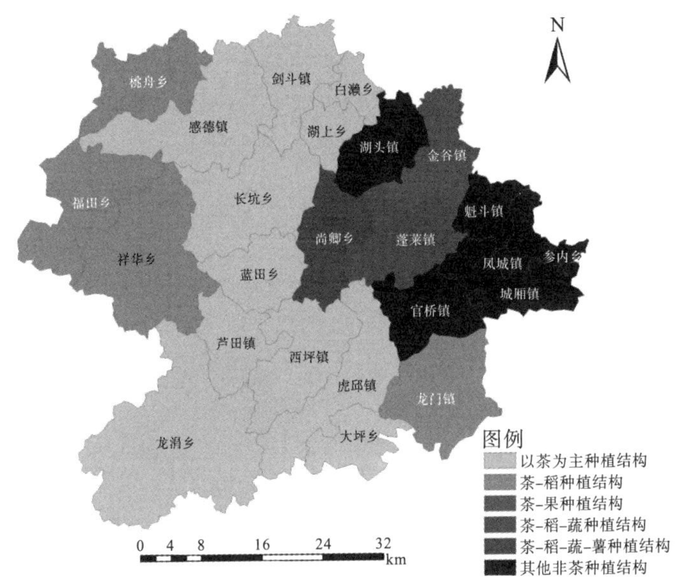

图 9-4 安溪县农业种植结构分类

3. 各乡镇不同地貌类型划分

不同地貌类型主要通过各乡镇的平均海拔进行划分，对茶叶种植高度的合理调控以及农业系统水土保持具有重要的指导作用。安溪县各乡镇平均海拔数据主要利用安溪县 DEM 数据获取，运用 ArcGIS 软件中空间分析工具中的分区统计功能，以安溪县行政分区为分类区数据集，DEM 数据(图 9-5)为被统计数据集，进行分区统计(分乡镇统计)，再通过计算，得到安溪县各乡镇的平均海拔(表 9-3)。对各乡镇的平均海拔按照 0～200 米划分为平坝，200～500 米划分为丘陵，500～700 米划分为低山，700～1000 米划分为中低山的标准，对笼统的“内安溪，外安溪”进行重新划分，将安溪县分为平坝、丘陵、低山和中低山四种地貌类型进行研究(图 9-6)，其中平坝地貌类型主要分布在非茶叶种植结构的乡镇，作为对照组处理。

表 9-3　安溪县各乡镇平均海拔

乡镇名称	平均海拔/米	乡镇名称	平均海拔/米
凤城镇	112.5	虎邱镇	575.9
城厢镇	193.3	龙涓乡	628.4
参内乡	195.4	湖上乡	654.8
金谷镇	255.4	西坪镇	667.9
官桥镇	274	感德镇	747.5
湖头镇	291.4	长坑乡	753.4
魁斗镇	295	蓝田乡	764.5
蓬莱镇	381.3	芦田镇	771.7
白濑乡	425.5	大坪乡	773.8
龙门镇	464.4	福田乡	774.9
尚卿乡	469	桃舟乡	812
剑斗镇	495.3	祥华乡	864.6

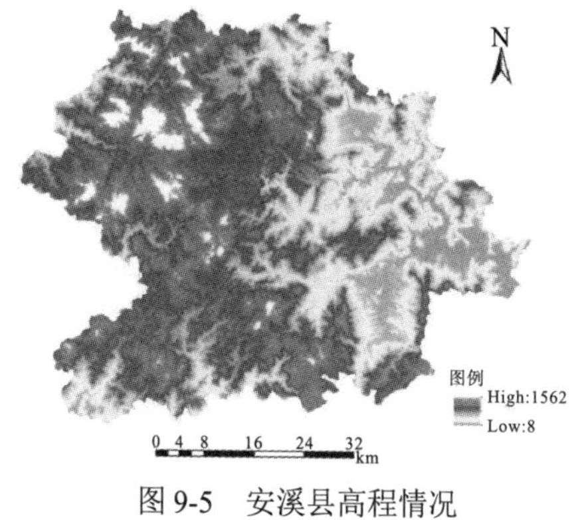

图 9-5　安溪县高程情况

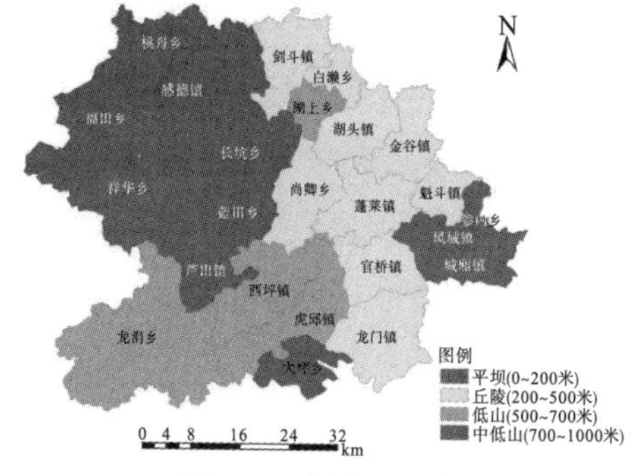

图 9-6　安溪县地貌类型划分

9.3 研 究 方 法

1. 能值理论

农业生态系统是一个复合生态系统，无论运用生态学方法还是经济学方法对该系统进行评价与分析，都只能简单衡量其某一方面的结构与功能，无法全面地分析农业生态系统的经济与生态综合效益。20 世纪 80 年代后期，以 Odum 为首的生态学家提出的能值法则为农业生态系统的经济与生态评价、分析提供了新途径。能值法主要通过能值转化率和能值转换系数，将不同单位的各种要素以类似消除量纲的方式统一表达为以太阳能(sej)为单位，使不同“质量”的产品或服务之间能够进行有效的比较与分析(Odum，1988)。该方法是对生态系统和复合生态系统进行定量分析的新方法，可定量分析自然和人类社会经济的真实价值，能将生态环境系统与社会经济系统统一起来，从根本上克服了着眼于单一的生态分析或片面追求经济分析的局面，被认为是联结生态学和经济学的桥梁，有助于协调生态环境与经济发展的相互关系(Odum，1988)，且计算结果具有可比性和可加性(朱玉林等，2012)，因而被广泛应用于分析全球、国家、流域、自然保护区或地区的农业(Wang et al.，2015)、林业(赵晟等，2007)、渔业(Wang et al.，2015)、工业(陆宏芳等，2005)、旅游业(杨卓祥等，2012)以及土地利用评价和城市生态系统(楚芳芳和蒋涤非，2012；李俊莉和曹明明，2013；Li and Shu，2015)等的生态经济状态与规律研究，甚至在地球化学研究中也运用到了能值法(De Vilbiss and Brown，2015)。

我国农业生态系统中能量研究的起步较晚(税伟等，2012)，20 世纪 90 年代初引入了能值理论(朱玉林等，2012)，蓝盛芳等(2002)最早将其运用到农业生态系统的评价中。但目前关于能值法在农业生态系统中的运用，主要是对省、市、县或流域范围内农业或农田生态系统总体上的评价，而基于能值法对农业系统中某一要素对农业生态系统的影响进行探讨的研究还很少，在饮茶不断成为全球热点的情况下，针对以茶叶种植为主的农业生态系统的分析，探究专业化茶叶种植的农业生态系统效应的相关研究也还很缺乏。本章运用能值法，通过农业生态系统能值投入、产出指标体系的构建，并基于能值投入、产出结果进行能值评价指标的计算与分析，对安溪县以专业化茶叶种植为主的农业生态系统进行分析。

2. 农业生态系统能值分析指标体系构建

1) 农业生态系统能值投入指标体系构建

构建安溪县农业生态系统能值投入指标体系，具体建立可更新环境资源、不可更新环境资源、可更新工业辅助能、不可更新工业辅助能和有机能 5 个一级指标，各一级指标下共 19 个二级测度指标，具体指标如表 9-4 所示，相关能值转化率和能值折算系数也相应在表中标出。

表 9-4 安溪县专业化茶叶种植农业生态系统能值投入指标体系

	项目	能值转化率①②③
可更新环境资源	太阳光能	1.00×10^{0}sej·J^{-1}
	风能	1.50×10^{3}sej·J^{-1}

续表

	项目	能值转化率①②③
不可更新环境资源	雨水化学能	1.82×10^{4}sej·J^{-1}
	雨水势能	1.00×10^{4}sej·J^{-1}
	地球旋转能	2.90×10^{4}sej·J^{-1}
	土壤损耗能	1.70×10^{9}sej·g^{-1}
	净表土损失能	7.40×10^{4}sej·J^{-1}
可更新工业辅助能	水电	8.00×10^{4}sej·J^{-1}
不可更新工业辅助能	氮肥	3.80×10^{9}sej·g^{-1}
	磷肥	3.90×10^{9}sej·g^{-1}
	钾肥	1.10×10^{9}sej·g^{-1}
	复合肥	2.80×10^{9}sej·g^{-1}
	农药	1.60×10^{9}sej·g^{-1}
	农膜	3.80×10^{8}sej·g^{-1}
	农用柴油	6.60×10^{4}sej·J^{-1}④
	农用机械	7.50×10^{7}sej·J^{-1}④
有机能	劳动力	3.80×10^{5}sej·J^{-1}
	有机肥	2.70×10^{6}sej·g^{-1}
	种子	6.60×10^{4}sej·J^{-1}⑤

(1) 数据参考来源：①朱玉林等，2012；②Lan et al.，1998；③税伟等，2012；④谢花林等，2012；⑤黄铃凌等，2014；(2) 劳动力能值转换系数为 3500MJ·人$^{-1}$，主要参考文献④；(3) 水电能值转换系数为 3.6MJ·(kW·h)$^{-1}$，主要参考文献⑤；(4) 农用柴油、农用机械和种子的能值转换系数分别为 44.0MJ·kg^{-1}、210.0MJ·kg^{-1}、16MJ·kg^{-1}，有机肥的含量主要根据猪、牛、羊、鸡、鸭、兔的粪便和绿肥中氮、磷、钾的含量进行计算得到，参数参考文献(陈阜，2002)。

2) 农业生态系统能值产出指标体系构建

一般在计算农业生态系统能值产出时，所选指标主要围绕种植业、林业、畜牧业和渔业四个方面，但因为本章主要研究专业化茶叶种植过程对农业生态系统的影响，而且安溪县农业生态系统的投入也主要是针对种植业的投入，因而在对安溪县农业生态系统产出进行计算时主要考虑种植业产出，具体指标、能值转化率和能值折算系数如表 9-5 所示。

表 9-5　安溪县专业化茶叶种植农业生态系统(种植业)能值产出指标体系

项目	能值转化率/($sej \cdot J^{-1}$)[①②]	能值折算系数/($J \cdot kg^{-1}$)[③]
谷物	83000	15100000
豆类	83000	20900000
甘薯(鲜)	83000	4200000
马铃薯(鲜)	83000	3800000
花生	86000	23000000
蔬菜	27000	2460000
茶叶	200000	16300000
水果	53000	3450000

数据参考来源：① Lan et al., 1998；②蓝盛芳, 2002；③陈阜, 2002。

3) 农业生态系统能值评价指标体系构建

以专业化茶叶种植农业生态系统能值投入、产出结果为基础，选取能值产出密度、环境贡献率、环境负载率、能值投入密度、净能值产出率、能值投资率、系统稳定性指数和可持续发展指数等各能值评价指标进行安溪县专业化茶叶种植农业生态系统的评价(表 9-6)。

表 9-6　安溪县专业化茶叶种植农业生态系统能值评价指标以及计算公式

能值评价指标	计算公式
能值产出密度	Y/A
环境贡献率	$ESR=I/A$
环境负载率	$ELR=(F+N)/(R+R_1+R_2)$
能值投入密度	$ED=T/A$
净能值产出率	$EYR=Y/U$
能值投资率	$EIR=U/I$
系统稳定性指数	$S=-\sum(Y_i/Y)\ln(Y_i/Y)$
可持续发展指数	EIS=EYR/ELR

注：Y 表示农业能值总产出，此处以种植业产出代表农业能值总产出；Y_i 表示第 i 个乡镇的农业能值产出；T 表示能值总投入；U 表示辅助能总投入；I 表示环境资源总投入；R 表示可更新环境资源投入；R_1 表示可更新有机能投入；R_2 表示可更新工业辅助能投入；N 表示不可更新环境资源投入；F 表示不可更新工业辅助能投入；A 表示各乡镇耕地面积，此处以农作物面积+茶叶种植面积+果园面积代替耕地面积。

3. 生态系统服务功能价值评价法

生态系统服务是指自然环境下的生态系统自发形成和维护人类生存与发展的

环境要素条件与效用(Daily，1997)，是人类直接或间接从生态系统中所获得的收益，生态系统功能是其根基，人类不同层次的需求则是其形成的基本动力(傅伯杰等，2009)。关于生态系统服务的分类，Costanza 等在 1997 年提出了 17 项的分类方案，De Groot 等则在 2002 年提出了包括调节功能、提供生境功能、供给服务和信息功能 4 类 23 项的服务功能分类，而目前接受度和应用率较高的是 2005 年联合国千年生态发展评估报告(MA)提出的生态系统服务功能分类，包括供给服务功能、调节服务功能、文化服务功能以及支持服务功能 4 类(Millennium Ecosystem Assessment Board，2005)。

生态系统服务功能与农业生产力之间具有紧密的联系，而量化生态系统服务价值是人类对生态系统的认识成果作用于经济决策过程的纽带，因而量化农业生态系统的生态系统服务功能就显得非常必要(Bhim and John，2014)。目前国内外对农业生态系统服务功能价值估算的研究成果，大多是利用单位面积价值对总量的静态估算(石福习等，2013)和引入生态系统服务价值当量(谢高地等，2005)进行计算的货币法、市场价值法、替代成本法和影子工程法(孙新章等，2007；肖玉等，2011；Zhang et al.，2015)等经济学方法，这些方法实际上都缺乏对生态系统类型、质量状况的时空差异的考虑，估算结果难以反映生态系统服务价值在空间分布上的真实状况(何浩等，2005)，且由于汇率变化、统计口径等原因，计算所得的结果可比性较差。因而本章采用能值法进行生态系统服务功能价值的量化估算，将生态系统服务功能价值统一折算为太阳能值，分析安溪县专业化茶叶种植对农业生态系统的影响。

在安溪县农业生态系统服务功能价值的评价中，由于农业生态系统的文化服务功能较弱，且难以量化，因而只对安溪农业生态系统的供给服务功能、调节服务功能和支持服务功能进行评估，结合安溪的实际情况，本章中的安溪农业生态系统主要包括农业和林业两部分。农业生态系统受人类强烈干扰，高度依赖其他系统，在为人类提供大量产品供给服务的同时也引起了其他一些服务的退化，甚至出现负的环境效应(马凤娇和刘金铜，2014)，所以不仅应分析生态系统服务功能的正服务，也应分析农业生产活动中出现的负服务。因而从供给服务、支持服务、调节服务、供给负服务、支持负服务和调节负服务 6 个方面构建生态系统服务功能价值评价指标体系，对安溪县农业生态系统服务功能价值进行评估，其中每个服务功能又由若干测度因子组成，共 19 个测度因子，具体测度指标及其能值转化率如表 9-7 所示。

表 9-7　基于能值法的农业生态系统服务功能价值评价指标体系

服务功能	项目	能值转化率	单位
供给服务	稻谷	8.30×10^{4}①	sej·J^{-1}
	薯类	8.30×10^{4}①②	
	花生	8.60×10^{4}	
	蔬菜	2.70×10^{4}	
	茶叶	2.00×10^{5}③	
	水果	5.30×10^{4}③	
支持服务	土壤中氮含量	4.60×10^{9}	sej·g^{-1}
	土壤中磷含量	1.78×10^{10}	
	土壤中钾含量	1.74×10^{9}③	
调节服务	光合释放 O_2	4.94×10^{12}③	sej·元$^{-1}$
	吸收 SO_2	4.94×10^{12}③	
	吸收 NO_x	4.94×10^{12}①	
	滞尘	4.94×10^{12}③	
	CO_2 吸收	4.94×10^{12}③	
供给负服务	化肥流失	3.80×10^{9}②	sej·g^{-1}
	农药流失	1.60×10^{9}②	
支持负服务	净表层土损耗能	1.70×10^{9}②	sej·J^{-1}
	土壤流失能	7.40×10^{4}②	sej·g^{-1}
调节负服务	释放 CO_2	4.94×10^{12}③	sej·元$^{-1}$

(1)数据参考来源：①Odum，1996；②蓝盛芳等，2002；③Liu et al.，2009；(2)供给服务原始数据单位为 kg，通过能值转化系数转换为 J。

9.4　基于能值法的专业化茶叶种植农业生态系统分析

1. 农业生态系统能值投入与产出情况分析

根据表 9-4 和表 9-5 指标体系计算安溪县专业化茶叶种植农业生态系统可更新环境资源、不可更新环境资源、可更新工业辅助能、不可更新工业辅助能和有机能以及总能值投入与能值产出(种植业)，按茶叶种植专业化等级，取该等级下所有乡镇的各项指标的平均值作为该专业化等级下各指标的能值投入与产出(表 9-8)，研究不同专业化茶叶种植等级间的农业生态系统能值投入与产出情况。通过研究结果可以发现，安溪县农业生态系统中总能值投入以可更新环境资源投入为主，即专业化茶叶种植农业生态系统的运行主要依靠可更新自然资源的投入，具有一定的可持续性，但系统的总能值投入大于产出，系统入不敷出。

从茶叶种植不同专业化等级情况看，进行专业化茶叶种植的农业系统的总能值投入与产出都大于非茶叶种植农业系统，且总能值投入中，具有“高度专业化＜较高专业化＜中等专业化”的规律，总能值产出中，具有“较低专业化＜中等专业化＜较高专业化”的规律，因而随着茶叶种植专业化等级的提高，系统能值投入减少，而能值产出却在不断提高。茶叶种植专业化等级与能值投入总体上呈负相关，与能值产出总体上呈正相关，茶叶种植专业化等级较高的农业系统其系统的产出效率较高。

表 9-8　不同专业化茶叶种植等级间农业生态系统能值投入、产出情况（单位：sej）

茶叶种植专业化等级	能值投入						能值产出
	可更新环境资源	不可更新环境资源	可更新工业辅助能	不可更新工业辅助能	有机能	总能值投入	种植业能值产出
高度专业化	8.14×10^{20}	3.04×10^{19}	3.98×10^{18}	6.74×10^{18}	1.54×10^{18}	8.57×10^{20}	1.38×10^{19}
较高专业化	1.15×10^{21}	4.28×10^{19}	7.08×10^{18}	1.03×10^{19}	5.90×10^{18}	1.21×10^{21}	1.48×10^{19}
中等专业化	1.16×10^{21}	4.35×10^{19}	3.47×10^{18}	1.17×10^{19}	1.05×10^{17}	1.22×10^{21}	1.09×10^{19}
较低专业化	7.01×10^{20}	2.64×10^{19}	1.14×10^{19}	7.95×10^{18}	1.33×10^{19}	7.60×10^{20}	1.08×10^{19}
非茶叶种植	4.57×10^{20}	1.73×10^{19}	4.88×10^{18}	4.50×10^{18}	7.72×10^{18}	4.91×10^{20}	7.32×10^{18}

根据表 9-6 的能值评价指标相关计算公式，基于安溪县农业生态系统投入、产出计算结果，进行不同专业化茶叶种植等级间农业生态系统能值评价指标体系的计算，结果显示，各专业化等级间环境贡献率、环境负载率与能值投资率的差别十分小，甚至相同，而其他能值评价指标间却存在一定的差异，因而对相关指标作进一步分析。

2. 能值投入密度与能值产出密度分析

能值投入密度主要衡量单位土地能值投入量，不同专业化茶叶种植农业生态系统间能值投入密度具有“较高专业化＞中等专业化＞较低专业化”的规律，茶叶种植专业化等级与能值投入密度一定程度上呈正相关。但高度专业化茶叶种植农业生态系统的能值投入密度又很低，低于非茶叶种植农业生态系统，且与较低专业化茶叶种植农业生态系统的能值投入密度相近。所以茶叶种植较普通农作物在单位土地面积上具有较高的能值投入，但茶叶种植达到高度专业化水平后，专业化、规范化的管理又能降低能值投入，提高资源利用率。

能值产出密度代表区域农业生态系统的生产力(杜博洋等，2008)，安溪县不同专业化茶叶种植农业生态系统间，除中等专业化外，其他专业化茶叶种植农业生态系统的能值产出密度都高于非茶叶种植农业生态系统，涉茶农业系统生产力更高，且随着茶叶种植专业化等级的提升，能值产出密度具有“高度专业化＞较高专业化＞中等专业化”（图 9-7）的特征。因而茶叶种植专业化等级与能值产出密度之间总体上呈正相关，随着专业化等级的不断增强，系统生产力总体上不断提高。

专业化茶叶种植与能值投入密度和能值产出密度之间大致呈正相关，但在单位土地面积上，高度专业化茶叶种植的产出最高而投入却接近于最少，因而专业化茶叶种植对农业生态系统的生产力具有正作用，且专业化等级越高，茶园管理越规范，资源利用率越高。

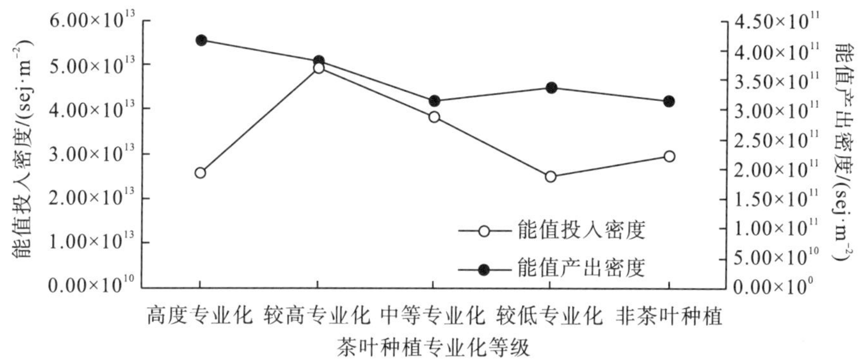

图 9-7　不同专业化茶叶种植等级间农业生态系统能值投入密度与能值产出密度情况

3. 能值投资率与环境贡献率分析

能值投资率主要用来描述农业经济发展水平和环境负载程度，其值越大表明经济发展水平越高，对自然环境的依赖度越小（Odum，1996；陆宏芳等，2005）。安溪县不同专业化茶叶种植农业生态系统间能值投资率差异甚微，且数值都较小，因而安溪县农业生态系统的经济发展水平较低，对自然环境的依赖程度较高，系统辅助能投入较小，农业生产活动的经济成本较低，对环境负载程度也较低。

环境贡献率用来反映区域自然资源对农业经济发展的贡献程度。安溪县不同专业化茶叶种植农业生态系统间环境贡献率差异非常小，且数值大都接近于 1，无论处于何等级的专业化茶叶种植，自然资源对其农业经济发展的贡献程度都非常高，农业系统的运行主要依赖可更新环境资源，而化肥、农药等工业辅助能的投入较少。

专业化茶叶种植的农业生态系统主要依赖自然资源，人为投入的非本地资源较少，因而对农业系统产生的负效应较少，但主要以自然资源投入为主的农业系统，由于工业辅助能、科技水平投入较少，总体上使得农业经济发展水平受到一定的限制。

4. 净能值产出率与环境负载率分析

净能值产出率是系统总产出与总辅助能值的比率，主要用来衡量系统生产效率，其值越高，表明系统经济效益越高，资源利用效率越强(Odum，1996)。安溪县不同专业化茶叶种植农业生态系统间除较低专业化等级外，其他涉及专业化茶叶种植的农业系统的生产效率大部分都比非茶叶种植农业系统的高，净能值产出率大致随着茶叶种植专业化程度的提高而提高(表 9-9)，茶叶种植专业化程度越高，农业生态系统的能值投入与产出结构的优化程度越好。净能值产出率的值最好在1～6，如果小于 1，则说明系统的产出不敷投入(Odum，1996)，而五个等级中只有高度专业化茶叶种植农业系统的净能值产出率大于 1。因而与其他作物相比，专业化茶叶种植具有较高的生产效率和经济效益，随着专业化等级的提高，其系统生产效率也在增加。

环境负载率主要反映系统环境的承载压力，较高的环境负载率意味着经济活动对环境造成的压力较大(张颖聪和杜受祜，2012)，是对经济系统的一种警示。安溪县不同专业化茶叶种植间农业生态系统的环境负载率都为 0.05，具有环境友好性特征，茶叶经济活动相较其他普通农作物并没有给环境带来较大的压力，专业化茶叶种植在带来经济正效应的同时对农业生态系统的负效应较小。

表 9-9　不同专业化茶叶种植等级间农业生态系统能值评价指标情况

茶叶种植专业化等级	能值产出密度 /(sej·m^{-2})	能值投入密度/(sej·m^{-2})	环境贡献率	环境负载率	净能值产出率	能值投资率	系统稳定性指数	可持续发展指数
高度专业化	4.15×10^{11}	2.56×10^{13}	0.99	0.05	1.29	0.02	0.72	28.59
较高专业化	3.79×10^{11}	4.90×10^{13}	0.98	0.05	0.78	0.02	0.94	17.70
中等专业化	3.14×10^{11}	3.82×10^{13}	0.99	0.05	0.83	0.01	0.98	18.34
较低专业化	3.36×10^{11}	2.52×10^{13}	0.96	0.05	0.40	0.04	1.05	8.30
非茶叶种植	3.15×10^{11}	2.95×10^{13}	0.97	0.05	0.45	0.03	1.12	9.42

5. 系统稳定性指数与可持续发展指数分析

系统稳定性指数是反映系统稳定性大小的指标，其值越高，说明系统各种能值流的连接网络越发达，系统的抵抗力和恢复力越强(蓝盛芳等，2002)。安溪县不同专业化茶叶种植农业生态系统的系统稳定性指数在 0.72～1.12，总体情况较好，但是不同专业化等级间具有“非茶叶种植＞较低专业化＞中等专业化＞较高专业化＞高度专业化”的特征，非茶叶种植的农业生态系统稳定性要高于专业化茶叶种植的农业系统，而不同专业化等级间的系统稳定性指数随着茶叶种植专业化等级的提高而减小，呈负相关关系，因而专业化茶叶种植对农业生态系统的稳定性造成了一定的负效应。

可持续发展指数用来衡量农业生态系统的可持续能力，当该值在 1～10 则说明系统有活力、可持续，大于 10 则是不发达的象征，小于 1 为消费型经济系统(蓝盛芳等，2002)。安溪县不同专业化茶叶种植间农业生态系统可持续发展指数具有一定的差异，所有专业化等级的可持续发展指数都大于 1，但只有非茶叶种植等级和较低专业化等级的值小于 10，而中等、较高和高度专业化等级的值都大于 10，且高度专业化等级的值最大(图 9-8)。因而从结果上看，专业化茶叶种植对农业生态系统的可持续发展能力带来了一定的负面效应，专业化的茶叶种植降低了农业系统的稳定性，对系统的活力也将造成一定的影响。因为可持续发展指数主要是净能值产出率与环境负载率之间的比值，而安溪县不同专业化茶叶种植农业生态系统的环境负载率相同，因此可持续发展指数在本章中表征综合评价专业化茶叶种植农业生态系统的可持续能力存在一定的不足。

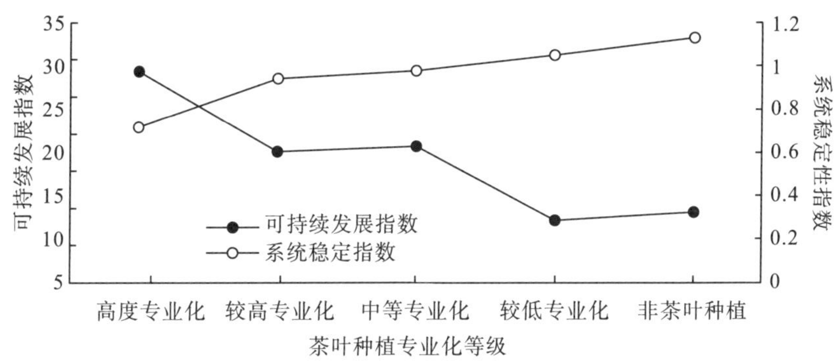

图 9-8　不同专业化茶叶种植等级间农业生态系统稳定性指数与可持续发展指数情况

9.5　基于能值法的农业生态系统服务功能价值评价

1. 农业生态系统服务功能价值估算结果与分析

根据农业生态系统服务功能价值评价指标体系进行安溪县各乡镇农业生态系统供给、调节与支持正、负服务功能的估算，通过计算结果(表 9-10)可以发现，总体上，除尚卿乡外，安溪县其他各乡镇农业生态系统中三大服务功能价值都是正服务大于负服务，因而即使农业系统在生产过程中产生了负效应，但是系统仍以提供正服务为主。

表 9-10　安溪县各乡镇农业生态系统服务功能价值计算结果　(单位：sej)

乡镇名	供给服务总能值	供给负服务总能值	调节服务总能值	调节负服务总能值	支持服务总能值	支持负服务总能值
凤城镇	3.43×10^{17}	2.01×10^{17}	1.07×10^{18}	2.69×10^{17}	4.03×10^{17}	3.24×10^{17}
蓬莱镇	1.59×10^{19}	7.00×10^{18}	4.19×10^{19}	8.65×10^{18}	1.44×10^{19}	1.16×10^{19}
湖头镇	1.05×10^{19}	5.13×10^{18}	3.32×10^{19}	6.48×10^{18}	1.13×10^{19}	9.08×10^{18}
官桥镇	1.25×10^{19}	4.12×10^{18}	3.46×10^{19}	4.81×10^{18}	9.56×10^{18}	7.68×10^{18}
剑斗镇	1.29×10^{19}	4.67×10^{18}	2.58×10^{19}	5.13×10^{18}	1.13×10^{19}	9.10×10^{18}
城厢镇	9.07×10^{18}	3.89×10^{18}	3.10×10^{19}	5.31×10^{18}	8.70×10^{18}	7.00×10^{18}
金谷镇	1.23×10^{19}	6.37×10^{18}	2.75×10^{19}	7.14×10^{18}	1.10×10^{19}	8.82×10^{18}
龙门镇	1.35×10^{19}	7.90×10^{18}	3.75×10^{19}	9.16×10^{18}	1.09×10^{19}	8.78×10^{18}
虎邱镇	1.96×10^{19}	8.24×10^{18}	4.00×10^{19}	9.48×10^{18}	1.49×10^{19}	1.20×10^{19}
芦田镇	8.13×10^{18}	3.98×10^{18}	1.41×10^{19}	4.51×10^{18}	6.74×10^{18}	5.42×10^{18}
感德镇	1.65×10^{19}	5.96×10^{18}	2.96×10^{19}	6.35×10^{18}	1.32×10^{19}	1.06×10^{19}
魁斗镇	4.40×10^{18}	3.13×10^{18}	1.18×10^{19}	4.49×10^{18}	4.19×10^{18}	3.37×10^{18}
西坪镇	2.12×10^{19}	8.37×10^{18}	3.77×10^{19}	9.14×10^{18}	1.68×10^{19}	1.35×10^{19}
参内乡	4.78×10^{18}	3.32×10^{18}	1.45×10^{19}	3.48×10^{18}	5.24×10^{18}	4.21×10^{18}
白濑乡	2.79×10^{18}	1.76×10^{18}	5.18×10^{18}	2.04×10^{18}	3.11×10^{18}	2.50×10^{18}
湖上乡	4.88×10^{18}	3.52×10^{18}	9.62×10^{18}	3.76×10^{18}	4.69×10^{18}	3.77×10^{18}
尚卿乡	6.41×10^{18}	7.62×10^{18}	1.60×10^{19}	8.51×10^{18}	6.20×10^{18}	4.98×10^{18}
大坪乡	1.11×10^{19}	1.93×10^{18}	1.34×10^{19}	2.12×10^{18}	6.17×10^{18}	4.96×10^{18}
龙涓乡	2.38×10^{19}	2.14×10^{19}	5.35×10^{19}	2.31×10^{19}	2.23×10^{19}	1.79×10^{19}
长坑乡	2.10×10^{19}	1.42×10^{19}	4.51×10^{19}	1.58×10^{19}	1.72×10^{19}	1.38×10^{19}
蓝田乡	1.14×10^{19}	5.93×10^{18}	1.89×10^{19}	6.83×10^{18}	8.07×10^{18}	6.49×10^{18}
祥华乡	1.64×10^{19}	1.29×10^{19}	3.57×10^{19}	6.08×10^{18}	1.30×10^{19}	1.05×10^{19}
桃舟乡	5.66×10^{18}	3.65×10^{18}	1.32×10^{19}	4.30×10^{18}	4.86×10^{18}	3.90×10^{18}
福田乡	3.15×10^{18}	1.24×10^{18}	6.51×10^{18}	1.47×10^{18}	2.32×10^{18}	1.86×10^{18}

为研究三大服务功能价值的空间分异情况，将计算结果通过 ArcGIS 软件进行空间展示(图 9-9)，可以发现，安溪县各乡镇农业生态系统供给、调节和支持正、负服务功能价值的空间分布情况具有一定的相似性，县域西南部服务价值都很高，龙涓乡、长坑乡、西坪镇和虎邱镇 4 个乡镇在 6 个正负服务价值中都

具有较大的影响，且供给正、负服务价值与支持正、负服务价值的空间分布总体上呈现“西高东低”的特征，调节正、负服务在空间分布上呈现出“南高北低”的特征。

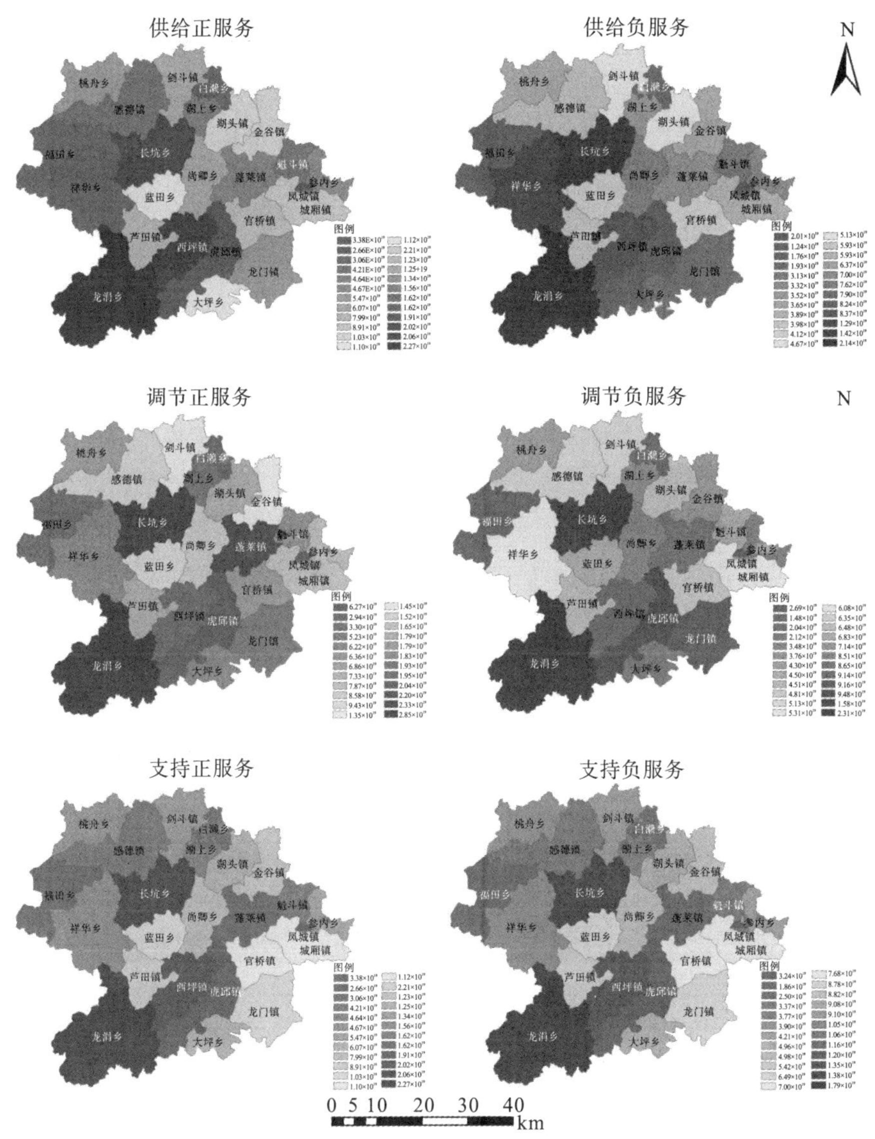

图 9-9　安溪县农业生态系统三大服务价值空间分布

2. 不同专业化水平下茶叶种植对农业生态系统服务功能的影响

通过对安溪县各乡镇茶叶种植情况进行高度专业化、较高专业化、中等专业化、较低专业化、非茶叶种植五个等级的划分，并进行空间展示，发现其专业化等级在整个县域空间分布上具有“西高东低”的特征。而安溪县农业生态系统中供给正、负服务以及支持正、负服务在空间上也具有“西高东低”的特征，所以专业化茶叶种植与供给、支持正服务和供给、支持负服务之间都存在一定的正相关关系。

为进一步研究不同茶叶种植专业化水平影响下农业生态系统服务功能价值的特征，计算每个茶叶种植专业化水平下农业生态系统服务功能价值的均值并将其作为该专业化水平的农业生态系统服务功能价值。从图 9-10 中可以发现，与“非茶叶种植”相比，专业化茶叶种植的总支持服务价值较低，但总体上总供给服务价值和总调节服务价值都较高。在总供给服务中，供给服务价值具有“中等专业化＜较高专业化＜高度专业化”的特征，随着专业化等级的升高，系统的供给能力也在不断提高，其在单位面积下的供给服务价值也遵循这个规律(图 9-11)，因而专业化茶叶种植具有较高生产力与经济效益，但与种植规模无关。在总调节服务中，不同专业化等级之间没有明显的规律，但进行专业化茶叶种植所具有的总调节服务价值要比未进行茶叶种植的高很多，而与总量计算中位于末尾情况截然相反的是，在单位面积下的总调节服务价值却是非茶种植等级的最高(图 9-11)，说明虽然单位面积上涉及茶叶专业化种植的农业系统在气体、气候调节方面的能

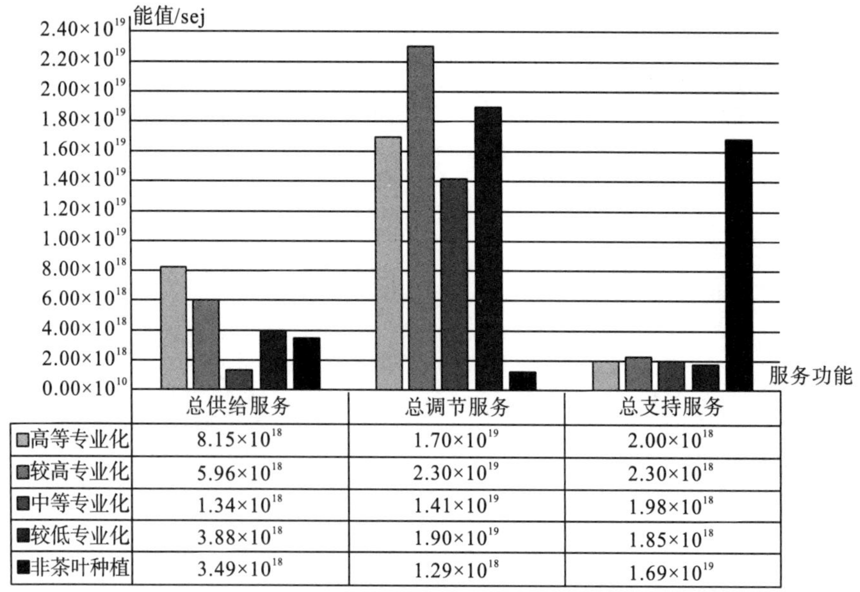

	总供给服务	总调节服务	总支持服务
高等专业化	8.15×10^{18}	1.70×10^{19}	2.00×10^{18}
较高专业化	5.96×10^{18}	2.30×10^{19}	2.30×10^{18}
中等专业化	1.34×10^{18}	1.41×10^{19}	1.98×10^{18}
较低专业化	3.88×10^{18}	1.90×10^{19}	1.85×10^{18}
非茶叶种植	3.49×10^{18}	1.29×10^{18}	1.69×10^{19}

图 9-10　安溪县不同专业化茶叶种植间农业生态系统服务功能价值情况

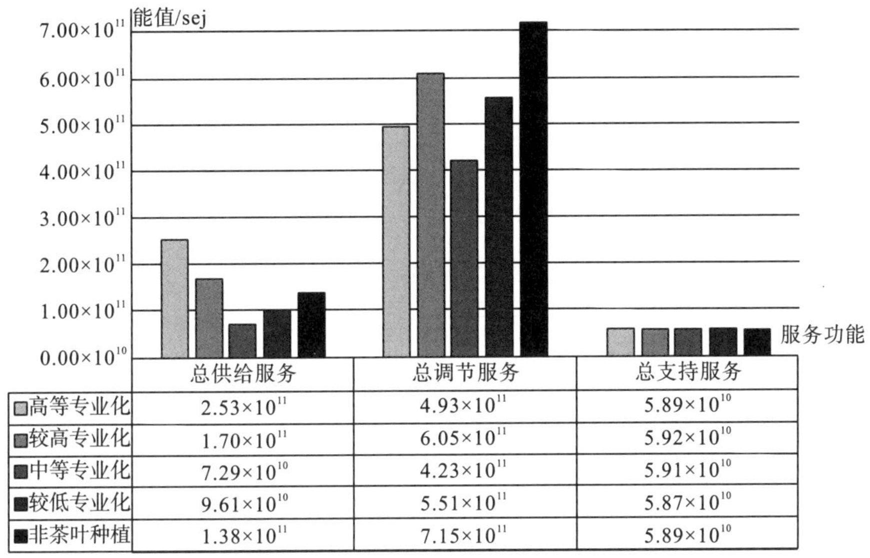

	总供给服务	总调节服务	总支持服务
高等专业化	2.53×10^{11}	4.93×10^{11}	5.89×10^{10}
较高专业化	1.70×10^{11}	6.05×10^{11}	5.92×10^{10}
中等专业化	7.29×10^{10}	4.23×10^{11}	5.91×10^{10}
较低专业化	9.61×10^{10}	5.51×10^{11}	5.87×10^{10}
非茶叶种植	1.38×10^{11}	7.15×10^{11}	5.89×10^{10}

图 9-11　安溪县不同专业化茶叶种植间单位面积农业生态系统服务功能价值

力不如非茶叶种植农业系统，但是一定规模的茶叶种植在最终总量调节服务价值上却具有明显的优势。在总支持服务中，进行专业化茶叶种植的总支持服务价值要比非茶叶种植的低很多，对比单位面积下五个专业等级的总支持服务价值之间几乎无差异的情况(图 9-11)，可以发现规模不断扩大的茶叶种植活动在水土保持方面具有劣势，对农业系统水土保持功能产生了一定的负效应。虽然与供给服务价值和调节服务价值相比，支持服务价值较小，但支持负服务对系统的影响也是不可忽视的，即专业化茶叶种植虽然具有较高的生产力和经济效益，但在种植过程其造成的水土流失也是较为严重的。

3. 不同种植结构下茶叶种植对农业生态系统服务功能的影响

安溪县农业种植结构一共为 6 种结构，将各乡镇按这 6 种不同种植结构进行分类，并取属于该种植结构下乡镇农业生态系统各服务功能价值的均值作为该类型种植结构的服务功能价值(图 9-12)，进行不同种植结构下茶叶种植对农业生态系统服务功能的影响的研究。通过结果可以发现，以茶为主的种植结构在三大服务功能方面的价值都高于非茶叶种植结构，而 6 种种植结构中，茶-稻-蔬种植结构生态效应最好，在总供给、总调节和总支持服务中的价值最高，茶-稻-蔬-薯的生态效应最差，总供给服务价值甚至为负值。

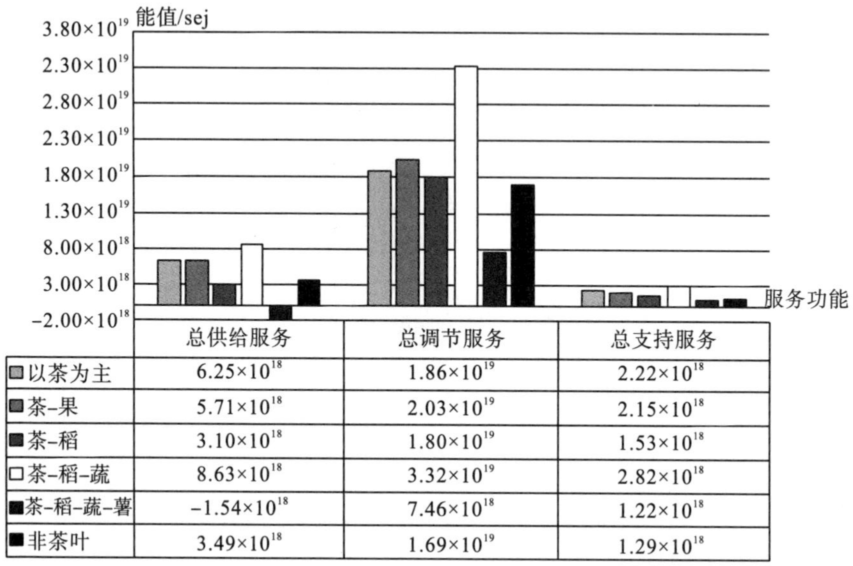

	总供给服务	总调节服务	总支持服务
以茶为主	6.25×10^{18}	1.86×10^{19}	2.22×10^{18}
茶-果	5.71×10^{18}	2.03×10^{19}	2.15×10^{18}
茶-稻	3.10×10^{18}	1.80×10^{19}	1.53×10^{18}
茶-稻-蔬	8.63×10^{18}	3.32×10^{19}	2.82×10^{18}
茶-稻-蔬-薯	-1.54×10^{18}	7.46×10^{18}	1.22×10^{18}
非茶叶	3.49×10^{18}	1.69×10^{19}	1.29×10^{18}

图 9-12　安溪县不同农业种植结构间农业生态系统服务功能价值情况

与以茶为主的种植结构相比，茶-果种植结构在总调节服务上具有更高的价值，且供给服务价值与支持服务价值仅存在很小的差距，茶-稻-蔬种植结构与之相比在三大服务功能价值上也都更具优势，因而对于安溪县而言，在进行专业化茶叶种植活动时，应注意采用茶林、茶蔬复合生态种植结构，专业化种植并不代表专一化种植结构，采用混种结构或复合种植结构既能充分利用耕地资源，又能提高生物多样性，能够更好地实现专业化茶叶种植影响下农业生态系统经济效益与生态效益的和谐发展。但也并不是种植结构越复杂就越好，三大服务功能价值中都有“茶-稻<茶-果<茶-稻-蔬”的规律，农业生态系统服务功能价值随着种植结构复杂程度的提高而增加，而茶-稻-蔬-薯种植结构的三大服务功能价值在 6 种种植结构中又是最低的，供给服务甚至以提供负服务为主，水土流失情况较为严重。因此因地制宜、采取适合的复合种植结构对于安溪县专业化茶叶种植的农业生态系统的可持续发展至关重要。

4. 不同地貌类型下茶叶种植对农业生态系统服务功能的影响

通过对安溪县进行不同地貌类型的划分可以发现，“内安溪”区域海拔较高，主要为低山和中低山，“外安溪”区域海拔较低，主要为平坝和丘陵，整个县域地势呈“西高东低”的特征。为进一步分析不同地貌类型下安溪专业化茶叶种植对农业生态系统服务功能的影响，将各乡镇按不同地貌类型进行划分，取属于每种地貌类型下乡镇的农业生态系统服务功能价值的均值作为该地貌类型的农业生态系统服务价值(图 9-13)。

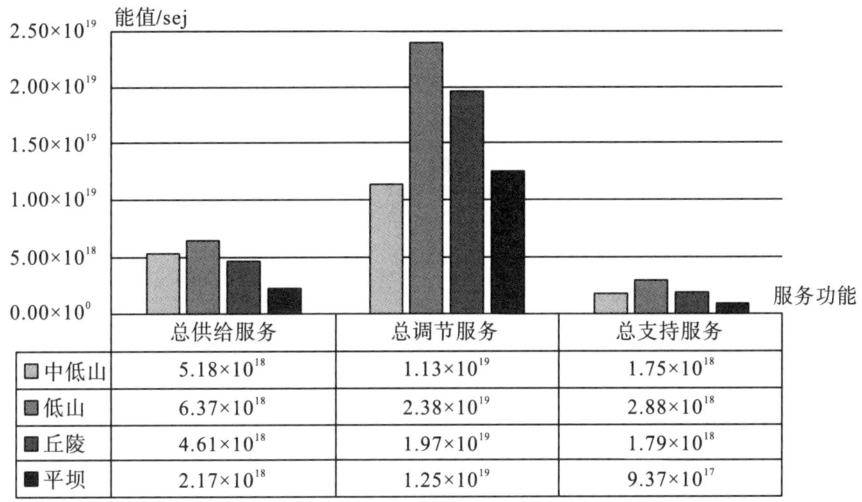

	总供给服务	总调节服务	总支持服务
中低山	5.18×10^{18}	1.13×10^{19}	1.75×10^{18}
低山	6.37×10^{18}	2.38×10^{19}	2.88×10^{18}
丘陵	4.61×10^{18}	1.97×10^{19}	1.79×10^{18}
平坝	2.17×10^{18}	1.25×10^{19}	9.37×10^{17}

图 9-13　安溪县不同地貌类型间农业生态系统服务功能价值情况

通过结果可以发现，三大服务功能价值中都有“平坝＜丘陵＜低山”的规律，海拔与农业生态系统服务功能在一定程度上存在正相关关系，海拔较高乡镇的农业生态系统供给能力较强，气候调节能力也较好。除中低山以外，总支持服务功能价值与海拔之间具有一定的正相关关系，但可以发现总支持服务价值相比总供给服务价值与总调节服务价值要小很多，因而虽然安溪县农业系统支持服务以提供正服务为主，但支持负服务价值也占了较大的比例，表现为土壤流失情况较严重。高海拔地貌类型区正是茶叶种植专业化程度高的区域，所以虽然不断提高茶叶种植海拔可以扩大种植规模，从而提高供给，获取较高的经济效益，但是不断向山顶扩张的茶叶种植活动，不仅容易造成水土流失，且由于茶叶种植的专业化，一定程度上又降低了农业系统的生物多样性，造成系统稳定性下降，从而对农业生态系统造成了较大的负面影响。因而，关注不同地貌类型下进行专业化茶叶种植活动对农业生态系统的影响，一定程度上控制茶叶种植“上山”高度，对于农业生态系统的保护具有重要意义。

9.6　结论与讨论

1. 结论

本章首先通过区位商、集中化系数和 2012 年安溪县茶叶种植面积来划分不同专业化茶叶种植等级，并基于能值法构建安溪县不同专业化茶叶种植农业生态系统能值投入、产出指标体系以及 8 个相关能值评价指标，再运用生态系统服务功能价值评价法，通过构建包含供给服务、支持服务、调节服务、供给负服务、支持负服务和调节负服务6个方面的生态系统服务功能价值评价指标体系，对安溪县以专业化茶叶种植为主的农业生态系统服务功能价值进行评估，得到如下结论：①安溪县专业化茶叶种植农业生态系统运行过程中以可更新环境资源投入为主，具有较大的可持续发展潜力，主要提供正服务；②茶叶种植专业化等级与能值产出密度、净能值产出率之间总体上呈正相关，随着专业化等级不断增强，农业生态系统生产力总体不断提高，专业化茶叶种植不仅具有较高的生产效率和经济效益，而且对生态环境的负效应较小；③专业化茶叶种植降低了农业生态系统稳定性，且不同专业化等级间的系统稳定性指数随着茶叶种植专业化等级的提高而减小；④专业化茶叶种植在气候调节方面具有一定的优势，但对农业生态系统的支持服务也有较大的负面影响，专业化种植过程中水土流失情况较为严重；⑤茶-蔬、茶-果等复合茶树种植结构在一定程度上能够通过增加茶园的生物多样性，提高茶叶品质，提高系统的总服务价值，实现茶叶经济与农业生态系统的和谐发展。

在茶叶专业化种植生产过程中，应重视复合型生态茶园建设，提高专业化茶叶种植系统的稳定性和生物多样性，并加大科技管理投入，提高农业生产技术水平，以进一步提高农业系统总体经济发展水平，提高可持续发展能力。

2 讨论

目前基于能值法进行农业生态系统服务功能评价与分析的相关研究较多，其中不乏随着工业辅助能投入的增加，一般的农业系统呈现“亏损”状态或可持续发展能力逐渐减弱的特征(王旭熙等，2015)。而在安溪县以专业化茶叶种植为主的农业生态系统中，专业化茶叶种植具有较高的生产效率和经济效益，化肥、农药等工业辅助能投入较少，对农业系统生态环境造成的压力较小，因此专业化茶叶种植农业系统的发展具有较大的活力和可持续发展潜力。另外，从生态系统服务功能价值评价视角对安溪县专业化茶叶种植农业生态系统的研究也发现，该系统供给、调节和支持服务都是正服务大于负服务，总体上呈现出正效应，也印证了安溪县专业化茶叶种植农业生态系统中经济效益与生态环境的协调持续发展。但若仅从可持续发展指数的计算结果来看，随着专业化等级的提高，可持续发展潜力逐渐减弱，不过这是因为可持续发展指数是由专业化茶叶种植等级间环境负载率与净能值产出率之间的比值得出的，而本章中不同专业化茶叶种植等级间的环境负载率相同，故可持续发展指数主要由净能值产出率决定，造成计算结果无法支撑实际情况的现象，这在一定程度上也说明了复合指标的局限性，不能片面看待结果。

本章结果也揭示了专业化茶叶种植农业生态系统的系统稳定性指数与茶叶种植专业化等级之间呈负相关关系，即茶叶种植专业化等级越高，农业系统的稳定性越差。一方面，茶叶种植在专业化生产过程中可能降低了农业系统的生物多样性，导致系统的抗压能力下降，稳定性变差。杨海龙等(2009)对稻鱼共生系统和水稻单作系统的能值分析研究中揭示了稻鱼共生系统在太阳能转换效率、能值投资率、环境负载率和系统活力等方面的优势，说明了系统生物多样性对系统活力具有重要作用，因而可在一定程度上提高茶叶种植的生物多样性，丰富种植结构，这些举措不论对水土保持还是提高农业系统稳定性都是有益的。但不同农业种植结构的生态系统服务功能价值研究也表明，茶叶种植时采取复合种植结构也并不是越复杂越好，应该因地制宜选择合适的复合茶树种植结构，以提高安溪县农业生态系统稳定性和服务功能，实现茶叶经济的可持续发展。另一方面，产量不断增加、不断“上山”的茶叶种植活动在水土保持方面所具有的劣势也是不可忽视的。陈小英等(2009)的研究表明，茶园的顺坡种植会加剧茶园的水土流失，随着安溪县专业化茶叶种植规模的不断扩大，以及种植耕地的有限性，茶叶种植区域存在着不断往山上扩张的趋势，因而也存在水土流失的问题，这也是随着茶叶种植专业化程度的不断提高，系统稳定性指数不断下降的原因之一。为确保安溪县农业生态系统能够继续保持以提供正服务为主的状态，实现茶叶种植大县茶业经济的可持续发展，对茶叶种植海拔进行调控，一定程度上退茶还林是必要的。

本章对以专业化茶叶种植为主的农业生态系统进行了评价，在系统能值投入、产出的计算中涉及大量参数，目前国内外相关研究大都直接采用 Odum(1996)、蓝盛芳等(2002)提出的计算参数，本章也主要参考这些参数。从研究问题和研究目的来说，在同一县域内对不同专业化茶叶种植间的农业生态系统进行对比研究分析，研究结果总体上可以准确评估，在日后的研究当中对此问题会进一步改善，以使研究更严谨，结果更精准。另外，由于本章主要基于统计数据进行宏观层面的研究，未涉及具体实验与监测，对于表层土壤流失与损耗、有机肥等指标主要依靠宏观数据进行估算，存在一定的误差，对不同种植结构与地貌类型等情景的设置也还缺乏较为客观的论证，在今后期望可以更加完善，但基于宏观层面的相关结果，对于日后进一步开展安溪县专业化茶叶种植农业生态系统生态效应相关机理机制等中、微观研究仍具有重要的指导、借鉴作用。

参考文献

蔡建明, 2013. 实施产业链标准化建设加快安溪现代茶叶发展[C]//中国标准化研究院，中国标准化杂志社.

陈阜, 2002. 农业生态学[M]. 北京: 中国农业大学出版社.

陈小英, 查轩, 陈世发, 2009. 山地茶园水土流失及生态调控措施研究[J]. 水土保持研究, 16(1): 51-58.

楚芳芳, 蒋涤非, 2012. 基于能值分析的长株潭城市群生态经济系统演变态势分析[J]. 经济地理, 32(2): 143-148.

杜博洋, 门明新, 许皞, 等, 2008. 基于能值分析的河北省农田生态系统资源环境效应综合评价[J]. 资源科学, 30(8): 1236-1242.

傅伯杰, 周国逸, 白永飞, 等, 2009. 中国主要陆地生态系统服务功能与生态安全[J]. 地球科学进展, (6): 571-576.

何浩, 潘耀忠, 朱文泉, 等, 2005. 中国陆地生态系统服务价值测量[J]. 应用生态学报, (6): 1122-1127.

黄铃凌, 王平, 刘淑英, 等, 2014. 民勤绿洲农田生态系统能值空间分异特征[J]. 中国沙漠, 334(1): 291-298.

焦洁, 任顺邦, 时斌, 等, 2011. 农业生态系统服务功能价值评价应用研究——基于生态补偿[J]. 现代商贸工业, (10): 47-48.

蓝盛芳, 钦佩, 陆宏芳, 2002. 生态经济系统能值分析[M]. 北京: 化学工业出版社.

李俊莉, 曹明明, 2013. 基于能值分析的资源型城市循环经济发展水平评价——以榆林市为例[J]. 干旱区地理, 36(3): 528-535.

陆宏芳, 陈烈, 林永标, 等, 2005. 基于能值的顺德市农业系统生态经济动态[J]. 农业工程学报, 21(12): 20-24.

马凤娇, 刘金铜, 2014. 基于能值分析的农田生态系统服务评估——以河北省栾城县为例[J]. 资源科学, 36(9): 1949-1957.

Odum H T, 1992. 能量、环境与经济——系统分析导引[M]. 蓝盛芳译. 北京: 东方出版社.

秦钟, 章家恩, 骆世明, 等, 2010. 稻鸭共作系统生态服务功能价值的评估研究[J]. 资源科学, 32(5): 864-872.

石福习, 宋长春, 赵成章, 等, 2013. 河西走廊山地-绿洲-荒漠复合农田生态系统服务价值变化及其影响因子[J]. 中国沙漠, 33(5): 1598-1604.

税伟, 李碧军, 白剑平, 2012. 基于能流的生态农户分析与设计方法研究——以川北丘陵区一肉狗养殖户为例[J]. 中国生态农业学报, 20(7): 945-955.

孙新章, 周海林, 谢高地, 2007. 中国农田生态系统的服务功能及其经济价值[J]. 中国人口资源与环境, 17(4): 55-60.

唐衡, 郑渝, 陈阜, 等, 2008. 北京地区不同农田类型及种植模式的生态系统服务价值评估[J]. 生态经济, (7): 56-59.

王静, 张洁瑕, 段瑞娟, 2015. 区域农业生态系统研究进展[J]. 生态经济, (2): 102-108.

王旭熙, 彭立, 苏春江, 等, 2015. 四川省农业生态系统能值分析与可持续性评估——基于五大经济区差异分析[J]. 地域研究与开发, 34(5): 128-132.

肖玉, 谢高地, 安凯, 等, 2011. 华北平原小麦-玉米农田生态系统服务评价[J]. 中国生态农业学报, 19(2): 429-435.

谢高地, 肖玉, 甄霖, 等, 2005. 我国粮食生产的生态服务价值研究[J]. 中国生态农业学报, 13(3): 10-13.

谢高地, 肖玉, 2013. 农田生态系统服务及其价值的研究进展[J]. 中国生态农业学报, 21(6): 645-651.

谢花林, 邹金浪, 彭小琳, 2012. 基于能值的鄱阳湖生态经济区耕地利用集约度时空差异分析[J]. 地理学报, 67(7): 889-902.

徐玉梅, 杨德军, 胥佳, 等, 2014. 西双版纳高效生态茶园创新种植模式初探[J]. 四川林业科技, (6): 102-104.

杨灿, 朱玉林, 李明杰, 2014. 洞庭湖平原区农业生态系统的能值分析与可持续发展[J]. 经济地理, 34(12): 161-166.

杨海龙, 吕耀, 闵庆文, 等, 2009. 稻鱼共生系统与水稻单作系统的能值对比——以贵州省从江县小黄村为例[J]. 资源科学, 31(1): 48-55.

杨志平, 2013. 基于能值理论的盐城市农业生态系统动态分析[J]. 水土保持研究, 20(6): 29(1): 147-154.

杨卓翔, 高阳, 赵志强, 等, 2012. 基于能值分析的深圳市三个小型农业生态经济系统研究[J]. 生态学报, 32(11): 3635-3644.

宇万太, 张璐, 殷秀岩, 等, 2003. 农业生态系统养分循环再利用作物产量增益的地理分异[J]. 农业工程学报, 19(6): 28-31.

元媛, 刘金彤, 靳占忠, 2011. 栾城县农田生态系统服务功能正负效应综合评价[J]. 生态学杂志, 30(12): 2809-2814.

张颖聪, 杜受祜, 2012. 四川省农业生态系统能值评价及动态计量分析[J]. 应用生态学报, 23(3): 827-834.

赵晟, 洪华生, 张珞平, 等, 2007. 中国红树林生态系统服务的能值价值[J]. 资源科学, 311-315.

朱玉林, 李明杰, 侯茂章, 等, 2012. 环洞庭湖区农业生态系统能值演变趋势的研究[J]. 中南林业科技大学学报, 22(7): 133-140.

Bhim B G, John R P, 2014. Ecosystem function and service quantification and valuation in a conventional winter wheat production system with DAISY model in Denmark[J]. Ecosystem Services, (10): 79-83.

Costanza R, Arge R d, Groot R D, et al., 1997. The value of the world' s ecosystem services and natural capital[J]. World Environment, 387(10): 253-260.

Costanza R, 2003. Social goals and the valuation of natural capital[J]. Environmental Monitoring and Assessment, 86(1-2): 19-28.

Daily G C, 1997. Nature' s services: societal dependence on nature ecosystems[M]. Washington DC: Island Press.

De Groot R S, Wilson M A, Boumans R M J, 2002. A typology for the classification, description and valuation of ecosystem functions, goods and services[J]. Ecological Economics, 41(3): 393-408.

De Vilbiss C D, Brown M T, 2015. New method to compute the emergy of crustal minerals[J]. Ecological Modelling, 315: 108-115.

Foley J A, DeFries R, Asner G P, et al., 2005. Global consequences of land use[J]. Science, 309(5734): 570–574.

Lan S F, Odum T, LiuX M, 1998. Energy flow and mergy analysis of the agroecosystems of China[J]. Ecologic Science, 17(1): 32-39.

Li F C, Shu L H, 2015. Assessing urban flooding vulnerability with an emergy approach[J]. Landscape and Urban Planning, 143: 11-24.

Liu J E, Zhou H X, Qin P, et al., 2009. Comparisons of ecosystem services among three conversion systems in Yancheng National Nature Reserve[J]. Ecological Engineering, 35(5): 609-629.

Millennium Ecosystem Assessment Board, 2005. Millennium ecosystem assessment： ecosystems and human well-being[R]. Washington DC: Millennium Ecosystem Assessment Board.

Odum H T, 1988. Self-organization, transformity, and information[J]. Science, 242(4882): 1132-1139.

Odum H T, 1996. Environmental accounting: emergy and environmental decision making[M]. New York: John Wiley and Sons.

Odum H T, Peterson N, 1996. Simulation and evaluation with energy systems blocks[J]. Ecological Modelling, 93(1-3): 155-173.

Tilman D, Cassman K G, Matson P A, et al., 2002. Agricultural sustainability and intensive production practices[J]. Nature, 418 (6898) : 671-677.

Wang G D, Dong S L, Tian X L, et al., 2015. Sustainability evaluation of different systems for sea cucumber (apostichopus japonicus) farming based on emergy theory[J]. Journal of Ocean University of China, 14 (3) : 503-510.

Zeng X S, Lu H F, Campbell D E, et al., 2013. Integrated emergy and economic evaluation of tea production chains in Anxi, China[J]. Ecological Engineering, 60 (11) : 354-362.

Zhang L W, Fu B J, Lu Y H, et al., 2015. Balancing multiple ecosystem services in conservation priority setting[J]. Landscape Ecology, 30 (3) : 535-546.

Zhang W, Ricketts T H, Kremen C, et al., 2007. Ecosystem services and dis-services to agriculture[J]. Ecological Economics, 64 (2) : 253-260.

第10章　政策启示与建议

1. 要素挖潜营造良好地方商业环境，全向服务推动农企嵌入全球价值链

良好的地方商业环境是专业化农区集群发展的重要外部环境，有助于增强专业化农区产业集群的竞争力。在我国专业化农区集群的“粮仓模型”要素系统中，地方政府是直接和关键要素，并作用于其他要素而影响商业环境质量。地方政府在中国特色社会主义市场经济中发挥重要作用，通过支持商业环境中其他要素的发展，推动农企积极地融入全球价值链。

(1) 营造良好区域文化氛围与企业良性竞争环境。深度挖掘地方农业文明、商业文化和创新文化，打造具有“农”“商”“研”特质的区域文化和具有区域影响力的农业文化品牌；加大区域文化建设工作的资金投入，挖掘农业文化遗产和加强宣传保护，组织搭台举办农业茶事活动，建立区域文化教育宣传平台，兴建博物馆等文化载体，实现政府科技管理职能在区域文化要素中的延伸；营造良好的企业公平竞争的市场环境，对企业间不正当竞争进行严格监管和仲裁；积极宣传弘扬优秀企业家精神，支持龙头和骨干农企“走出去”；支持同行业企业形成战略同盟，合力开拓海外市场。

(2) 培育相关与支持性产业，支持纵横拓展与农业价值链延伸。支持相关与支持性产业发展，在农业旅游、农机制造、农产品物流、农业金融服务和农业教育培训等各领域，利用农业行业协会、商会、学会等相关中介组织来多元化促进地方价值链横向拓展和纵向延伸，推动农业地方价值链拓展为全球价值链。如通过建设农业会展中心，牵头创办高水平农业专业会展活动；扶持农机具生产、机械制造等配套产业，满足本地农产品加工标准化和多元化需求；建设大型特色农业专业物流园区，创造高效物流环境；独立举办或政企、政校联办不同层次和水平的农业专业化教研机构，重视建设或依托高水平的农业科研院所和农业高等教育机构。

(3) 支持与引导农企嵌入全球价值链。专门建设涉农企业的信息平台，为企业提供全方位的共享式数据及专业化服务，包括农业金融服务、农技人才支持、资源供应、知识产权保护和科技中介服务等企业发展所需的各环节服务。逐步建设包括农资对接“互联网＋农业”应用、技术转移及中介、法律、财务、版权等各方面构成的全方位专业企业服务体系。在不断优化本地市场环境的同时，政府也

可以在金融、财政、政策和信息等方面支持农企设立海外营销中心、建设海外加工和组装基地、组建品牌海外推广的企业同盟等，激励企业将更多资源投入到贸易渠道的建设和品牌构建中。

2. 优化环境放大集群外部经济性，政企联动推动农业全球价值链升级

通过安溪县专业化茶区集体效率评价与嵌入全球价值链的集体效率驱动因素分析发现，由本地相关与支持产业形成的外部经济和政企联动的茶事活动主导的联合行动更有利于农企嵌入全球价值链。为此，提升专业化农区集群的集体效率，促进农企嵌入全球价值链，政府可以着眼于以下三方面。

(1)创造良好的生产与市场环境，提升专业化农区集群外部经济性。建设和完善农业专业化和集群化所需的水、电、气、通信、交通等基础设施；加强专业性农业科教机构、农博馆、农业会展中心、农业物流中心、专业批发市场、淘宝村、专业性集贸市场和生产基地交易场所等专用设施方面投入和建设；指导企业、大学以及科研机构联合创立技术联盟；引导专业化农区集群内企业专业化分工，做大做强相关配套企业和支撑机构，创造良好的生产与市场环境。

(2)引导企业多边合作联合行动，提升主动的集体效率。政府应注重相互关联的企业围绕价值链形成的“协同互助”企业合作网络和区域创新系统，加强引导企业间多元化合作与交流，促进企业间横向及纵向联系的形成和发展，提升多边合作、协同联动水平，积极主动提升专业化农区集群的集体效率。政府可以通过创建农产品研发中心，引导相关企业进行技术合作；创建围绕企业的多边合作网络，指导和调控企业与协会、企业与商会之间的多边关系；加强对中介机构的监管，建立以农产品总公司为主导的官办的企业联盟，形成企业—协会—政府的产品研发营销体系，提升区域形象和区域营销水平。

(3)营造集群诚信合作多边关系，促进社会资本积累。着力规范和统一市场，制定和完善农产品标准，推行特色农产品共同商标和地理标志；鼓励和营造专业化农区集群内诚信互助的文化氛围，促进社会网络和社会资本的逐步积累。

3. 改革创新资金支持与人才引进制度，以创新驱动农企嵌入全球价值链

农企的研发投入以及参与的项目对其加入全球价值链有正向的推动作用。政府可在农企创新研发经费和项目的获取方面提供大力支持，构建区域农业创新网络，提高农企的创新能力和创新水平，实现创新驱动农企嵌入全球价值链。

(1)改革农业创新资金筹集、申请和资助制度。多层次、多类型设立地方政府农业专项科学基金，事前资助与事后奖励结合，重点资助龙头和骨干农企申报并发挥引领示范作用，重视资助农业专业合作社和农场主等新型农业生产经营主体

的科技转化和科技示范项目，小额农技研发项目资助可以延伸到专业户、大户和农村能人；鼓励大型农企自设创新基金和研究项目，支持农企与政府联合设立研发项目专项基金；积极支持农企申报各级、各类的科技型中小企业创新基金、科技攻关、科技转化和产业化项目等，在地方初审时放宽限制，培训和指导其项目申报；促成农企间的合作以及农企与科研机构的合作，组成协同创新科研团队，共同申报国家和省级重大、重点科研项目；拓宽创新资金融资渠道，探索构建有利于农企创新的金融服务体系。

(2) 帮助农企引进和培养创新人才。政府可针对农企的创新活动给予人才支持，给予农企做出突出贡献人才奖励，为农企引进各类创新人才出台配套政策和奖励。在创新人才引进和培养上可以从三方面着手：首先应完善人才引进政策，为农企创新人才引进提供政策上的支持；其次要建立针对引进创新人才的保障机制，保障其事业及家庭的稳定健康发展；最后应与农企联合建立创新人才奖励机制，对在创新方面做出贡献的人才进行表彰和奖励。

(3) 鼓励农企进行生产智能化创新。引导农产品生产智能化，在推进专业化农区集群的农产品标准化和规模化生产的同时，积极倡导农产品的多样化、定制化和弹性化生产，探索大范围个性化定制服务，推动农产品价值的多元化实现。

4. 提升区域品牌影响力，打造绿色健康品牌形象

在针对不同类型购买者的满意度研究中发现，产品的区域品牌形象是影响消费者满意度的重要因素之一，政府可以把提升专业化农区的区域品牌形象作为重要努力方向。

(1) 加强对区域品牌的宣传力度。利用广告牌、电视、网络等媒体媒介进行广告投放，宣传区域农产品品牌；联合行业协会、龙头农企等开展系列品牌宣传活动，在全国范围内举办本地农产品的专业会展；积极支持出口农企在国外对企业农产品品牌和区域品牌的宣传和推广，政府可以对出口农企在国际市场上投放的媒体广告进行部分资助，为农企宣传和弘扬农业区域品牌提供支持。

(2) 构建产品质量安全保障体系。积极试行市场准入制度，建立完善的产品质量检验与可追溯体系，增强本地的产品质量检测能力；完善全程质量保障体系，做好种植、加工、销售以及监管环节的管理制度建设。

(3) 加大区域品牌保护力度。规范市场秩序，坚决推行原产地地理标志确认和使用许可制度；采用严格的产品抽检制度，深入开展维权打假行动。同时，也要加大商标以及知识产权保护力度，严厉打击侵犯知识产权的各种行为，保护商标的专用权，加强对农产品原产地的保护，为区域品牌和地理标志产品的健康平稳发展提供良好的法治环境。

5. 重视中间商角色，提升中间商价值链治理能力

中间商是产业价值链中重要的治理者，推动着我国农业区域专业化、集群化和全球化进程，特别是在农业区域专业化初级阶段发挥着至关重要的作用。政府可规范中间商交易行为，提升其对价值链的治理能力。

(1)规范中间商交易行为。建设专业的农产品交易市场，加强对农产品批发市场的监管力度；引入针对批发商的资质认证机制，提高批发商的准入门槛；制定严格的交易规则，严厉打击交易中的失信行为。

(2)降低交易成本。对加入全球价值链的农产品中间商，建立专门的检测中心，加快农产品出入境检验检疫速度；建设一定规模的物流中心，减少中间商的交易时间以及交易成本。

(3)培育高等级中间商，提升其治理能力。引导有实力的中间商与农户和生产企业对接，促成双方签订稳定的交易合同；组织中间商与检测机构建立合作关系，在交易两端做好产品质量监督检验；引导和支持中间商从贸易中间人—采购代理商—增值代理商—虚拟生产商方向治理升级。

6. 支持龙头农企发展，提高参与全球价值链的抗衡力

龙头农企作为价值链中的“龙头”，对价值链中游和下游的“龙身”和“龙尾”起主导作用，是价值链治理的领导者和主要治理者。应大力支持龙头农企的发展，提高地方专业化农区集群参与全球价值链的抗衡力。政府可在以下几个方面大力支持龙头农企发展。

(1)帮助龙头农企连接生产基地和农户。政府要积极支持组建“龙头农企+基地/合作社+农户”等多元化“政府 + 农户”生产组织形式，发挥龙头农企对农业区域专业化、现代化和规模化的引领、带头和示范作用，通过龙头农企带动新型农业经营主体和普通农户加入农业全球价值链，分享全球化带来的福祉。

(2)支持龙头农企进军海外市场。政府要对龙头农企的海外农业投资项目给予信贷贴息和融资支持，引导龙头农企以输出设备、生产技术、直接投资等方式，到境外发展种植、养殖、农产品加工业和农业物流业，支持有实力的出口龙头农企到进口国设立贸易营销机构，加快对外出口。

(3)支持龙头农企的品牌塑造。完善激励机制，充分调动农企和政府部门参与知名、著名企业品牌建设的积极性；支持龙头农企和拳头农产品申请国家级、省级和地方知名、著名品牌和商标，形成从品牌农产品、品牌农企到品牌区域特色农业的区域品牌化格局；积极引导农企国内外上市以及“走出去”，打造具有全国乃至国际声誉的知名品牌。

7. 因地制宜建设专业化生态农区，合理规划农业价值链环节空间布局

自然环境是种植业生产过程的一个重要影响因素，农产品价值链片段在空间上具有一定的连续性和关联性，政府要因地制宜，合理布局产业价值链空间结构。

(1) 建设专业化生态农区。制定原产地生态保护政策，保护原产地生态环境，建设生态农产品产区，并对区域农产品原产地进行分区、分级保护，重点发展高等级原产地生产；制定相关政策引导企业在原产地附近的中心城镇建立农产品加工厂，鼓励农产品加工的龙头企业与农户直接建立合作关系。

(2) 做好产业空间等级体系建设。充分考虑价值链片段之间的相互关系，以价值链片段之间的横向和纵向关系为参照，调整产业空间布局；加强原产地中心城镇的市政基础设施建设，建立完善的交通运输体系，构建物流配送和市场营销体系，兴建规范化的农产品交易中心；除了专业特色市场的建立，还应设置一些专业的交易分市场，促进交易效率和多元化需求。

(3) 推进相关与支持性产业集群的发展。在专业化农区中集中布局相关与支持性产业，在城区和镇区规划相应的产业园区或总部基地，完善园区的基础设施和公共服务设施建设，为农企入园提供政策优惠，大力引进配套产业与相关机构入园，支持同类农企合作与协同创新。

8. 加强专业化农区农田生态环境保护

农产品作为专业化农区产业集群的一部分，也是其主要的交易物，而农田生态系统则是农业价值链种植环节的源头，因而农田生态环境的保护将直接对价值链最终交易产品产生重要影响。作为较大范围、较大尺度的初级生产组织，仅靠农企和农户是无法做到的，而政府能在其中发挥重要的统筹、指导和管制作用，具体可以在以下几个方面发挥作用。

(1) 推广生态农业种植结构。围绕转变农业生产方式，大力发展生态农业、绿色农业和低碳农业，可以因地制宜选择合适的种植结构，坚持种养结合、循环利用、低碳发展的原则，积极推广“稻-鸭”生态种养、“林-药”复合种植、“林-草”复合、“林-粮”间作、“果-菜”复合等生态农业种植结构。对适宜种植的复合结构进行试点，发展形成稳定成熟的技术规范，将优势复合种植结构加以推广，对生态农业技术运用出色、产出丰硕的生态农户进行奖励，并将其列为典范加以推广。

(2) 重视农业污染控制与防治，减少不可更新资源的投入。严控化肥、农药等不可更新资源的生产与市场投入，鼓励农户使用有机肥和微生物肥，推广生态种植；对化肥、农药、畜牧养殖等主要农业污染源，制定特定的环境治理行动计划，实行特定的环境管理行动；将农业污染控制纳入生态规划、重要环境区域规划、水污染防治规划等总体环境保护计划和综合性的环境保护规划之中并严格实施。

附录

附录一　安溪茶产业发展企业调查问卷

尊敬的企业主管：

您好！为了解安溪县茶产业发展情况，并为地方政府提供安溪县茶产业发展的政策建议。请根据您掌握的信息，填写空格和在选定的答案上打“√”。谢谢！

2014 年 7 月

A1 **茶叶购买商参与贵企业的生产活动与提出的要求？**

A11 本省茶叶购买商参与贵企业的生产活动与提出的要求？答案：_____；

A12 省外茶叶购买商参与贵企业的生产活动与提出的要求？答案：_____；

A13 国外茶叶购买商参与贵企业的生产活动与提出的要求？答案：_____（无茶叶出口不作答）。

(1)贵企业按购买商特定要求生产的茶叶占销售总量的 20%以内；

(2)贵企业按购买商特定要求生产的茶叶占销售总量的 20%以上，且购买商提出了茶叶质量安全（“农残”）检验所依据的标准(a 活动与要求)；

(3)贵企业按购买商特定要求生产的茶叶占销售总量的 20%以上，并按购买商提供的质量与设计信息进行生产，购买商提出了产品质量标准(b 活动与要求)；

(4)贵企业按购买商特定要求生产的茶叶占销售总量的 20%以上，且购买商参与了产品与工艺过程的生产技术传授、研究与开发的行动(c 活动与要求)；

(5)贵企业按购买商特定要求生产的茶叶占销售总量的 20%以上，但购买商全部参与以上(2)、(3)、(4)选项的 a、b、c 活动与要求。

A2 **本地企业集体效率的情况？**

B21 贵企业在本地购买原料的金额占全部原料购买总额的比重：________%；

B22 一个技术工作岗位招聘时得到的基本符合条件的应聘人数：_______人；

B23 本地交通便捷性的满意程度(1～5 打分，最满意为 5 分)：_____分；

B24 本地公共设施与公共服务的满意程度(1～5 打分，最满意为 5 分)：_____分；

B25 本地信息(如价格/政府/市场信息)获取的容易程度(1～5 打分，最易为 5 分)：_____分；

B26 本地企业间的技术模仿与交流的容易程度(1～5 打分，最易为 5 分)：

_____分。

A3 贵企业联合行动的情况？

B31 贵企业生产原料本地采购的比重：__________%；

B32 贵企业生产的本地配套、供应与服务的程度(1～5 打分，最好为 5 分)：_____分；

B33 贵企业与同行交流、合作与协同的程度(1～5 打分，最协同为 5 分)：_____分；

B34 贵企业年度参加会展、茶节、茶赛、茶会等重要茶事活动次数：______次；

B35 贵企业参加县茶叶协会、商会、管委会等组织活动的次数：______次。

A4 贵企业创新能力的情况？

B41 贵企业年度销售额：______万元，年度研发投入经费：______万元；

B42 贵企业的技术人员：______人，5 年以上工龄的技术员：______人，中高级职称科技人员：______人；

B43 贵企业最近 3 年获得发明专利：____个，实用新型专利：____个，外观设计专利：____个；

B44 贵企业经常合作的外部专家人数：_______人；

B45 去年贵企业向茶叶科研机构进行技术咨询的次数：_______次；

B46 贵企业最近 3 年实施过的研究开发项目(含自主、共同研发)的数量：_____个。

A5 贵企业与行业的龙头企业是什么关系？(可多选)

(1)有同质产品间交易，属于市场自由买卖关系；

(2)龙头企业的原料供应商或初级产品供应者；

(3)同行竞争者关系；

(4)领导企业的成员企业或生产子公司；

(5)企业联盟关系。

B51 贵企业茶叶在省内、省外、国外的市场份额？

(1)省内市场：_______%；

(2)省外市场(国内)：_______%；

(3)国外市场：_______%；

B52 贵企业茶叶是通过哪种渠道销往国外？(可多选，企业此前无出口则不作答该题)

(1)出口贸易公司；

(2)直营或加盟店；

(3)代理商；

(4)沃尔玛、家乐福等跨国连锁企业；

⑸贴牌生产销往国外；

⑹电子商务平台。

B53 贵企业茶叶是通过哪种渠道销往省外？(可多选)

⑴购买商来本地公司直接购买；

⑵自建省外销售门店(直营店)；

⑶省外大型超市、卖场；

⑷加盟连锁店；

⑸代理商(专业性茶叶销售公司、茶店、茶馆、茶会所等)；

⑹电子商务平台；

⑺贴牌生产销往省外。

C51 贵企业近年来升级发展的方式：(可多选)

⑴生产流程/工艺水平得到了提升和发展；

⑵提高了茶叶质量和推出了茶叶新产品；

⑶开发与增加了茶叶的更多功能(如茶食品、饮料、保健品、洗浴品、化妆品等)；

⑷进行了以茶为主题的多元化开发(若勾选了此答案，请进一步选择：a. 地产；b. 旅游；c. 庄园；d. 茶饮配套用具；e. 茶主题酒店；f. 会展业；g. 生态农业园；h. 茶文化演艺业)

C52 升级的动因主要为：(可多选)

⑴价格竞争；

⑵产品质量要求；

⑶细分市场的多元化需求；

⑷增加产品功能；

⑸提升产品附加值；

⑹打造自我品牌；

⑺开拓相关产业。

C53 在升级过程中遇到的障碍有：(可多选)

⑴人力资源障碍；

⑵财务资源障碍；

⑶物质资源障碍；

⑷技术障碍；

⑸交易成本障碍(如政府限制)；　⑹其他＿＿＿＿＿＿＿＿＿＿＿＿

C54 本行业企业老板之间的非正式交流如何？

⑴从不；⑵少有；⑶经常。

C55 本行业企业技术人员之间的非正式交流如何？

(1)从不；(2)少有；(3)经常。

C56 本行业企业间的茶产品竞争是：(可多选)

(1)价格竞争；(2)质量竞争；(3)产品差异化竞争；(4)品牌竞争。

D 贵企业基本情况

D51 贵企业名称：________________________________(若介意，可不填写)；

D52 贵企业已成立_____________年(年数)；

D53 贵企业是：(1)国有企业；(2)集体企业；(3)个体或私营企业；(4)三资企业。

D54 贵企业主要生产的茶产品类型包括：_____________________________；

D55 贵企业 2013 年的销售产值：______________________万元；

D56 现有员工_______人，其中：

(1)初中及以下学历员工_____人；

(2)高中和中专学历员工_____人；

(3)大专学历_____人；

(4)大学本科学历_____人；

(5)研究生学历_____人。

再次感谢您的大力支持与帮助！

附录二　安溪专业化茶区集群商业环境企业调查问卷

尊敬的企业主管：

您好！为了解安溪县茶产业发展情况，并为地方政府提供安溪县茶产业发展的政策建议。请根据您掌握的信息，在每个问题后选择数字(1～7)中的一个，并打“√”。谢谢！

2014 年 7 月

(问题后数字表示您同意程度：1 表示完全不同意，7 表示完全同意)

1. 安溪茶叶生长的气候、土壤、水质条件好	1	2	3	4	5	6	7
2. “半发酵”乌龙茶品种与制作技艺独特	1	2	3	4	5	6	7
3. 本地的茶苗、农机、农资供应充足	1	2	3	4	5	6	7
4. 本地交通、电力、通信等基础设施好	1	2	3	4	5	6	7
5. 茶叶工人招聘容易	1	2	3	4	5	6	7
6. 茶叶生产专业技术与高级管理人才充足	1	2	3	4	5	6	7
7. 茶产业的专业性服务设施(交易市场、服务、物流等)充足	1	2	3	4	5	6	7
8. 贵企业大力投入研究与开发经费	1	2	3	4	5	6	7
9. 贵企业经常开展电子商务	1	2	3	4	5	6	7
10. 茶叶加工机械的本地供应程度高	1	2	3	4	5	6	7
11. 茶叶包装与设计的本地供应程度高	1	2	3	4	5	6	7
12. 贵企业与本地供应商(毛茶、茶机、包装商)协作程度高	1	2	3	4	5	6	7
13. 安溪县茶叶协会对贵企业帮助大	1	2	3	4	5	6	7
14. 专业性教育培训课程可获得性高	1	2	3	4	5	6	7
15. 大学、研究院所等专业性研究机构支持力度大	1	2	3	4	5	6	7
16. 涉茶专业展会对贵企业帮助大	1	2	3	4	5	6	7
17. 专业性市场、物流、信息等服务好	1	2	3	4	5	6	7
18. 茶饮料食品、茶保健品、茶化妆品等深加工产业水平高	1	2	3	4	5	6	7
19. 茶文化旅游产业的发展水平高	1	2	3	4	5	6	7
20. 茶饮配套用具的本地开发程度高	1	2	3	4	5	6	7
21. 贵企业的现代企业制度、生产组织模式建设水平高	1	2	3	4	5	6	7
22. 贵企业茶产品质量与安全追溯体系建设好	1	2	3	4	5	6	7
23. 同行企业间竞争激烈	1	2	3	4	5	6	7
24. 同行企业间是错位、良性竞争	1	2	3	4	5	6	7

25. 贵企业的茶产品在福建的需求大	1	2	3	4	5	6	7
26. 贵企业茶产品在省外的需求大	1	2	3	4	5	6	7
27. 客户需求挑剔	1	2	3	4	5	6	7
28. 能满足细分市场多样化需求	1	2	3	4	5	6	7
29. 外来人在本行业直接投资(含合资)多	1	2	3	4	5	6	7
30. 外来投资对本行业发展(管理、技术、营销等)影响大	1	2	3	4	5	6	7
31. 安溪茶文化历史悠久、厚重	1	2	3	4	5	6	7
32. 安溪茶文化(形式、内容)不断丰富、延伸与创新	1	2	3	4	5	6	7
33. 本地有浓厚的从商重商氛围	1	2	3	4	5	6	7
34. 本行业企业家的冒险、拼搏、开拓、创新精神与意识强	1	2	3	4	5	6	7
35. 本地政府的经济和产业政策对茶产业发展起到积极作用	1	2	3	4	5	6	7
36. 本地政府重视和加强了“安全茶”生产的全程监管	1	2	3	4	5	6	7
37. 茶叶生产标准化和质量标准工作力度大	1	2	3	4	5	6	7
38. 本地政府开展会展、茶赛、茶会等大型茶事活动力度大	1	2	3	4	5	6	7
39. 本地政府对专业设施(交易市场、园区等)的建设力度大	1	2	3	4	5	6	7
40. 本地政府发展茶配套产业的力度大	1	2	3	4	5	6	7
41. “安溪铁观音”区域品牌监管、广告力度大	1	2	3	4	5	6	7
42. 本地政府监管茶叶市场、开拓外部市场力度大	1	2	3	4	5	6	7
43. 本地政府扶持企业争创品牌力度大	1	2	3	4	5	6	7
44. 茶科研与教育机构建设力度大	1	2	3	4	5	6	7

附录三 “安溪铁观音”毛茶市场调查问卷

尊敬的毛茶批发商老板：

您好！为了解“安溪铁观音”毛茶市场交易情况，并为地方政府提供政策建议。请根据您掌握的信息，在每个问题后选择数字(1～7)中的一个，并打“√”。谢谢！

2014 年 7 月

(问题后数字表示您同意程度：1 表示完全不同意，7 表示完全同意)

1	“安溪铁观音”区域品牌形象好	1	2	3	4	5	6	7
2	“安溪铁观音”的知名度高	1	2	3	4	5	6	7
3	安溪铁观音毛茶的品质、品相好	1	2	3	4	5	6	7
4	安溪铁观音毛茶的香气、口感好	1	2	3	4	5	6	7
5	安溪铁观音毛茶的质量安全、放心	1	2	3	4	5	6	7
6	安溪铁观音毛茶总体质量符合您的期望	1	2	3	4	5	6	7
7	安溪铁观音毛茶的质量安全符合您的期望	1	2	3	4	5	6	7
8	安溪铁观音的文化底蕴符合您的期望	1	2	3	4	5	6	7
9	与其他价格相近的毛茶相比，安溪铁观音毛茶质量更好	1	2	3	4	5	6	7
10	安溪铁观音毛茶的购买价格与质量、级别相符	1	2	3	4	5	6	7
11	与其他毛茶相比，安溪铁观音毛茶精加工后升值更大	1	2	3	4	5	6	7
12	与其他毛茶相比，安溪铁观音毛茶性价比高	1	2	3	4	5	6	7
13	您对安溪铁观音毛茶总体满意度高	1	2	3	4	5	6	7
14	安溪铁观音毛茶总体上能满足您预期要求	1	2	3	4	5	6	7
15	您再次购买安溪铁观音毛茶的可能性大	1	2	3	4	5	6	7
16	您向其他购买商推荐安溪铁观音毛茶的可能性大	1	2	3	4	5	6	7

再次感谢您的大力支持与帮助！

附录四　“老干妈”辣酱海外消费者调查问卷

尊敬的“老干妈”顾客：

您好！为了解“老干妈”辣酱在海外市场的销售情况，并为我国其他类似产业的发展提供建议。请根据您掌握的信息，在每个问题后选择数字(1～7)中的一个，并打“√”。谢谢！

2015 年 7 月

(问题后数字表示您同意程度：1 表示完全不同意，7 表示完全同意)

		1	2	3	4	5	6	7
1	“老干妈”的品牌形象好	□	□	□	□	□	□	□
2	“老干妈”的知名度高	□	□	□	□	□	□	□
3	“老干妈”的品质好	□	□	□	□	□	□	□
4	“老干妈”的味感好	□	□	□	□	□	□	□
5	“老干妈”的质量安全、放心	□	□	□	□	□	□	□
6	“老干妈”的总体质量符合您的期望	□	□	□	□	□	□	□
7	“老干妈”的质量安全符合您的期望	□	□	□	□	□	□	□
8	“老干妈”的味道符合您的期望	□	□	□	□	□	□	□
9	与其他品牌辣酱相比，“老干妈”质量更好	□	□	□	□	□	□	□
10	“老干妈”的购买价格与质量相符	□	□	□	□	□	□	□
11	与其他品牌辣酱相比，“老干妈”还有升值空间	□	□	□	□	□	□	□
12	与其他品牌的辣酱相比，“老干妈”性价比高	□	□	□	□	□	□	□
13	您对“老干妈”的总体满意度高	□	□	□	□	□	□	□
14	“老干妈”总体上能满足您的预期要求	□	□	□	□	□	□	□
15	您再次购买“老干妈”的可能性大	□	□	□	□	□	□	□
16	您向其他人推荐“老干妈”的可能性大	□	□	□	□	□	□	□

再次感谢您的大力支持与帮助！

附录五　山东寿光蔬菜产业发展专家调查问卷

尊敬的专家：

您好！为了解山东省寿光市蔬菜产业发展情况，并为地方政府提供寿光蔬菜产业发展的政策建议。请根据您掌握的信息，在每个问题后选择数字(1～7)中的一个，并打“√”。谢谢！

2015 年 7 月

(问题后数字表示您同意程度：1 表示完全不同意，7 表示完全同意)

问题							
1. 寿光蔬菜生长的气候、土壤、水质条件好	1	2	3	4	5	6	7
2. 寿光蔬菜生产的区位条件好	1	2	3	4	5	6	7
3. 本地的菜种、农机、农资供应充足	1	2	3	4	5	6	7
4. 本地交通、电力、通信等基础设施好	1	2	3	4	5	6	7
5. 蔬菜种植劳动力供应充足	1	2	3	4	5	6	7
6. 蔬菜生产的专业技术与高级管理人才充足	1	2	3	4	5	6	7
7. 蔬菜产业的专业性服务设施(交易市场、服务、物流等)充足	1	2	3	4	5	6	7
8. 寿光当地蔬菜企业大力投入研究与开发经费	1	2	3	4	5	6	7
9. 本地蔬菜企业经常开展电子商务	1	2	3	4	5	6	7
10. 蔬菜种植和加工机械的本地供应程度高	1	2	3	4	5	6	7
11. 蔬菜保鲜与储运设施好	1	2	3	4	5	6	7
12. 龙头企业与本地供应商(菜农、机械、包装商)协作程度高	1	2	3	4	5	6	7
13. 寿光市蔬菜协会、学会等组织对当地企业帮助大	1	2	3	4	5	6	7
14. 专业性教育培训课程可获得性高	1	2	3	4	5	6	7
15. 大学、研究院所等专业性研究机构支持力度大	1	2	3	4	5	6	7
16. 蔬菜相关的专业展会对当地企业帮助大	1	2	3	4	5	6	7
17. 专业性市场、物流、信息等服务好	1	2	3	4	5	6	7
18. 蔬菜的深加工产业水平高	1	2	3	4	5	6	7
19. 蔬菜观光旅游产业的发展水平高	1	2	3	4	5	6	7
20. 蔬菜大棚标准化建设的本地化程度高	1	2	3	4	5	6	7
21. 蔬菜企业的现代企业制度与菜农的生产组织模式建设水平高	1	2	3	4	5	6	7
22. 寿光蔬菜质量与安全追溯体系建设好	1	2	3	4	5	6	7
23. 同行间竞争激烈	1	2	3	4	5	6	7
24. 同行间是错位、良性竞争	1	2	3	4	5	6	7

25. 寿光蔬菜产品在山东的需求大	1	2	3	4	5	6	7
26. 寿光蔬菜产品在省外的需求大	1	2	3	4	5	6	7
27. 客户需求挑剔	1	2	3	4	5	6	7
28. 能满足细分市场多样化需求	1	2	3	4	5	6	7
29. 外来人在本行业直接投资(含合资)多	1	2	3	4	5	6	7
30. 外来投资对本行业发展(管理、技术、营销等)影响大	1	2	3	4	5	6	7
31. 寿光蔬菜文化历史悠久、厚重	1	2	3	4	5	6	7
32. 寿光蔬菜文化(形式、内容)不断丰富、延伸与创新	1	2	3	4	5	6	7
33. 本地有浓厚的从商重商氛围	1	2	3	4	5	6	7
34. 本行业企业家的诚信、冒险、拼搏、开拓、创新精神与意识强	1	2	3	4	5	6	7
35. 本地政府的经济和产业政策对蔬菜产业发展起到积极作用	1	2	3	4	5	6	7
36. 本地政府重视和加强了“无公害蔬菜”生产的全程监管	1	2	3	4	5	6	7
37. 蔬菜生产标准化和质量标准工作力度大	1	2	3	4	5	6	7
38. 本地政府开展蔬菜节庆(会展、民俗节、赛事等)力度大	1	2	3	4	5	6	7
39. 本地政府对专业设施(交易市场、园区等)的建设力度大	1	2	3	4	5	6	7
40. 本地政府发展蔬菜配套和相关产业的力度大	1	2	3	4	5	6	7
41. “寿光蔬菜”区域品牌监管、广告力度大	1	2	3	4	5	6	7
42. 本地政府监管蔬菜市场、开拓外部市场力度大	1	2	3	4	5	6	7
43. 本地政府扶持企业争创品牌力度大	1	2	3	4	5	6	7
44. 蔬菜科研与教育机构建设力度大	1	2	3	4	5	6	7

再次感谢您的大力支持与帮助!

附录六　台湾水果产业发展专家调查问卷

尊敬的专家：

您好！近年来，台湾水果凭借着优异的质量和良好的区域品牌形象，受到了大陆消费者的广泛青睐。为了学习台湾水果产业发展的成功经验，为大陆专业化农业区域提供发展建议，并进一步促进两岸水果贸易，我们拟对台湾水果地方商业环境进行调查。请根据您掌握的信息进行判断，并在每个问题后选择数字(1～7)中的一个，并打“√”。谢谢！

2016年4月

(问题后数字表示您同意程度：1表示完全不同意，7表示完全同意)

问题	1	2	3	4	5	6	7
1. 台湾水果生长的气候、土壤、水质条件好	□	□	□	□	□	□	□
2. 台湾水果的品种与栽培技术好	□	□	□	□	□	□	□
3. 当地的种苗、农机、农资供应充足	□	□	□	□	□	□	□
4. 当地交通、水利、电力、通信等基础设施好	□	□	□	□	□	□	□
5. 当地水果种植的劳动力供应充足	□	□	□	□	□	□	□
6. 当地水果种植的专业技术与高级管理人才充足	□	□	□	□	□	□	□
7. 水果的专业性服务设施(交易市场、服务、物流等)充足	□	□	□	□	□	□	□
8. 水果生产经营主体投入研究与开发经费充足	□	□	□	□	□	□	□
9. 水果生产经营主体经常开展电子商务	□	□	□	□	□	□	□
10. 水果采摘和加工机械的本地供应程度高	□	□	□	□	□	□	□
11. 水果包装的本地供应程度高	□	□	□	□	□	□	□
12. 水果生产经营主体与当地供货商(农资、农机、物流、包装)协作程度高	□	□	□	□	□	□	□
13. 水果协会、农会、学会等组织对生产经营主体帮助大	□	□	□	□	□	□	□
14. 当地专业性教育培训课程可获得性高	□	□	□	□	□	□	□
15. 大学、研究院所等专业性研究机构支持力度大	□	□	□	□	□	□	□

题项	1	2	3	4	5	6	7
16. 水果相关的专业展会对当地生产经营主体帮助大	☐	☐	☐	☐	☐	☐	☐
17. 专业性市场、物流、信息等服务好	☐	☐	☐	☐	☐	☐	☐
18. 水果的深加工产业水平高	☐	☐	☐	☐	☐	☐	☐
19、水果观光旅游产业的发展水平高	☐	☐	☐	☐	☐	☐	☐
20. 水果保鲜与储运设施水平高	☐	☐	☐	☐	☐	☐	☐
21. 水果生产组织形式多样化建设水平高	☐	☐	☐	☐	☐	☐	☐
22. 水果质量与安全追溯体系建设好	☐	☐	☐	☐	☐	☐	☐
23. 水果生产经营主体同行间竞争激烈	☐	☐	☐	☐	☐	☐	☐
24. 水果生产经营主体同行间是错位、良性竞争	☐	☐	☐	☐	☐	☐	☐
25. 台湾水果在台湾市场的需求大	☐	☐	☐	☐	☐	☐	☐
26. 台湾水果在大陆市场的需求大	☐	☐	☐	☐	☐	☐	☐
27. 市场客户需求挑剔	☐	☐	☐	☐	☐	☐	☐
28. 台湾水果能满足细分市场的多样化需求	☐	☐	☐	☐	☐	☐	☐
29. 外来人在本行业直接投资(含合资)多	☐	☐	☐	☐	☐	☐	☐
30. 外来投资对本行业发展(管理、技术、营销等)影响大	☐	☐	☐	☐	☐	☐	☐
31. 台湾水果文化历史悠久、丰富多样	☐	☐	☐	☐	☐	☐	☐
32. 台湾水果文化(形式、内容)不断丰富、延伸与创新	☐	☐	☐	☐	☐	☐	☐
33. 当地有浓厚的从商重商氛围	☐	☐	☐	☐	☐	☐	☐
34. 水果生产经营主体的冒险、合作、坚韧、创新精神与意识强	☐	☐	☐	☐	☐	☐	☐
35. 政府的经济和产业政策对水果产业发展起到积极作用	☐	☐	☐	☐	☐	☐	☐
36. 政府重视和加强了水果安全生产的全程监管	☐	☐	☐	☐	☐	☐	☐
37. 政府制定水果安全标准和质量标准的工作力度大	☐	☐	☐	☐	☐	☐	☐
38. 政府组织水果会展与茶事活动力度大	☐	☐	☐	☐	☐	☐	☐
39. 政府对专业设施(交易市场、园区等)的建设力度大	☐	☐	☐	☐	☐	☐	☐

	1	2	3	4	5	6	7
40. 政府支持发展水果业的配套与相关产业力度大	□	□	□	□	□	□	□
41. 政府对“台湾水果”区域品牌监管、广告力度大	□	□	□	□	□	□	□
42. 政府监管水果销售市场、开拓外部市场力度大	□	□	□	□	□	□	□
43. 政府扶持生产经营主体争创品牌力度大	□	□	□	□	□	□	□
44. 政府对水果科研与教育机构建设力度大	□	□	□	□	□	□	□

再次感谢您的大力支持与帮助！

附录七　厦门“台湾水果”批发市场调查问卷

尊敬的水果中间商老板：

您好！为了解厦门“台湾水果”批发市场情况，并为我国政府提供政策建议。请根据您掌握的信息，在每个问题后选择数字(1～7)中的一个，并打“√”。谢谢！

2014 年 7 月

(问题后数字表示您同意程度：1 表示完全不同意，7 表示完全同意)

1	台湾水果区域品牌形象好	1	2	3	4	5	6	7
2	台湾水果的知名度高	1	2	3	4	5	6	7
3	台湾水果的品质、品相好	1	2	3	4	5	6	7
4	台湾水果的品种好、营养高	1	2	3	4	5	6	7
5	台湾水果的质量安全、放心	1	2	3	4	5	6	7
6	台湾水果的总体质量符合您的期望	1	2	3	4	5	6	7
7	台湾水果的质量安全符合您的期望	1	2	3	4	5	6	7
8	台湾水果的受欢迎程度符合您的期望	1	2	3	4	5	6	7
9	与其他地区价格相近水果相比，台湾水果质量更好	1	2	3	4	5	6	7
10	台湾水果的购买价格与质量、级别相符	1	2	3	4	5	6	7
11	与其他地区水果相比，台湾水果的附加值更高	1	2	3	4	5	6	7
12	与其他地区的水果相比，台湾水果性价比高	1	2	3	4	5	6	7
13	您对台湾水果的总体满意度高	1	2	3	4	5	6	7
14	台湾水果总体上能满足您的预期要求	1	2	3	4	5	6	7
15	您再次购买台湾水果的可能性大	1	2	3	4	5	6	7
16	您向其他批发商推荐台湾水果的可能性大	1	2	3	4	5	6	7

再次感谢您的大力支持与帮助！